Delwau Duon
Symphonies in Black

Argraffiad cyntaf: Ebrill 1987

Rhif Llyfr Safonol Rhyngwladol:
0 86243 135 2

Cyhoeddwyd gyda chymorth Adran Gelf Cyngor Celfyddydau Cymru.

Ffotograffiaeth: Victor Evans

Cyfieithu: Delyth Prys

Argraffwyd a chyhoeddwyd yng Nghymru gan
Y Lolfa Cyf., Talybont, Dyfed SY24 5HE;
ffôn Talybont (097086) 304.

First published: April 1987

ISBN:
0 86243 135 2

Published with the support of the Art Department of the Welsh Arts Council.

Photography: Victor Evans

Translation: Delyth Prys

Printed and published in Wales by
Y Lolfa Cyf., Talybont, Dyfed SY24 5HE;
tel. Talybont (097086) 304.

DELWAU DUON
SYMPHONIES IN BLACK

Peintiadau | The paintings of

Nicholas Evans RCA

Gyda thestun gan | With text by

RHODA EVANS

Y Lolfa

Hoffai'r Arlunydd ddiolch i Gyngor Celfyddydau Cymru am eu cymorth gyda pharatoi'r llyfr, ac yn wir am ei ysgogi yn y lle cyntaf.

Diolcha Rhoda Evans i:

George Thomas, Y Gwir Anrhydeddus Is-Iarll Tonypandy
Peter Jones, Cyfarwyddwr Celf, CCC
Victor Evans
Peter Evans—syniad y clawr
Alf Corlett
Rowland Davies
Phillip George
Bernard O'Higgins
Gerda Roper
Joan Rees
John Russel Taylor
Keith Towler
Barbara Wright
Philip Vann

The Artist would like to express his gratitude to the Welsh Arts Council for their help in the production of this book, and indeed for its inception.

Rhoda Evans thanks:

George Thomas, The Right Honourable Viscount Tonypandy
Peter Jones, Art Director, WAC
Victor Evans
Peter Evans—cover suggestion
Alf Corlett
Rowland Davies
Phillip George
Bernard O'Higgins
Gerda Roper
Joan Rees
John Russel Taylor
Keith Towler
Barbara Wright
Philip Vann

Rhagair

Mae pob cenhedlaeth fel petai'n codi'i hathrylith ei hun. Peth prin yw bod doniau neilltuol yn dod i'r golwg mor hwyr ym mywyd rhywun ag y bu yn hanes Nicholas Evans. Dangosodd Cyngor Celfyddydau Cymru a'r *Slade School of Art* yn Llundain sensitifrwydd arbennig yn eu gwerthfawrogiad cyflym o ddoniau arbennig Nicholas Evans.

Mae cefndir y cymoedd a dylanwad y Capel yn cyfuno i wneud Nicholas Evans yn arlunydd eithriadol sy'n dehongli yn ei weithiau ymdrechion caled cymdeithasau glofaol De Cymru. Dim ond gŵr o ffydd Gristnogol gref allai fod yn gyfrifol am y gweithiau ysbrydoledig yn y llyfr hwn.

Bydd cenedlaethau'r dyfodol yn galaru na ddaeth ysbrydoliaeth greadigol Nicholas Evans yn gynt yn ei fywyd, ond byddant yn trysori'r gweithiau celf a gyfrannodd i'n hetifeddiaeth ddiwylliannol.

Mae bron â bod yn wyrth fod darluniau Nicholas Evans yn gynnyrch bywyd y cymoedd a magwraeth Gristnogol. Does dim dwywaith yn fy meddwl i ei fod Ef yn siarad â dynoliaeth drwy Nicholas Evans.

Y Gwir Anrhydeddus Is-Iarll Tonypandy
Caerdydd

Preface

Every generation seems to provide its own genius. It is rarely that the revelation of extraordinary gifts is delayed as long as it was in the life of Nicholas Evans. Both the Welsh Arts Council and the Slade School of Art in London showed remarkable sensitivity in their quick appreciation of Nicholas Evans' special talents.

The valley background and the Chapel influence combine to make Nicholas Evans a remarkable painter who interprets in his works the uphill struggles of South Wales mining communities. Only a man of sturdy Christian faith could be responsible for the inspired works in this book.

Future generations will wish that Nicholas Evans' creative inspiration had come earlier in his life, but they will cherish the works of art that he has contributed to our cultural heritage.

It is little short of a miracle that Nicholas Evans' paintings are the product of valley life and Christian upbringing. God has spoken to the world through artists and poets in every generation. There is no doubt in my mind that He is speaking to mankind through Nicholas Evans.

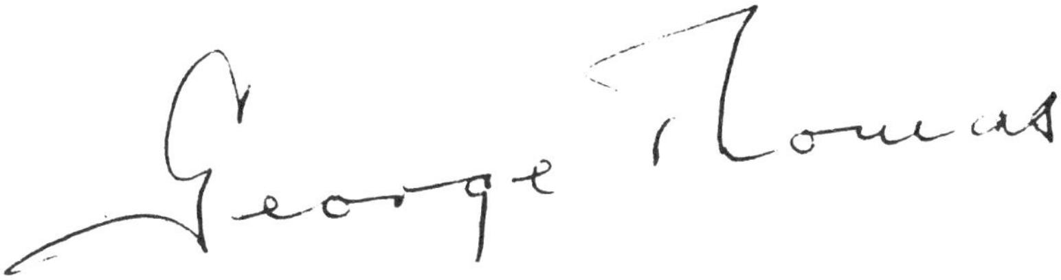

The Right Honourable Viscount Tonypandy
Cardiff

Peintiwyd yr holl weithiau a atgynhyrchir yn y llyfr hwn rhwng 1976 a 1984.

Maent i gyd yn 4 tr. × 4 tr. ar wahân i DRWSWR, tudalen 19, sydd yn 2 tr. × 2 tr., EI FATH E O BOBL, tudalen 47—2 tr. × 2 tr., a CLAWSTROFFOBIA, tudalen 83—6 tr. × 4 tr.

All the works reproduced in this book were painted between 1976 and 1984.

The pictures are all 4 ft. × 4 ft. with the exception of DOOR BOY, page 19, which is 2 ft. × 4 ft., HIS KIND OF PEOPLE, page 47—2 ft. × 4 ft., and CLAUSTROPHOBIA, page 83—6 ft. × 4 ft.

Rhagymadrodd

Ar y 10ed o Ionawr 1907 yn nhref Aberdâr yn Ne Cymru, ganwyd babi bach pengoch, fy nhad, Nicholas Evans. Roedd ei fam wedi dwlu arno ac ef oedd yr ail blentyn a anwyd i löwr (David Nicholas Evans) a'i wraig, Mary Ellen—a fu'n gweithio yng Nglofa Blaen Nant, ar Fynydd Merthyr.

Pan oedd yn flwydd oed (rhannodd ei fam y gyfrinach hon) ac rwy'n dyfynnu "roedd e mor bert nes iddo fe ennill y wobr gyntaf mewn sioe fabis". Mae'r darnau o'r wobr sy'n dal yn gyfan, sef llestri te hardd, yn ein cartref ni heddiw. Cafodd y wobr hon ei dilyn, 69 mlynedd yn ddiweddarach, gan lawer o wobrau yn y byd celf!

Pan oedd yn 16 collodd Nicholas Evans ei dad mewn damwain yn y pwll glo yng Nglofa Fforchaman, Aberdâr. Dim ond 43 mlwydd oed oedd e, a gadawodd weddw gyda thri mab bach—Nicholas, Gilbert a William Henry, a hefyd ferch fach, Estelle.

Ni chafodd Nicholas Evans erioed wers arlunio ond mae e wastad wedi mwynhau tynnu lluniau a pheintio. Roedd ei ddawn wedi aros ynghwsg nes iddi flodeuo, fel petai o ddim unman, pan oedd yn 70 mlwydd oed.

Pan oedd fy mrodyr yn ifanc byddent yn gofyn i'm tad beintio lluniau o longau hwylio, ac roedd un o'r rhain mewn lle anrhydeddus yn ein hystafell 'orau'. Ar ôl cael profiad Cristnogol pan oedd yn 16 oed daeth Nicholas Evans yn Efengylydd gyda'r Mudiad Pentecostalaidd, ac yn ddiweddarach priododd ag Annie Maud Lambert, merch o Aberdâr.

Bu'n cynnal ei deulu drwy weithio gyda'r Rheilffyrdd Prydeinig (bryd hynny'r *Great Western Railway*) a daeth yn yrrwr trên. Doedd e ddim yn teimlo unrhyw gynhesrwydd tuag at y Rheilffordd, ond welais i erioed mohono'n cymryd diwrnod i ffwrdd o'i waith ond pan oedd yn dost gyda niwmonia. Parhaodd i weithio i'r Rheilffyrdd Prydeinig nes i'r Rheilffordd fwy neu lai gau yn ein cwm ni. Dyna wastraff amser, yr holl flynyddoedd hynny mewn diwydiant.

Yn 1978 dyfarnwyd £1,000 i Nicholas Evans gan Gyngor Celfyddydau Cymru i'w alluogi i brynu def-

Introduction

On 10th January 1907, in the town of Aberdare, South Wales, was born a little auburn haired baby, my father, Nicholas Evans. He was the delight of his mother's heart and was the second child born to a miner (David Nicholas Evans) and his wife, Mary Ellen—who had been a pit girl at Blaennant Colliery, on Merthyr Mountain.

At the age of one year (his mother confided), and I quote, "he was so lovely he won first prize in a baby show". The surviving pieces of the prize, a beautiful teaset, are in our home today. This prize, was followed, 69 years later, by many prizes in the art world!

At the age of 16 Nicholas Evans lost his father in a mining accident at Fforchaman Colliery, Aberdare. He was only 43 years old, and left a widow with three young sons—Nicholas, Gilbert, William Henry, and also a baby daughter, Estelle.

Nicholas Evans has never had an art lesson but has always enjoyed drawing and painting. His gift remained dormant until it burst forth, as from nowhere, when he was 70 years of age.

When my brothers were young my father would fulfil their requests by painting pictures of sailing ships, one of which held pride of place in our 'best' room. After a Christian experience at the age of 16 Nicholas Evans became an Evangelist with the Pentecostal Movement, and later married Annie Maud Lambert, an Aberdare girl.

He provided for his family by working for British Rail (then the Great Western Railway) and became an engine driver. He felt no affinity with the Railway, but I have never known him take a day off work except at a time when he was ill with pneumonia. He continued with BR until the Railway practically closed in our valley. What a waste of time, all those years in industry.

In 1978 Nicholas Evans was awarded £1,000 by the Welsh Arts Council to enable him to buy materials and to launch exhibitions. This is how it all began! As a result of this award he held a one-man exhibition at

nyddiau ac i gynnal arddangosfeydd. Dyma sut y dechreuodd y cyfan! O ganlyniad i'r wobr hon cynhaliodd arddangosfa un-dyn yn Oriel, Caerdydd yn ystod Medi/Hydref 1978, ac ar yr un pryd (gan fod ganddo ddigon o ddarluniau yn barod) sioe un-dyn yn Browse & Darby, Cork St/Old Bond Street, Llundain.

Mae wedi arddangos yn llwyddiannus yn Eisteddfod Genedlaethol Cymru ers tua 10 mlynedd, ac wedi ennill gwobrau.

Mae ei waith wedi cael ei drafod yn ffafriol ar raglen Radio'r BBC *Critics' Forum*. Mae lluniau o'i waith wedi cael eu derbyn gan yr Academi Frenhinol ar gyfer eu harddangosfa haf am y saith mlynedd diwethaf (bob blwyddyn y bu iddo anfon lluniau) ac mae wedi gwerthu rhai oddi yno. Mae ei luniau i gyd mewn paent olew glasddu—'du'r Beibl'—gydag ymddiheuriadau i Dylan Thomas. Maent yn cael eu disgrifio fel melfedaidd a thebyg i iconau.

Pan oedd fy mrodyr (Victor a Peter) a minnau'n fach, daethom ar draws tystiolaeth fod llygoden yn ein cartref. Ni chafodd hon aros gan y gallai lygru ein bwyd, ac yn wir, roedd yn ddychryn i'n mam—neu felly roedd hi'n honni. (Fel plant roedden ni'n meddwl fod hyn yn ddifyr iawn). Roedd yn rhaid i Dad wneud rhywbeth yn ei chylch. Prynodd drap bocs (nid y math gyda sbring sydd yn lladd yr anifail), a'i osod cyn mynd i'r gwely. O fynd i edrych yn y bore, gwelodd greadur bach gyda llygaid yn llawn ofn. Rhoddodd y trap yn dyner mewn cwdyn papur a gadael y tŷ, ac wedi iddo ddychwelyd ymhen tipyn, gofynnais, "Dad, lle fuoch chi?" Atebodd, "Rwy wedi bod yn yr ysgol yn gollwng y llygoden fach yn rhydd, dylai hi gael digon i'w fwyta yno". Yn y dyddiau hynny byddai plant yn mynd â phryd ganol bore i'r ysgol i fwyta gyda'u potel laeth am ddim, ac yn aml byddent yn gadael briwsion ar lawr, fel y bydd plant yn ei wneud.

Mae'n eithaf dealladwy, i mi o leiaf, fod dyn sensitif, a fyddai'n osgoi lladd llygoden, yn dewis portreadu caledi a thrallod ei gyd-ddynion, gan danlinellu'r amodau a oedd yn bod yn y dyddiau cynnar. Mae'n ystyried fod y glowyr yn arwyr.

Mae ei luniau'n darlunio bywyd y glowyr yn ystod yr 1920au, ac mewn rhai achosion, lawer ynghynt, yn gweithio dan amgylchiadau difrifol, mewn safleoedd cyfyng iawn; darlunia'r ceginau cawl, y cau allan, a'r

Oriel, Cardiff, during September/October, 1978, and simultaneously (as he already had sufficient paintings) a one-man show at Browse & Darby, Cork St/ Old Bond Street, London.

He has successfully exhibited at the National Eisteddfod of Wales for about 10 years, and received prizes.

His work has been favourably discussed on the BBC Radio programme, "Critics' Forum". He has had pictures accepted by the Royal Academy, for their summer exhibition for the past seven years (every year he has submitted) and has sold some from there. All his paintings are in blue/black oil paint—'Bible black'—with apologies to Dylan Thomas. They are described as velvety and icon-like.

When my brothers (Victor and Peter) and I were children we found evidence of there being a mouse in our home. This was not allowed to remain as it could defile our food, and in fact, it frightened our mother—or so she claimed. (As kids we found it all rather fascinating). Dad was forced to do something about it. He bought a box trap (not the spring type which kills the victim), and set it before going to bed. On inspection next morning he found inside a little creature with terrified eyes. He gently placed the trap inside a paper bag and left the house, and when he returned after a while I asked, "Dad, where have you been?" He replied, "I have been up to the school to release the little mouse, he should find plenty to eat there". In those days children would take mid-morning lunch to school to eat with their free bottle of milk, frequently depositing crumbs on the floor, as children do.

It is quite understandable, to me at least, that a sensitive man, who would shun killing a mouse, chooses to portray the privations and miseries of his fellow men, highlighting the conditions prevailing in the early days. He considers the miners to be heroes.

His pictures depict mining life during the 1920's and in some cases, much earlier, working in deplorable conditions, cramped positions, the soup kitchens, lock-outs, and disasters. He also paints religious pictures, and atrocities against the Jews—Holocaust, which may some day be substance for a further book. One morning, at the age of 73, whilst swimming in the Sea of Galilee, and having visited the Yad Vashem Holocaust memorial, he had the strong urge to produce a pictorial record of these

trychinebau. Mae hefyd yn peintio lluniau crefyddol, a'r erchyllterau yn erbyn yr Iddewon—yr Holocawst, a all un dydd fod yn ddeunydd ar gyfer llyfr arall. Un bore, yn 73 oed, tra'n nofio yn Llyn Galilea ac wedi ymweld â Chofeb Holocawst Yad Vashem, cafodd ysfa gref i gynhyrchu cofnod darluniadol o'r anfadwaith hwn. Y mae, mewn gwirionedd, yn hanesydd ac wedi gwneud ymchwil helaeth i'w destunau.

Datblygodd Nicholas Evans ei arddull unigryw ei hun o beintio—gyda bysedd a rhecsyn. Mae e'n teimlo'i fod yn ddyledus am ei holl lwyddiant i Gyngor Celfyddydau Cymru ac i Syr Lawrence Gowing, *Slade School of Art*, Llundain, ond rwyf i'n teimlo fod llawer o'i lwyddiant i'w briodoli i'w ddawn fawr, a fu'n fud am gymaint o flynyddoedd. Mae wedi cael ei alw'n athrylith a'i ddisgrifio fel ffenomenon.

Pan nad yw'n peintio mae e'n pregethu neu'n mynd â'n labrador melyn, Sheba, am dro. Byddai rhai dynion yn ystyried fod fy nhad wedi bod yn lwcus yn y byd celf. Galwch chi e beth fynnoch chi. Mae e'n credu fod Duw yn anrhydeddu'i ffyddlondeb. Drwy'i fywyd bu Nicholas Evans yn pregethu'r Efengyl, yn aml yn y dyddiau cynnar pan na allai fforddio'r arian bws, fe gerddai o Aberdâr dros y mynydd i Gapeli yng Nghwm Rhondda, a dychwelyd hefyd ar droed, ac yna mynd i'r gwaith fore trannoeth. Nid yw Duw'n ddyledwr i neb.

Mae Nicholas Evans wedi'i gynnwys yn *Who's Who in Art*, ac mae'n darlithio mewn Prifysgolion ac Ysgolion. Daeth yn aelod o Academi Frenhinol Gymreig y Celfyddydau yn 1981.

Mae gan Amgueddfa Genedlaethol Cymru, Caerdydd, un o'i ddarluniau a phrynwyd eraill ar gyfer plastai mawr ac adeiladau cyhoeddus, er enghraifft gan Ddug Dyfnaint, Syr Richard Hyde-Parker (Bart.), Cyngor Celfyddydau Cymru, Cyngor Celfyddydau Prydain Fawr, Adran yr Amgylchedd, Llyfrgell Genedlaethol Cymru, Aberystwyth, Cymdeithas Celfyddyd Gyfoes (prynwyd gan Oriel y Tate). Mae rhai o'i luniau yn yr Unol Daleithiau, Canada, ac ar y Cyfandir. Mae un gan BBC Cymru, a BBC Llundain (yn eu Stiwdios yn Ealing). Mae llawer mewn casgliadau preifat.

Rhoda Evans

Aberdâr

brutalities. He is in fact a historian, and has carried out extensive research on his subjects.

Nicholas Evans developed his own unique style of painting—with fingers and rag. He feels he owes all his success to the Welsh Arts Council and to Sir Lawrence Gowing, Slade School of Art, London, but I feel sure much of this success is attributable to his great talent, which was latent for so many years. He has been acclaimed a genius and described as a phenomenon.

When not painting he is preaching or exercising our yellow Labrador, Sheba. Some men would consider that my father has been lucky in the art world. Call it what you may. He believes God is honouring his faithfulness. All his life Nicholas Evans has been preaching the Gospel, often, in the early days when he could not afford the bus fare, walking from Aberdare over the mountain to Chapels in the Rhondda Valley, returning also on foot, then going to work the next morning. God is no man's debtor.

Nicholas Evans is included in Who's Who in Art, *and lectures at Universities and schools. He became a member of the Royal Cambrian Academy of Arts in 1981.*

The National Museum of Wales, Cardiff, has one of his pictures, and others have been bought for stately homes and public buildings, e.g. by the Duke of Devonshire, Sir Richard Hyde-Parker (Bart.), the Welsh Arts Council, Arts Council of Great Britain, Department of the Environment, National Library of Wales, Aberystwyth, Contemporary Art Society (bought by the Tate Gallery). Some of his paintings are in the USA, Canada, and on the Continent. BBC Wales has one, and BBC London (at Ealing Film Studios). There are many in private collections.

Rhoda Evans

Aberdare

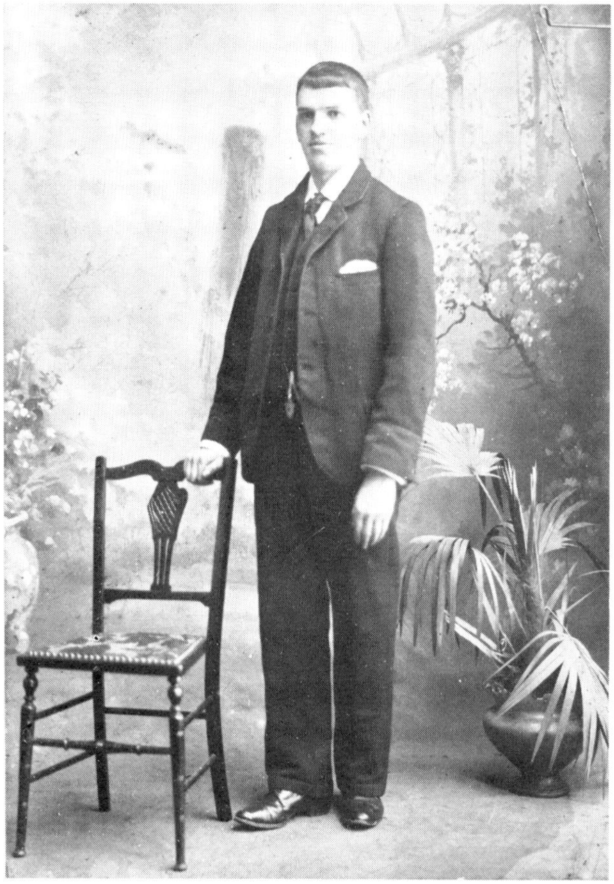

David Nicholas Evans, glöwr, tad yr arlunydd

David Nicholas Evans, a miner, father of the artist.

Yr arlunydd Nicholas Evans yn 3 oed yng ngardd lysiau ei rieni.

The artist, Nicholas Evans, at the age of 3 years in his parents' vegetable garden.

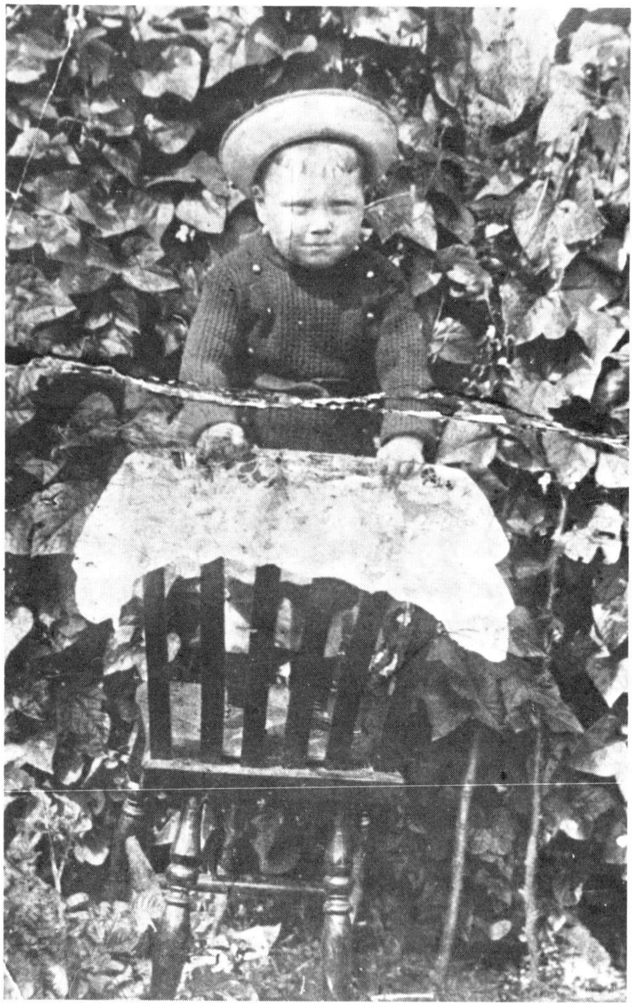

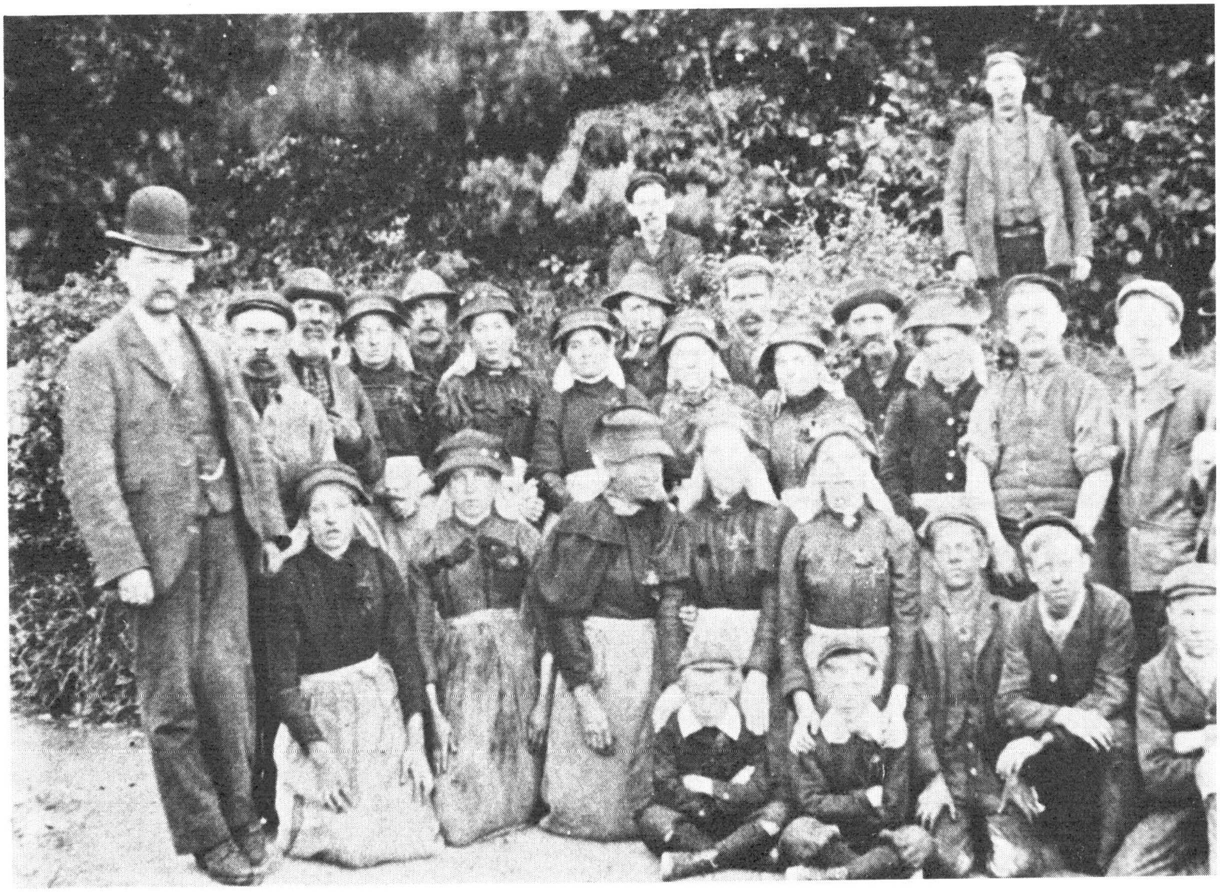

Gwelir mam Nicholas Evans, Mary Ellen Evans, a fu'n gweithio ar yr wyneb, yn sefyll yng nghanol yr ail res, i'r chwith (y dde i ni) o'r dyn yn ysmygu pibell.

Nicholas Evans' mother, a pit girl, Mary Ellen Evans, stands in the centre of the back row, on the left (our right) of the man smoking a pipe.

Darluniau *Paintings*

yn wynebu tudalen
facing page

O'r Cymoedd y Deuthum

Tyfodd y pentrefi o gwmpas y pyllau; cymerodd llawer enw'r pwll neu berchennog y gwaith. Ef oedd biau'r tir, neu hyd yn oed y rhan fwyaf o'r dref ac roedd yn ddylanwadol iawn.

Roedd angen y gweithwyr ar berchennog y gwaith, ac roedd angen bwyd a thai arnyn nhw. Felly y dechreuodd yr arfer: y dyn oeddech chi'n gweithio iddo oedd biau eich tŷ, y siop, eich teulu a'ch ffrindiau, ac felly yn meddiannu'r gweithiwr gorff ac enaid.

Daeth y tirfeddiannwr a pherchennog y gwaith gydag amser yn bileri'r Eglwys a doedd dim croeso i neb a ymaelodai ag Undeb Llafur. Mae'n drist nodi i rai pregethwyr gymryd yr agwedd hon hefyd gan eu bod hwythau o dan fawd dosbarth arbennig.

Byddai dyn yn mynd i ddyled er mwyn prynu offer cyn gallu dechrau ennill ac roedd yn rhaid iddo ad-dalu'i ddyled bob diwrnod pae (bob pythefnos). Byddai'r rhan fwyaf o berchenogion pyllau'n gwrthod gadael i siop arall agor yn y cylch, felly roedd yn rhaid i'r glowyr i gyd brynu o siop y cwmni. Roedd yn gwerthu'r rhan fwyaf o'u hangenrheidiau, bwyd, dillad ac offer. Roedd prisiau'r nwyddau'n llawer uwch nag yn y siopau nad oedd yn eiddo'r cwmni, weithiau deirgwaith cymaint. Os oedd 'na siopau eraill yn y cylch câi'r gweithwyr eu talu â thocynnau oedd i'w cyfnewid yn unig yn siop y cwmni.

Dangosodd ffrind i mi'n ddiweddar docyn gwerth dau swllt (10c) a roddwyd i löwr fel rhan o'i gyflog. Dim ond yn siop y cwmni yr oedd modd ei ddefnyddio, ac arno y nodwyd 'i'w wario o fewn 14 niwrnod'.

Petai gweithiwr yn gwrthod prynu yn siop y cwmni câi ei roi ar y rhestr ddu a'i ddiswyddo, a byddai gweithiau eraill yn gwrthod ei gyflogi; yn ychwanegol at hyn, câi ei droi allan o dŷ'r cwmni.

From The Valleys I Came

The villages grew up around the pit; many took the name of the pit or the mine owner. He owned the land, or even most of the town, and was most influential.

The mine-owner needed the workers, who needed to be housed and fed. Thus began the custom: the man for whom you worked owned your house, the shop, your family and friends, thus owning the worker body and soul.

The landowner and colliery-owner became, in the course of time, the pillars of the Church, and anyone who became a member of a Trade Union was not welcome. Sad to say, some preachers took up this attitude as they, too, were in the pocket of a certain class.

A man would go into debt to buy tools before he could begin to earn and had to pay off this debt every pay day (fortnightly). Most mine-owners refused to allow another shop to open in the vicinity, so all miners were forced to buy from the company shop. It sold most of their necessities, food, clothes and tools. The prices of the goods were much higher than in non-company shops, sometimes three times as much. If there were other shops in the area the workers were paid in tokens which could only be used as currency at the company shop.

A friend recently showed me a token, value two shillings (10p) given to the miner as part of his pay. It could be used only in the company store, and on it is specified 'to be spent within 14 days'.

If the miner refused to buy at the company shop he was blacklisted and sacked, and other mines refused to employ him; added to this, he was turned out of the company house.

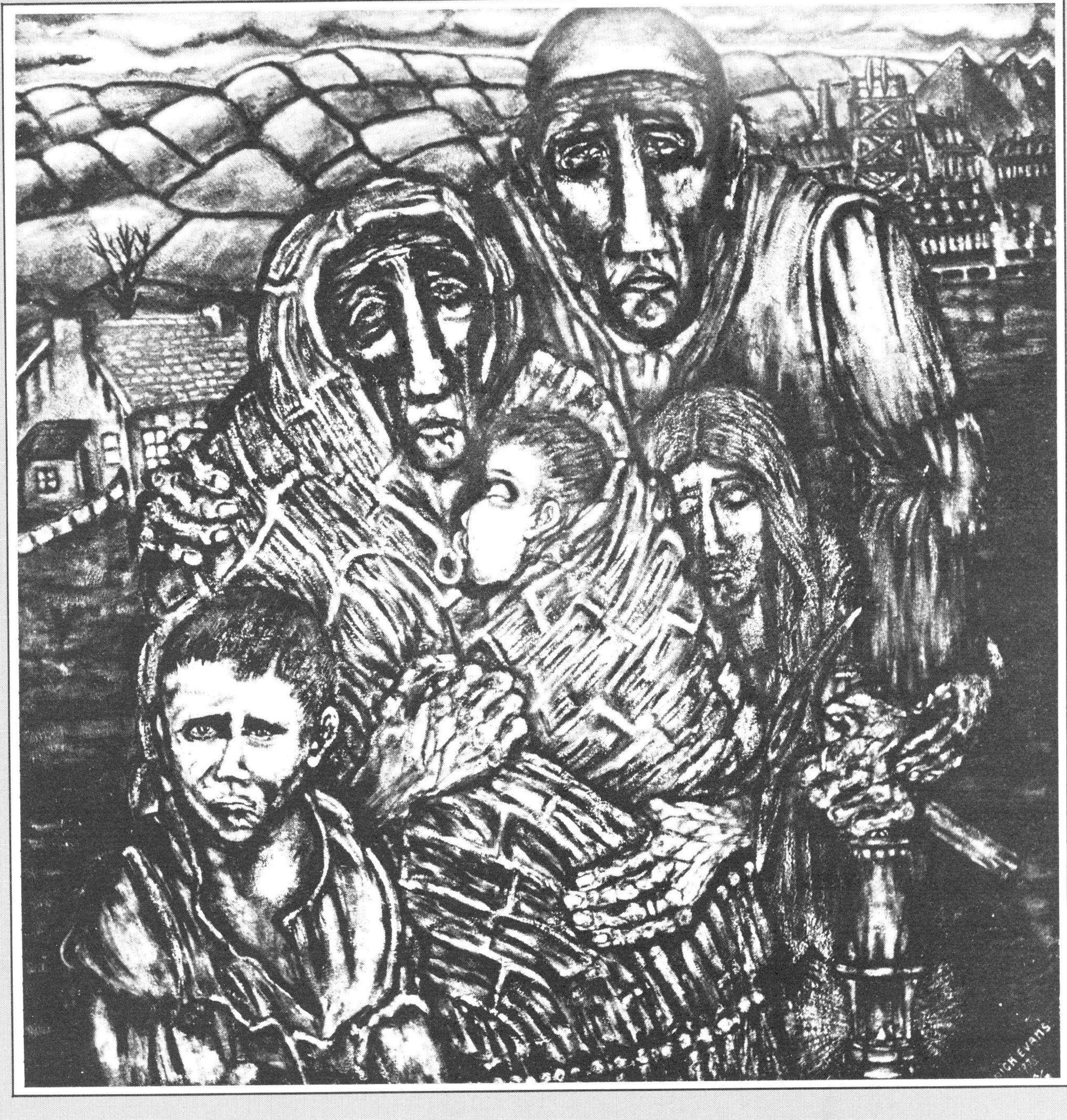
EVANS

Drwswr

Dyfeisiodd Carlyle Spedding sustem o ddrysau bradish a chyrsiau awyr, defnyddio rhaniadau, rhwystrau a drysau falf unffordd i awyru'r gwaith. Mae'r gwreiddiol o'r print ar y tudalen gyferbyn yn hongian yn f'ystafell i, ac roedd yn anrheg oddi wrth yr arlunydd. Bachgen anhysbys yw'r testun, ond fe'i galwaf yn David er mwyn ei adnabod (gan mai dyna enw fy nhad-cu ar ochr fy nhad a gafodd ei ladd mewn damwain yn y pwll cyn i mi gael fy ngeni).

Mae'r darlun yn apelio ataf i gan fy mod yn teimlo bod y bachgen yn nodweddiadol o blant o gymdeithasau glofaol dros ganrif yn ôl. Mae wyneb trasig David yn ennyn fy nghydymdeimlad i; fe ddylai fod yn yr ysgol neu'n chwarae gyda phlant eraill.

Yn aml byddai'r plant lleiaf oedd o dan ddaear yn cael eu lladd am eu bod yn cwympo i gysgu wrth eu gwaith. Cofiwch, roeddynt yn y tywyllwch gyda dim ond digon o olau i daflu cysgodion brawychus, symudol; roeddynt tua chwech neu saith mlwydd oed, mewn gwres mawr, oerfel difrifol, neu amgylchiadau gwlyb am oriau bwygilydd.

Mae stori wir wedi'i chofnodi am Mary Davies, plentyn bach hoffus, chwe blwydd oed. Aeth i gasglu'i bara a chaws amser cinio a dechreuodd grïo'n hidl ac ni allai neb ei chysuro. Roedd llygod mawr wedi bod yno o'i blaen, wedi cael hyd i'w chuddfan ac wedi dwyn ei phryd bach llwm oddi arni.

Yn fy meddwl rwy'n cysylltu plant y pyllau â'r merched matsys a'r bechgyn glanhau simnai o ddyddiau Dickens, a dwy ddim yn credu mod i'n rhagfarnllyd gan ei fod yn rhan o'm hanes fy hun, ond rwy'n ystyried cloddio am lo yn rhywbeth mwy annaturiol, am eich bod yn y ddaear fel gwahadden ac yn y fath amgylchiadau ofnadwy.

Meddyliwch fel y mae plant yn cael eu tolach heddiw—pan gânt eu geni, a hyd yn oed cyn hynny, a thrwy gydol eu bywydau yn yr ysgol. Rwy'n gwybod am rai merched bach, os nad ydyn nhw'n hoffi ffrog arbennig, wnân nhw mo'i gwisgo hi, neu'n sicr wnân nhw ddim ymddangos yn gyhoeddus tra'u bod yn ei gwisgo!

Door Boy

Carlyle Spedding devised the systems of bratticing and air coursing, the use of partitions, barriers, and one-way valve doors, used in ventilating the mine. The original of the print on the opposite page hangs in my room, and was a present from the artist. The subject is an unknown boy, whom I shall call David for identification (this being the name borne by my paternal grandfather who was killed in a colliery accident long before I was born).

The picture appeals to me as I feel the boy is typical of children from mining communities over a century ago. David's tragic face evokes my compassion; he should be at school or playing with other children.

Often the very young children underground were killed because they fell asleep at their work. Remember, they were in the dark, with just enough light to cast frightening, flickering shadows, and were about six or seven years of age, in extreme heat, intense cold, or wet conditions for many hours daily.

A true story is on record of Mary Davies, a lovable child of six years. She went to collect her bread and cheese at lunchtime and burst into inconsolable tears. The rats had been a step ahead, found the hiding place and had deprived her of a meagre repast.

In my mind I associate children in the mines with the little matchgirls and chimneysweeps of Dickens' day, and I do not think I am biased as it is part of my own history but I consider mining to be more unnatural, being in the earth like a mole and in such horrific conditions.

Just think how children are cosseted these days—at birth, even before, and throughout their school lives. Some little girls I know, if they dislike a particular dress, will not put it on, or certainly not put in a public appearance while wearing it!

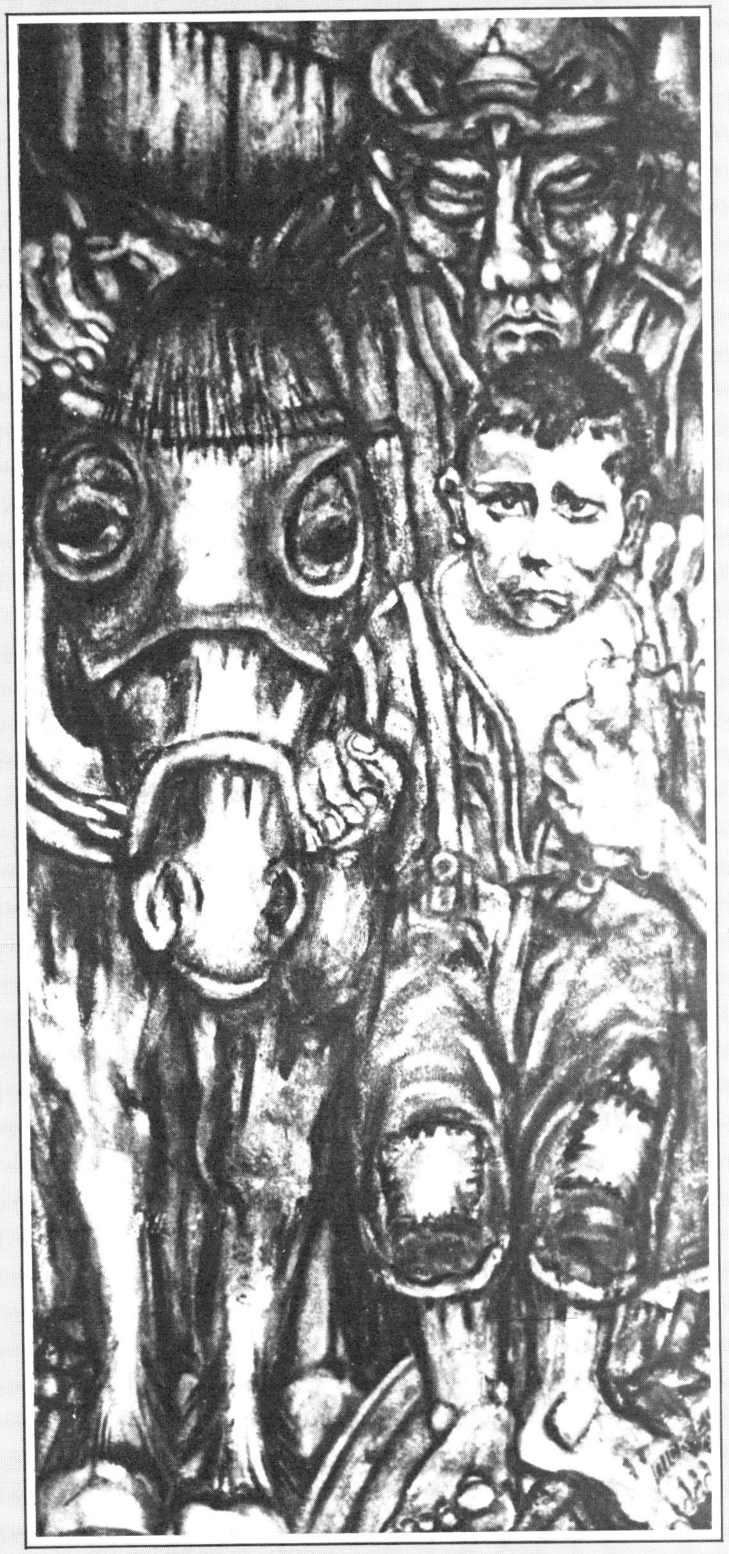

Y Bwytäwr Pechod

Flynyddoedd lawer yn ôl roedd bwytäwyr pechod i'w cael yng Ngorllewin Lloegr, rhannau o Gymru, Yr Alban, ac rwy wedi clywed yn ddiweddar, dros Fôr Iwerydd ymhlith rhai pobl—mae'n siŵr i'r arfer fynd drosodd yno gyda'r ymfudwyr.

Yn sylfaenol, oherwydd natur y gwasanaeth a gyflawnai, rhywun o'r tu allan i'r gymdeithas oedd y bwytäwr pechod. Pan fyddai rhywun farw, yr arfer gyda'r bobl hyn oedd rhoi pryd o fwyd ar frest yr ymadawedig. Yna gelwid am wasanaeth bwytäwr pechod, a'i ddyletswydd ef oedd bwyta'r bwyd; byddai'r bwyd yn sumbol o bechodau'r ymadawedig. Roedden nhw'n credu'i fod, wrth fwyta ac yfed, yn cymryd arno'i hun bechodau'r person marw, llygriad o fwch dihangol yr Hen Destament.

Câi'r pryd bwyd ei fwyta'n seremonïol iawn. Byddai'n gwisgo dillad seremonïol wedi'u trosglwyddo o law i law drwy linach hir o fwytäwyr pechod. Roedd e i'w gymharu â'r dyn hysbys, ac roedd yn feistr ar ddewiniaeth ddu.

Byddai teulu'r ymadawedig yn ei ddyled, felly gallai wneud gofynion afresymol arnynt a'i galluogai i gasglu cyfoeth. Ar ddiwedd y mymbo-jymbo deuai'r loddest, gan ychwanegu pechod at bechod.

Ni fyddai neb eisiau priodi'i blant ac yntau'n byw'n neilltuedig a chyda'r fath alwedigaeth ryfedd. Fe'i hofnid yn fawr, nid oedd neb yn ei garu, ond teimlid bod yn rhaid ei gael. Y fath ddallineb, diolch i Dduw am yr Efengyl.

Mae'r darlun yn dangos fod gan y dyn arbennig hwn ddau gynorthwy-ydd, un yn cario cloch i alw'r bobl i'r seremoni, y llall â lantern i'w galluogi i wneud eu ffordd i'w bwthyn gan nad oedd heolydd yn y dyddiau hynny.

Sylwch ar y blodyn bach o dan y plât o bice ar y maen yn y llun, teyrnged dyner gan y ferch fach.

The Sin-eater

Many years ago sin-eaters were prevalent in the West Country, parts of Wales, Scotland, and I have recently learned, also across the Atlantic among certain people—no doubt the custom was taken there by immigrants.

A sin-eater was basically an outcast from society by nature of the service he gave. When a person died it was, with these people, the custom to place a meal on the chest of the deceased. A sin-eater was called in, and his duty was to partake of the meal, the food symbolising the sins of the departed. They believed that as he ate and drank he took upon himself the sins of the dead person, a corruption of the scapegoat in the Old Testament.

The eating of the meal was carried out with much ritual. He wore robes undoubtedly handed down from a long line of sin-eaters. He was to be compared with a witch-doctor, and was a master of black magic.

The family of the deceased became indebted to him so he could make unreasonable demands enabling him to amass wealth. At the conclusion of the mumbo-jumbo would come the orgy, thus adding sin to sin.

Living in isolation, with such a strange occupation, no-one would wish to marry his children. He was greatly feared, unloved, but felt to be a necessity. Such blindness; thank God for the Gospel.

The picture shows that this particular man had two assistants, one carrying a bell to summon the people to the ceremony, the other with a lantern to enable them to pick their way to the cottage as there were no roads in those days.

Note the little flower below the plate of Welshcakes in the photograph, a tender tribute from the little girl.

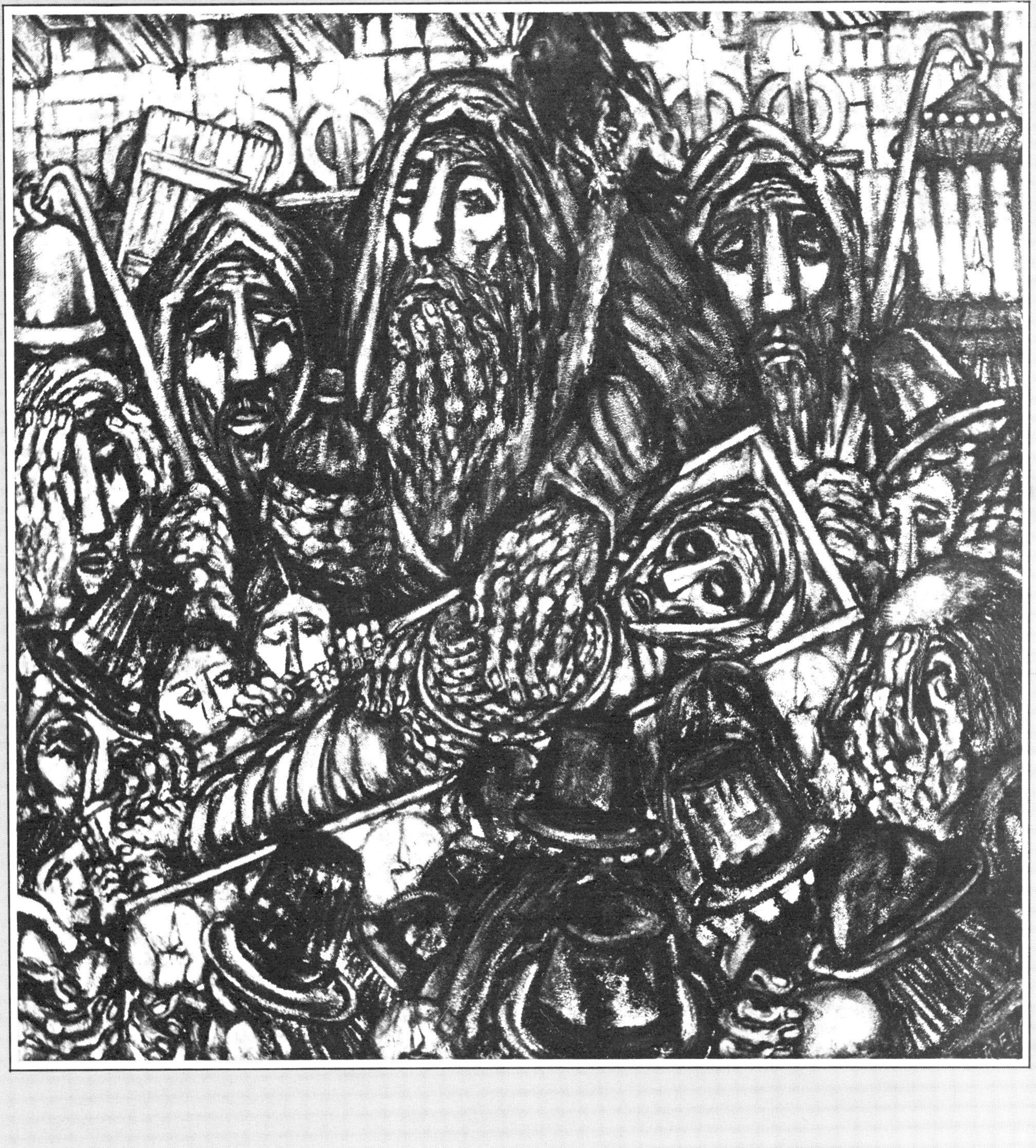

Menywod yn Gweithio Winsh (Pen y Pwll)

Byddai menywod weithiau'n gweithio peiriant winsh syml ac roedden nhw'n falch o'u cyfraniad i'r diwydiant; onid oedden nhw'n gyfrifol am ddarn o "beirianwaith" yn hytrach na chrafu'r ddaear?

Pan fyddai'n rhaid suddo pwll, câi menywod eu dewis ac ymddengys bod hyn yn cael ei gydnabod fel eu math hwy o waith.

Pan gâi glo ei ddarganfod yn y gwaelodion y menywod fyddai'n cael y dasg hon. Byddent yn gweithio'r dull hwn gannoedd o lathenni o'r brif siafft, yn weindio'r ceir llusg a'r basgedi i fyny, gwaith oedd yn cael ei droi o'r neilltu gan y dynion, ond a oedd yn waith hanfodol.

Bydden nhw'n gollwng basgedi gweigion i lawr ac yn dod â'r rhai llawn lan ar raddiannau oedd yn arwain at wahanol lefelau o lo. Yn y ffordd hon fe fydden nhw hefyd yn codi a gostwng eu cydweithwyr i'w mannau gwaith. Dwy ddim yn cenfigennu wrth y cydweithwyr, ond doedd dim lle i rai â stumog wan yn y diwydiant hwn.

Women Working Windlass (Pit top)

Women sometimes worked a simple windlass machine and were proud of their contribution to industry; did they not have the responsibility of a piece of 'machinery' as opposed to grubbing in the earth?

When it became necessary to sink a pit, women were selected and this seemed to be recognised as their type of work.

When coal was discovered in the lower regions it was the women who qualified for this task. They worked this method hundreds of yards from the main shaft, winding up the sledges and baskets, labour that was shunned by men, but was essential.

They would lower empty baskets and bring up the filled ones on gradients leading to various levels of coal. In this was they also lowered and raised their colleagues to or from their place of work. I do not envy the colleagues, but there was no place for squeamishness in this industry.

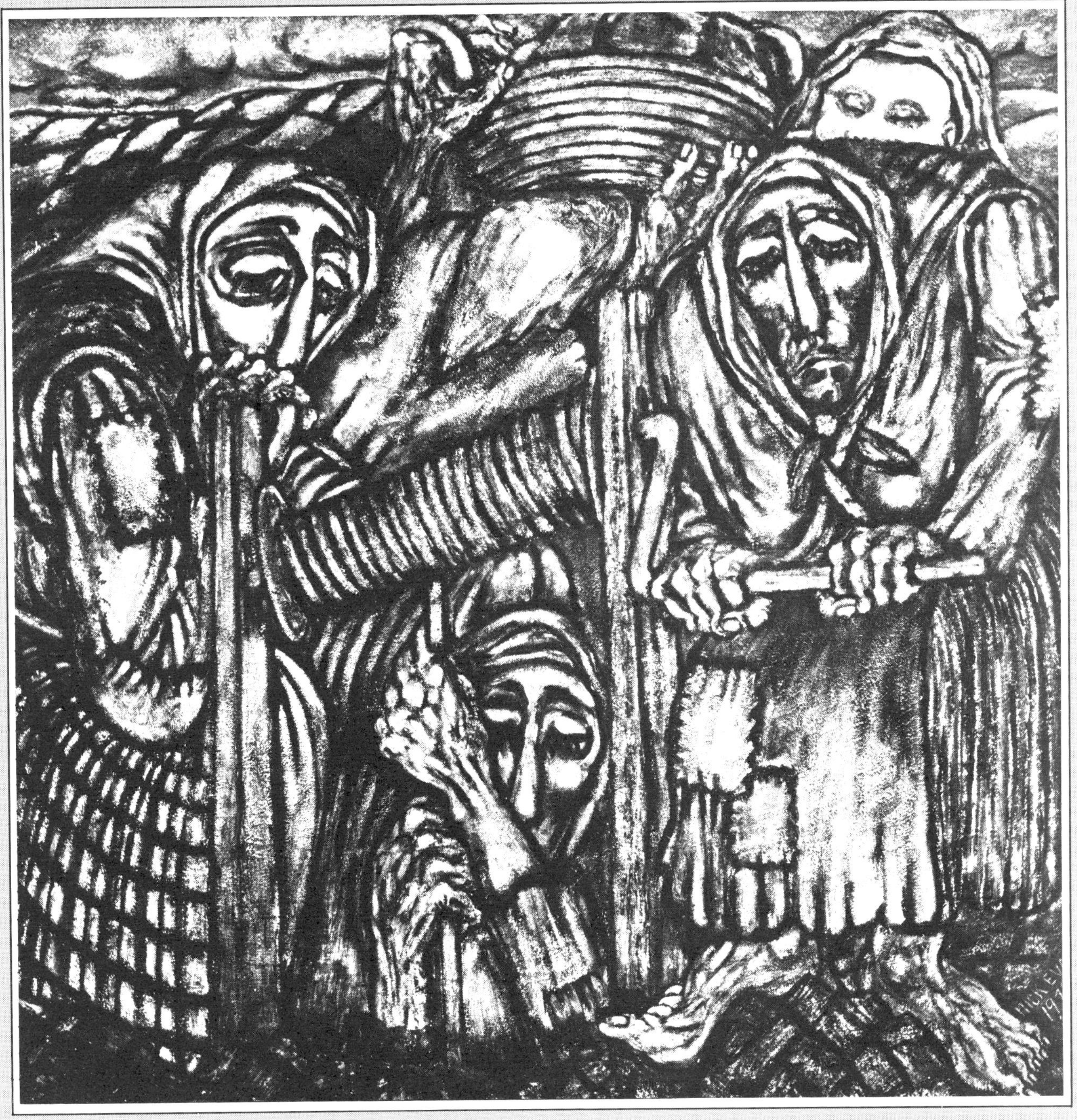

Menywod yn Gweithio Winsh (O Dan Ddaear)

Dywedir, ac efallai fod sail i hynny, fod menywod sydd yn gweithio gyda'i gilydd yn hel rhywfaint o glecs, ond mae'n anhebyg y byddai hyn yn eu hatal rhag gwneud eu gwaith. Roedd hynny'n rhan o'u bywyd: "Glywosch chi'r diweddaraf?" Doedd e ddim o reidrwydd yn angharedig nac yn gïaidd. Roedd eu diddordeb mewn pwnc arbennig yn help i roi rhyw frwdfrydedd iddynt yn y gwaith o dan sylw ac yn lleddfu dipyn ar y diflastod.

Roedd natur y gwaith yn pennu statws y gweithwyr, felly roedd y carwyr yn dod yn is na'r weindwyr ar y raddfa. Byddai'r cloddwyr yn gweiddi pan oedd y glo wedi crynhoi; roedd yna sawl camddealltwriaeth.

Mae'n ffaith fod rhai pobl yn addas ar gyfer gwneud gwaith undonog. Maen nhw'n gallu byw mewn byd o ffantasi yn eu hymgais i gau allan yr anhapusrwydd a'r trueni sydd o'u cwmpas efallai. A'u meddyliau yn llawn o'u byd bach eu hunain maen nhw'n gallu gweithio'n hapus ddydd ar ôl dydd. Mae hyn yn wir am rai mewn ffatrïoedd heddiw, ac maent wedi dod yn rhan hanfodol a gwerthfawr o ddiwydiant.

Women Working Windlass (Underground)

It is said, and perhaps with foundation, that when women work together there is a certain amount of gossip, but it is unlikely this would deter them from getting their work done. That was part of their life: "Have you heard the latest?" It need not have been unkind or malicious. Their interest in a certain topic helped give them some enthusiasm for the task in hand and relieve boredom to a measure.

The nature of the work graded the status of the workers, thus the carriers were subservient to the winders. The hewers would shout when the coal had accumulated; there were many misunderstandings.

It is a fact that some people are suited to monotonous tasks. They can live in a world of fantasy in an effort to blank out the unhappiness and squalor which may surround them. Preoccupied with their thought-life they can work contentedly day after day. This applies to some in factories today, and they have become an integral and invaluable part of industry.

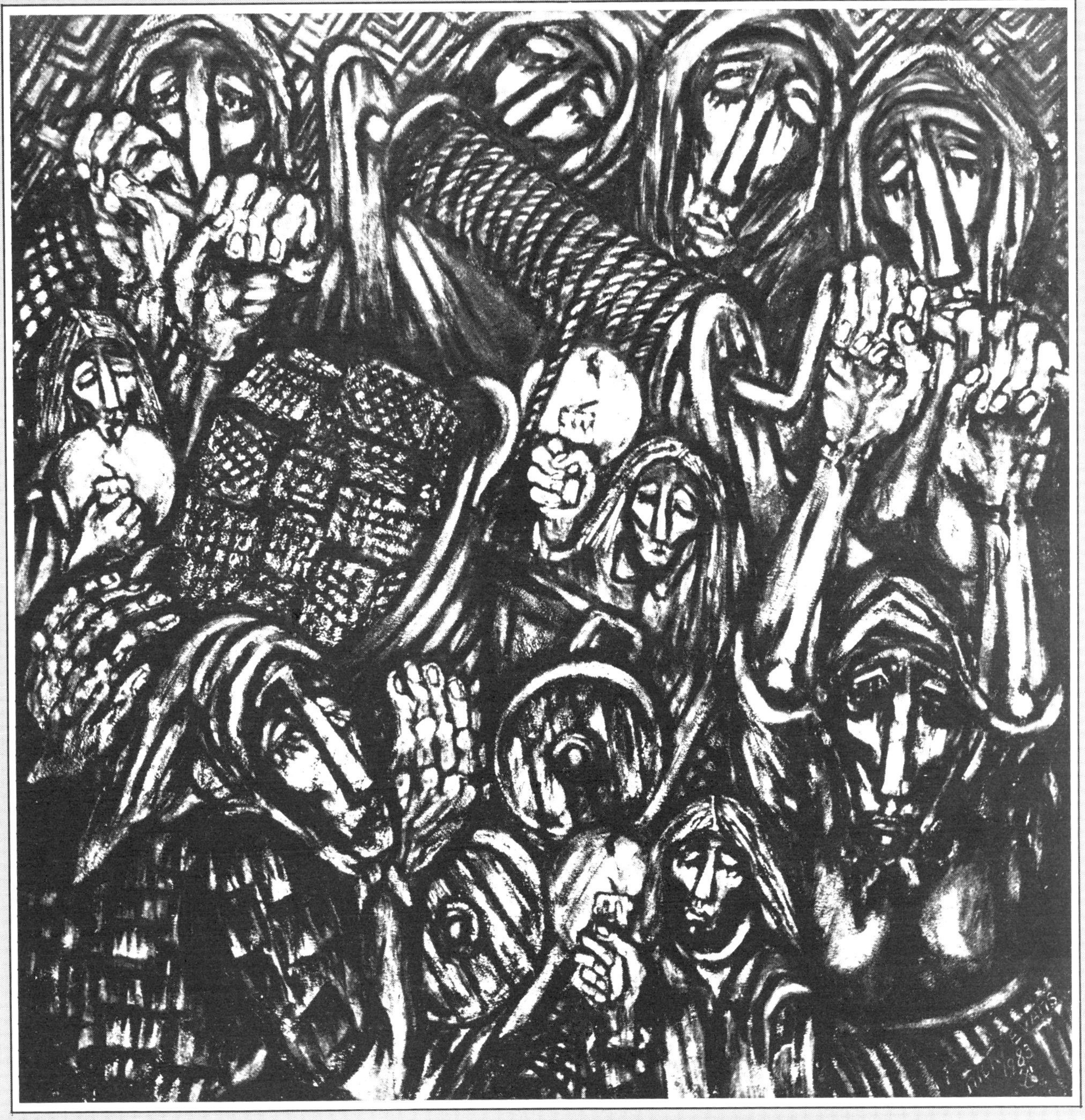

Goleuadau Cyntefig

O edrych am y tro cyntaf ar y darlun mae'n ymddangos fel petai'n rhywbeth i'w wneud â physgod a bod y pysgod hyn yn dod o ddyfroedd tanddaearol. Nid felly o gwbl er bod yna lawer o ogofeydd du o dan ddaear lle mae mathau arbennig o bysgod wedi magu a ffynnu am gannoedd o flynyddoedd.

Mae'r llun yn dangos gwythïen o dan ddaear ac yn cynnwys pysgod a brynwyd yn y farchnad. Ni ellid cadw pysgod yn hir, nid oedd y grefft o gadw ar iâ wedi'i deall yn iawn bryd hynny. Does 'na ddim tywyllwch fel y tywyllwch sydd o dan ddaear. Ie, efallai eich bod chi wedi dyfalu! Defnyddid y pysgod pwdwr i oleuo rhannau arbennig o'r pwll. (Roedd gennym ni bantri mawr iawn lle roeddem ni'n byw unwaith. Un noson es i mewn yno heb gynnau'r golau a ches sioc a thipyn bach o ofn gan na welais i erioed y fath beth o'r blaen. O edrych yn fanwl gwelais fod pysgodyn wedi'i roi ar blât yn y pen draw ac roeddwn wedi gweld y sglein oddi ar ffosfforws ei gennau. (Oni bai am y profiad hwnnw fyddwn i ddim yn credu'r hyn rwy'n ei ysgrifennu nawr).

Roedd hynny o olau a ddeuai o'r pysgodyn yn amlwg yn annigonol i weithio wrtho, ond o'i hoelio ar bost, mewn rhai mannau o'r gwaith coed lle roedd efallai gorneli peryglus, roedd 'na ddigon i roi rhyw lewyrch o rybudd. Cyn dyddiau'r lamp ddiogelwch roedd y 'golau' truenus hwn yn well na fflam noeth mewn ardaloedd lle roedden nhw'n amau bod 'na nwy. Byddai aroglau'r nwy a'r pysgod pwdwr (rwy'n ysgrifennu am y dyddiau cynnar iawn) yn cymysgu'n ddrewdod dychrynllyd.

Pan fyddai'r cig pwdwr yn cwympo o'r pysgod roedd yn rhaid cael rhai newydd yn eu lle, er mantais i'r llygod mawr.

Illumination Most Primitive

From a first glance at the picture it looks as though this is connected with catching fish, and that these fish are from waters underground. That is not so although there are many caverns in the earth where certain types of fish have bred and flourished for hundreds of years.

The picture shows a seam underground and includes fish which has been bought in the market-place. Fish could not be kept for long, the art of preserving on ice was not then fully known. There is no darkness like that underground. Yes, you may have guessed! The rotten fish was used to illuminate certain parts of the mine. (Where we once lived we had a very large pantry. One night I went in without switching on the light and was taken aback and indeed slightly frightened as I had never seen such a sight. On close inspection I found that a fish had been placed on a plate at the far end and I had caught the gleam from the phosphorus of its scales. If it were not for this experience I would not believe what I am now writing.)

The degree of illumination emanating from the fish was obviously insufficient by which to work but nailed to a post, in certain parts of the timbering where perhaps there were dangerous corners, it was enough to provide a faint glow of warning. Before the safety lamp this pathetic 'lighting' was to be preferred in place of a naked flame in areas where gas was suspected. The smell of gas and rotting fish (I write of the very early days) would blend into an obnoxious odour.

When the decomposed flesh fell from the fish they had to be replenished, to the advantage of the rats.

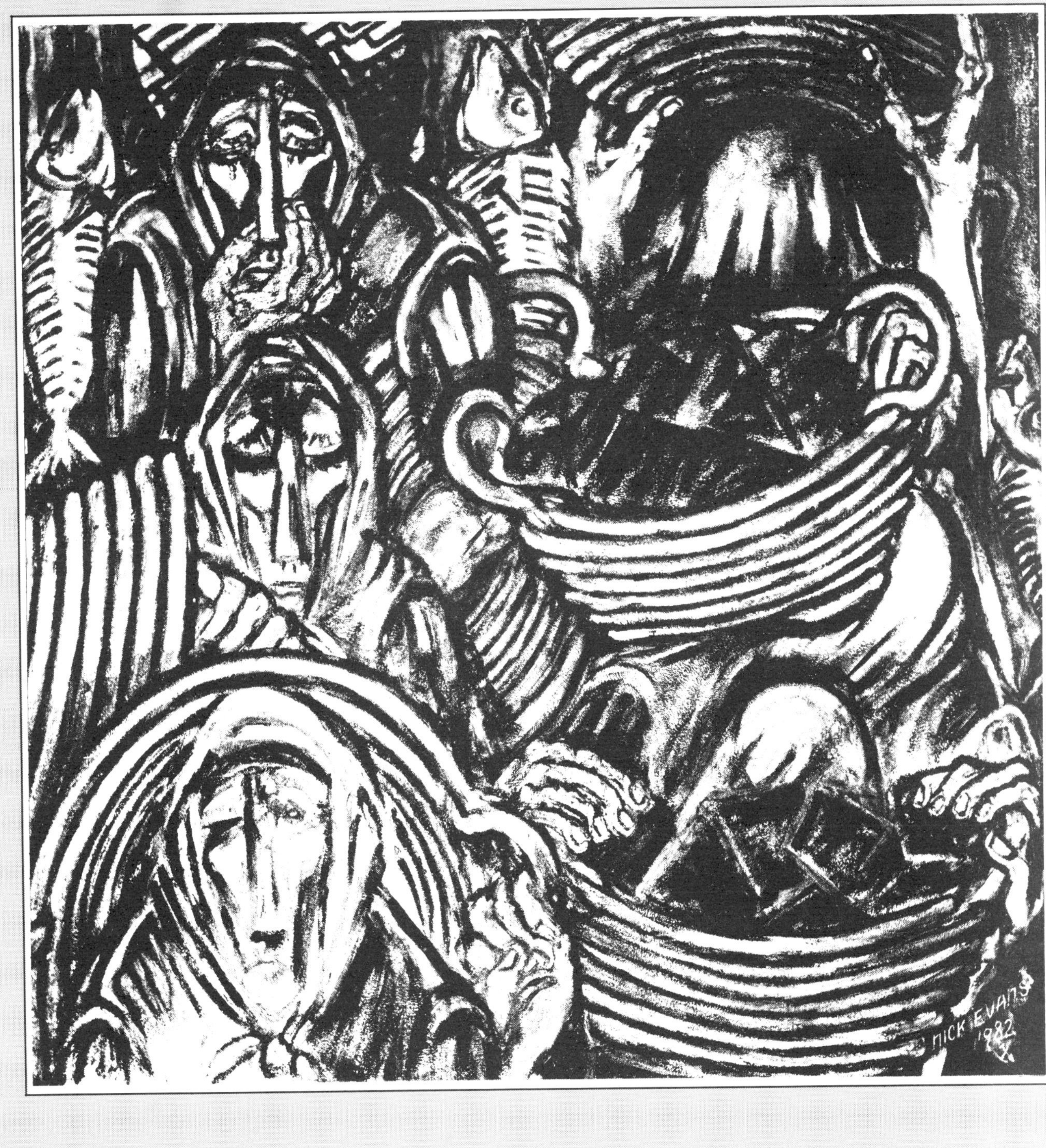
NICK EVANS
1982

Eu Byd Tywyll

Mae un darlun o gyfnod cynnar sydd yn dangos merch yn cario glo mewn basged ar ei chefn ac yn cwympo oddi ar ysgol. Wrth gwrs fe fydden nhw'n cwympo i lawr y pwll ac yn cael eu gwasgu i farwolaeth. Roedd damweiniau fel hyn yn siŵr o ddigwydd.

Roedd cario glo o oedran cynnar yn peri i ferched ifainc gael eu hanffurfio. Oherwydd natur eu llafur ni chaent dyfu fel plant eraill. Roedd hyn yn aml yn achosi problemau yn nes ymlaen pan ddeuent yn famau; felly byddai'r cylch seithug yn parhau.

Mae'r darluniau cynharaf o fenywod o dan ddaear yn eu dangos fel gwrachod. Roedd pobl bryd hynny'n ofergoelus iawn. Onid oedden nhw'n gweithio yn y tywyllwch? Roedd y drwg wedi'i leoli 'lawr' rhywle yng nghrombil y ddaear. Ar gyfer ei losgi yr oedd y glo—ar gyfer llosgi'r byd yn y dyddiau diwethaf?

Roedd y gymdeithas lofaol wedi'i chadw ar wahân i'r hyn a elwid yn gymdeithas barchus. Lluniwyd darlun ffals o'r diwydiant glo. Ystyrid y merched hyn fel yr haen isaf yn y gymdeithas. Goleuodd George Whitfield, John a Charles Wesley, Howel Harris, Daniel Rowland ac Efengylwyr eraill y glowyr drwy'u sicrhau fod ganddynt hwythau enaid a'u bod mor werthfawr â'r dyn yn y plas. Roedd yr Iesu wedi marw drostynt hwy.

Their Dark World

One drawing of early times shows a girl transporting coal in a basket on her back and falling off the ladder. Of course they fell down the pit and were crushed to death. Accidents of this type were inevitable.

Carrying coal from an early age caused young girls to become deformed. By the nature of their toil they were not allowed to grow like other children. This later, when they became mothers, often caused problems; thus the vicious circle continued.

The earliest pictures of women underground show them as witches. People in those days were very superstitious. Did they not work in the dark? Evil was connected with darkness. Hell was located 'down', somewhere in the heart of the earth. Coal was for burning—for the burning of the world in the last days?

The mining community was cut off from the so-called respectable community. A false picture of mining was constructed. These girls were considered to be the lower strata of society. George Whitfield, John and Charles Wesley, Howel Harris, Daniel Rowland, and other Evangelists enlightened the miners by assuring them that they also had a soul and were as precious as the man in the big house. Jesus had died for them.

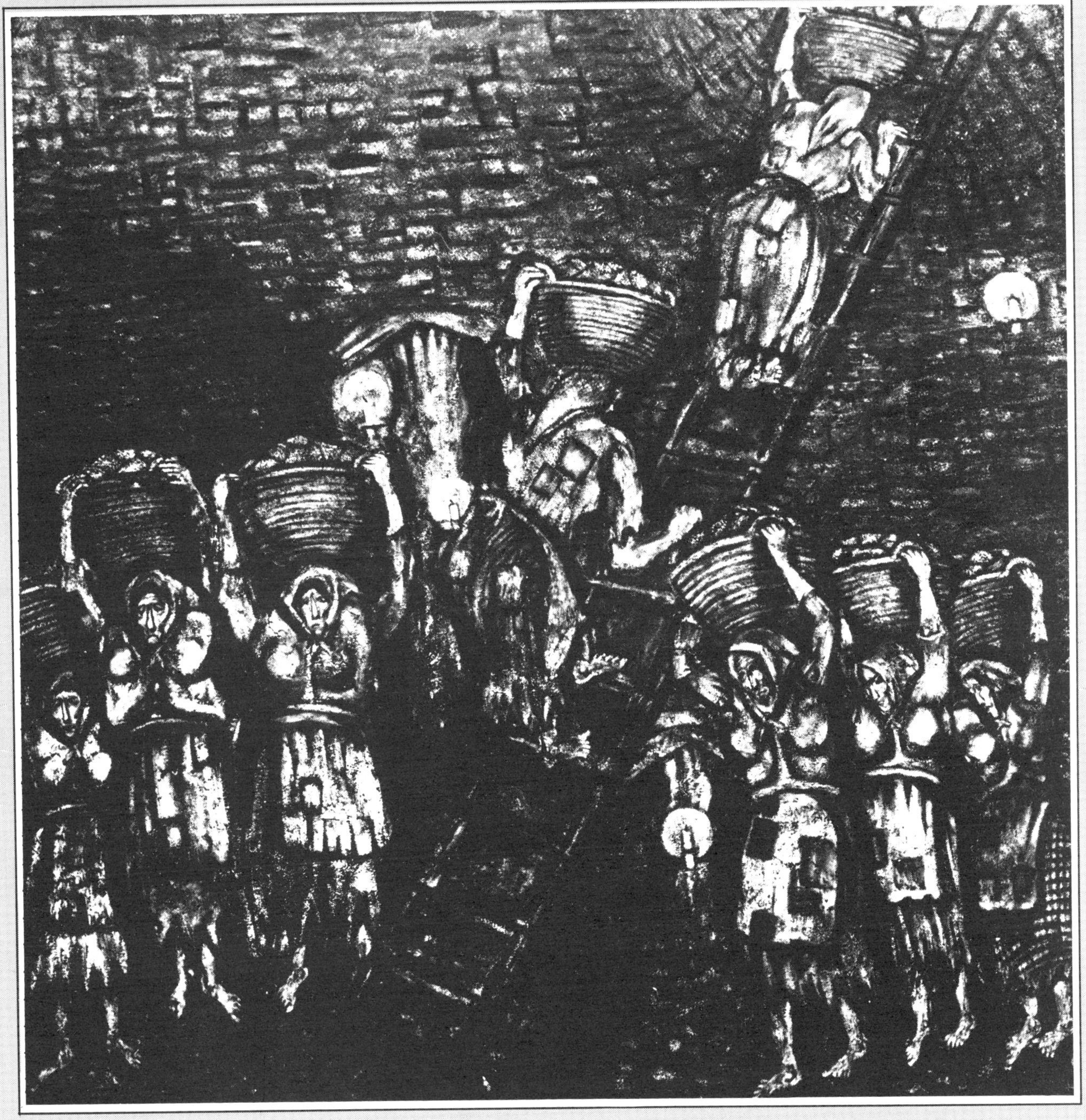

Rhan y Teulu

Roedd plant ynghlwm wrth eu mamau ac ystyriai'r plant yn y gwaith yr holl fenywod yn y pwll fel eu modrybedd. Roedden nhw fel un teulu mawr, ac roedd hyn yn cynnwys y cwympo mas a'r gwahaniaethau barn.

Roedd picil gweithwyr y pwll yn anhysbys y tu allan i'r diwydiant; doedden nhw ddim yn gwybod a doedd dim ots gyda nhw. Roedd hyd yn oed arlunydd yn ystod y cyfnod hwnnw'n peintio menywod y pwll fel gwrachod—dyna sut roedd e'n eu gweld nhw, ac o ganlyniad i hynny dyna sut roedd eraill yn eu gweld nhw.

Byddai'r mamau'n mynd â'r plant gyda nhw i'r gwaith. Beth arall allen nhw'i wneud? Doedd 'na ddim gwarchodwyr plant a meithrinfeydd yn y dyddiau hynny. Mae hyn yn mynd nôl ymhell iawn.

Wrth i'r bobl gael mwy o wybodaeth am y diwydiant dechreuodd arlunwyr yn y cyfnod hwnnw beintio gyda phalet arall, felly rydyn ni'n gweld glöwr oes Victoria'n cusanu'i blentyn mewn gwely pedwarbost cyn mynd i'r gwaith. Roedd hon yn gamaragraff. Mewn gwirionedd roedden nhw'n ddiolchgar am wely o wellt. Roedd llun arall yn dangos gwraig yn ffarwelio â'i gŵr o löwr wrth iddo ymadael am y pwll, hi wedi gwisgo 'fel ladi', a chyda rhosynnau'n tyfu o gwmpas drws eu cartref, ond y gwir oedd eu bod yn byw mewn cytiau.

Roedd llawer o fenywod yn gwisgo clocs ac roedd tywod ar lawr yr ystafell fyw. Roedd y tai'n lân iawn ond doedd yno ddim llawer o feddiannau i'w golchi a'u dwsto. Camargraff oedd meddwl fod cartrefi'r glowyr yn cynnwys celfi fel piano mawr—roedden nhw'n ffodus i gael bord wedi'i sgrwbio, a chadeiriau.

Pan gafodd fy nhad-cu ei ladd mewn damwain yn y pwll roedd ganddo 2/6d (12½c) yn ei boced, a doedd e ddim yn yfed, smygu nac yn gamblo. Doedd ganddo ddim arian yn y banc er ei fod yn weithiwr cyson. Byddwn i wedi hoffi'i adnabod e, fe allwn i fod wed'i helpu.

Family Involvement

Children were inseparable from their mother, and all the women in the mine were considered by the children to be their aunts. They were as one big family, which included bickering and differences of opinion.

The plight of the pit workers was unknown to those outside the industry; they did not know, neither did they care. Even the artist of that period painted the pit women as witches—that is how he saw them, and as a result of this, that is how others saw them.

The mothers took the children with them to work. What else could they do? There were no childminders or nurseries in those days. This goes back a very long way.

As the people gained more knowledge of the industry, the artist of those days began to paint with another palette, thus we see a Victorian miner kissing his child in a four poster bed before going to work. This was a false impression. They were, in fact, grateful for a bed of straw. Another picture showed a wife saying goodbye to her miner husband as he left for the pit, she being dressed 'like a lady', and with roses growing around the door of their home, but the truth was they lived in hovels.

Many women wore clogs and there was sand on the living room floor. The houses were very clean but there were not many possessions to wash or dust. It was falsely thought by some that the miners' homes contained such furniture as a grand piano, but they were fortunate to have a scrubbed table and chairs.

My grandfather when killed in a pit accident had 2/6d (12½p) in his pocket, and he was not a drinking, smoking or gambling man. He had no money in the bank although he was a regular worker. I wish I knew him, I could have given him help.

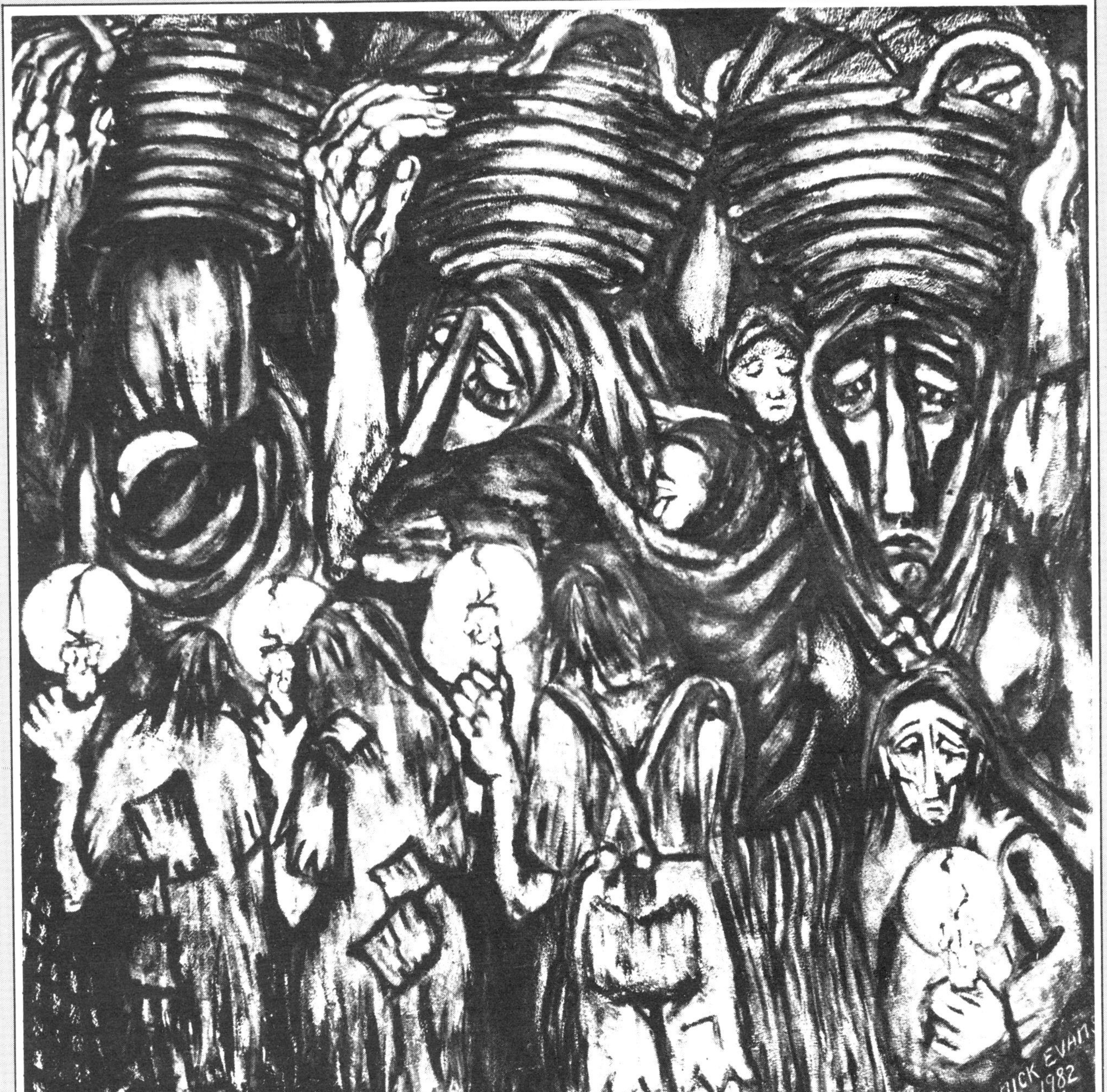
NICK EVAN
1982

Y Car Llusg

Yn y dyddiau cynnar iawn doedd fawr o neb o'r tu allan i'r gymdeithas lofaol yn gwybod dim amdani. Sut fyddai hynny'n bosibl cyn dyddiau radio a theledu, gan fod pyllau wedi'u suddo mewn mannau diarffordd?

Yn ystod yr oes honno pan oedd cysylltiadau'n wael gallai'r coliers, ar un ystyr fod wedi bod filltiroedd lawer oddi wrth gymdeithas, neu mewn gwlad arall. Ychydig oedd yn hysbys am nad oedd y cyhoedd yn dymuno gwybod. Nid dyna'r amser i darfu ar gydwybod y genedl.

Roedd y tadau, y mamau a'r plant i gyd yn ymwneud â'r diwydiant glo. Ystyrient mai dyna eu lle yn nhrefn pethau, mewn gwirionedd ychydig iawn a wydden nhw am gymdeithas ac roedd y mwyafrif yn methu darllen nac ysgrifennu. Roedd eu hagwedd, oherwydd diffyg addysg a chyfle, yn gwneud iddynt dderbyn y dywediad "Y cyfoethog yn ei gastell a'r tlawd wrth ei glwyd".

Byddai'r cloddwyr yn talu'r carwyr, roedd yn rhaid i'r glo fod yn y man trosglwyddo, roedd yn rhaid i'r cloddiwr dalu am ei offer, a hefyd fwy na thebyg, dalu am y basgedi.

Y tirfeddiannwr oedd biau'r glo yn y tir, yr arglwydd a'r meistr—dylen nhw ei chyfrif hi'n fraint i'w gael allan iddynt, gan eu bod yn cael eu talu ac yn cael byw yn ei dref sianti.

Mae rhai glowyr, eu meibion a'u merched, wedi cyrraedd uchelfannau enwogrwydd ond nid ydynt wedi anghofio'r graig y'u naddwyd ohoni.

The Coal Sleigh

In the very early days the mining community was little known outside its own circle. How could it be before the days of radio and television, mines being sunk in isolated spots?

During that time of poor communication in some respects the colliers might well have been many miles away from society, or in a foreign land. Little was known because the public did not wish to know. It was not the time to disturb the conscience of the nation.

The fathers, mothers, and children were all in mining. They regarded this to be their place in the scheme of things, in fact they knew very little of society and most were unable to read or write. Their mentality through lack of education and opportunity was such that they embraced the adage: "The rich man in his castle, the poor man at his gate".

The hewer paid the carriers, the coals had to be at the place of delivery, the tools had to be paid for by the hewer, and probably also, the baskets.

The coal in the ground belonged to the landowner, the lord and master—they should consider it an honour to get it out for him, being paid and living in his shanty town.

Some miners, their sons and daughters, have reached heights of eminence but have not forgotten the rock from which they were hewn.

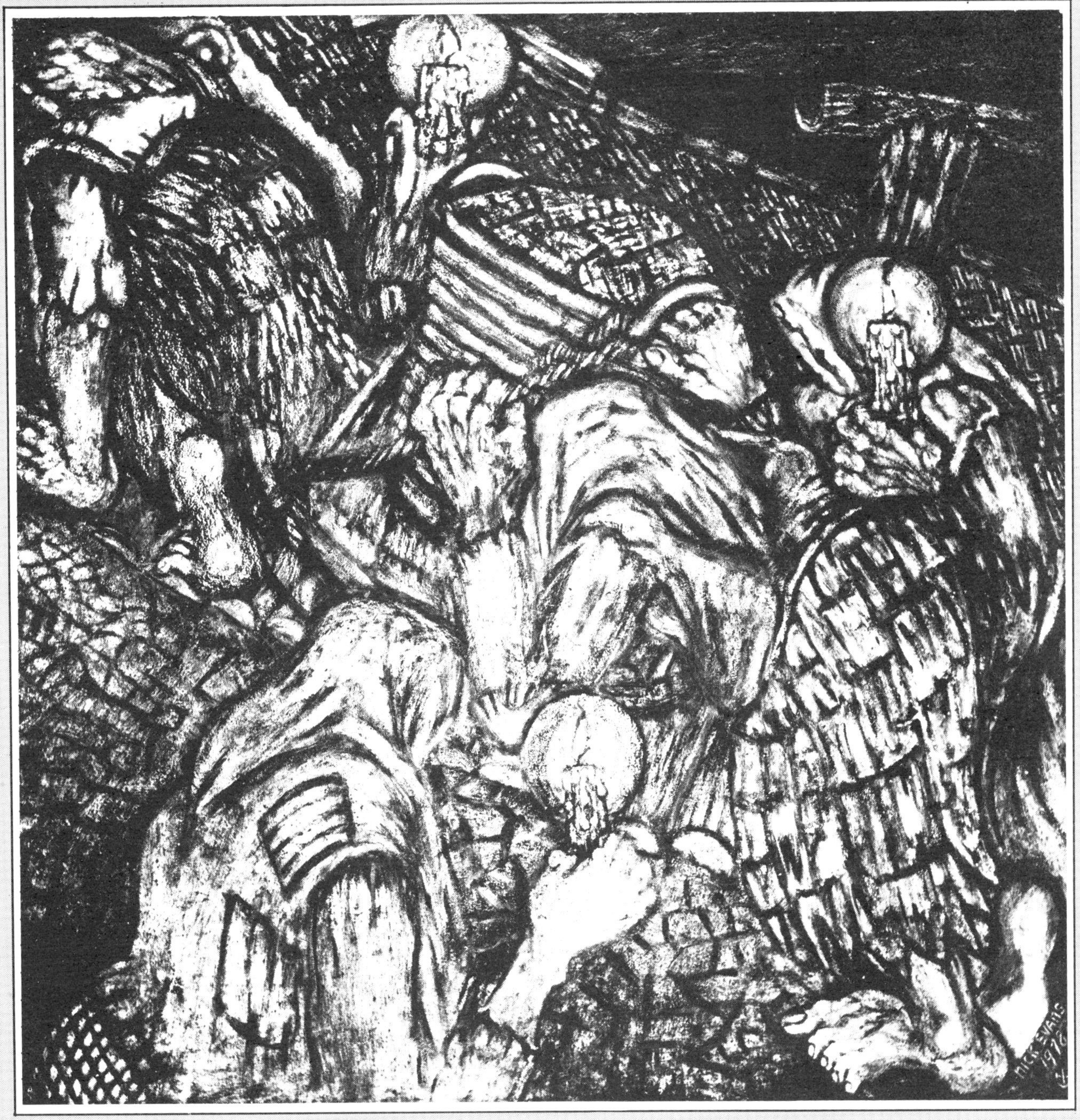

Carwyr Glo

Mae menywod wastad wedi bod yn anifeiliaid pwn, neu dyna sut mae'n ymddangos. Dyma beth wnaeth dyn iddi (efallai fod gan hynny rywbeth i'w wneud â chario plentyn yn y groth) a thrwy'r oesoedd dyma beth mae hi wedi'i dderbyn; ond yn bersonol, gan fy mod yn fenyw, rwy'n falch ein bod wedi'n rhyddhau.

Ffeindiodd y carwyr glo eu ffordd eu hunain o gario sef yr un fwyaf 'cysurus' yn ôl fel y caniatâi'r amgylchiadau, hynny yw, symud mewn lle cyfyng. Mae'n rhaid fod llawer ohonyn nhw wedi bod yn dost neu mewn poen ac felly wedi gorfod cario'u pwn ar eu hochr 'dda'.

Rwy wedi gweld menywod yn cario plentyn ifanc ar eu cefnau, neu rai ar yr ochr dde, neu ar y chwith, gyda llaw o dan y plentyn i'w gynnal; yna o'u blaen neu ar y naill glun neu'r llall. Efallai fod dyn ar y dechrau wedi sylwi ar ei anifail pwn a'i hadnabod, ond dwyf i ddim yn ei galw'n hyn, fe'i bwriadwyd fel cymorth iddo a rhywun i'w dal yn annwyl, ond yn y dyddiau cynnar câi ei rhifo gydag eiddo'r dyn.

Gall dyn gario mwy o bwysau mewn un llwyth, os yw'n dymuno, ond am gysondeb, oriau hir a stamina cyffredinol gall menywod gario mwy o fore tan nos.

Coal Carriers

Women have always been beasts of burden, or this is how it appears. This is what man made her (it may have something to do with the carrying of a child in the womb) and throughout the ages this is what she has accepted; but, personally, being a woman I am happy we have been emancipated.

The coal bearers found their own way, which was the most 'comfortable' and as circumstances would allow, that is, movement in a limited space. Many of them must have been ill or in pain so had to carry their burden on their 'good' side.

I have seen women carry a young child on their back, or some on the right side, or the left, with a hand underneath the child for support; then in front of them or on either hip. Man in the beginning may have observed and recognised his beast of burden, but I do not call her this, she was intended as a helpmate and someone to cherish, but in the early days she was numbered with the man's possessions.

A man may carry more weight in one load should he wish, but for consistency, long hours and general stamina women can carry more from dawn to dusk.

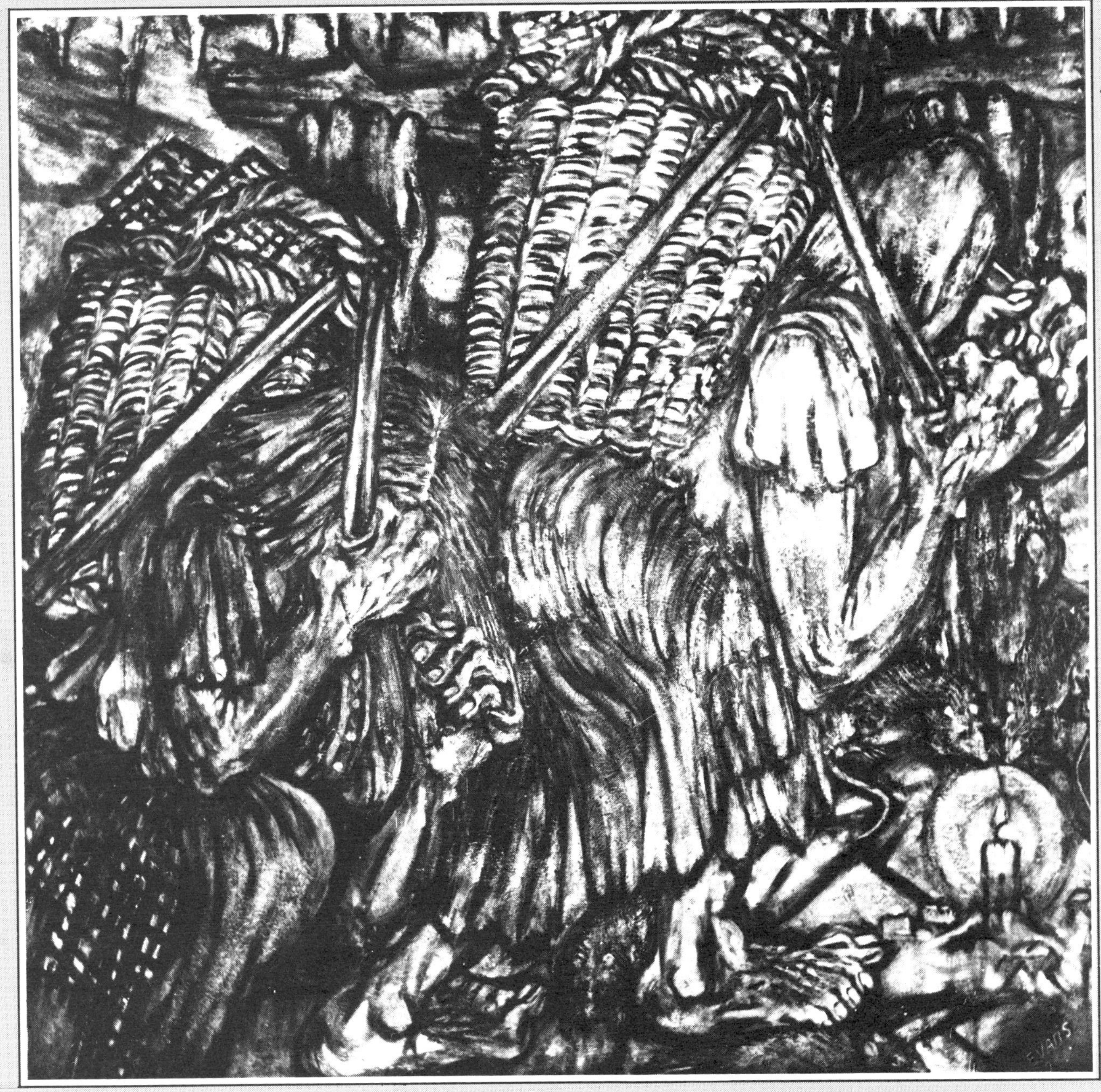
EVANS

Basgedi Llawnion

Daeth menywod i fod yn asgwrn cefn y diwydiant glo ac yn ffordd o gael llafur rhad. Hebddyn nhw ni fyddai'n bosibl cwrdd â chynnyrch disgwyliedig y rheolwyr. Yn aml byddai plant yn mynd i'r gwaith gyda'u mam; doedden nhw byth ymhell i ffwrdd. Darlun cywir o'r dyddiau pell hynny fyddai mam gyda babi ar ei chefn, basged o lo ar ei phen, a phlant wrth ei thraed. Mae hyn i'w weld yn afreal a hyd yn oed yn wirion i ni yn yr ugeinfed ganrif ond dyma oedd eu hunig fodd o gadw'n fyw.

Pa mor ddiraddiol bynnag yr ymddengys i ni heddiw roedd i'w weld yn naturiol a derbyniol dros ganrif yn ôl. Roedd y menywod yn gwneud y gwaith caletaf, nhw oedd y ceffylau pwn, yn cario glo mewn basgedi, ac roedd yn rhaid iddynt brofi'u hunain mewn byd gwrywaidd. Roedd hyn yn golygu gweithio â'u holl egni ac eto caent eu diraddio a'u trin fel anifeiliaid.

Dywedir stori am ferch mewn pwll, a dyw straeon felly ddim ymhell o fod yn wir. Aeth at y bòs i ofyn am amser i ffwrdd o'r gwaith gan ei bod ar fin rhoi genedigaeth. Roedden nhw'n aml yn gweithio nes eu bod ar fin esgor, a hynny o raid, ac am eu bod heb wybod y canlyniadau.

Bulging Baskets

Women became the backbone of the coal industry and a means of cheap labour. Without them it would not be possible to meet the management's anticipated output. Often children accompanied their mothers to work; they were never far away. A true picture of those far off days would be of a mother with a baby on her back, a basket of coal on her head, and children at her feet. This seems unreal and even ridiculous to us in the twentieth century but it was their only means of survival.

However degrading it appears today it seemed natural and acceptable over a century ago. The women did the hardest work, they were the pack-horses, carrying coal in baskets, and had to prove themselves in a man's world. This meant working to their full limit yet they were denigrated and treated like animals.

A story is told of a pit girl, and such stories are not so far from the truth. She approached her boss requesting time off work as she was about to give birth. They often worked until the birth was imminent, from extreme necessity, and ignorance of the consequences.

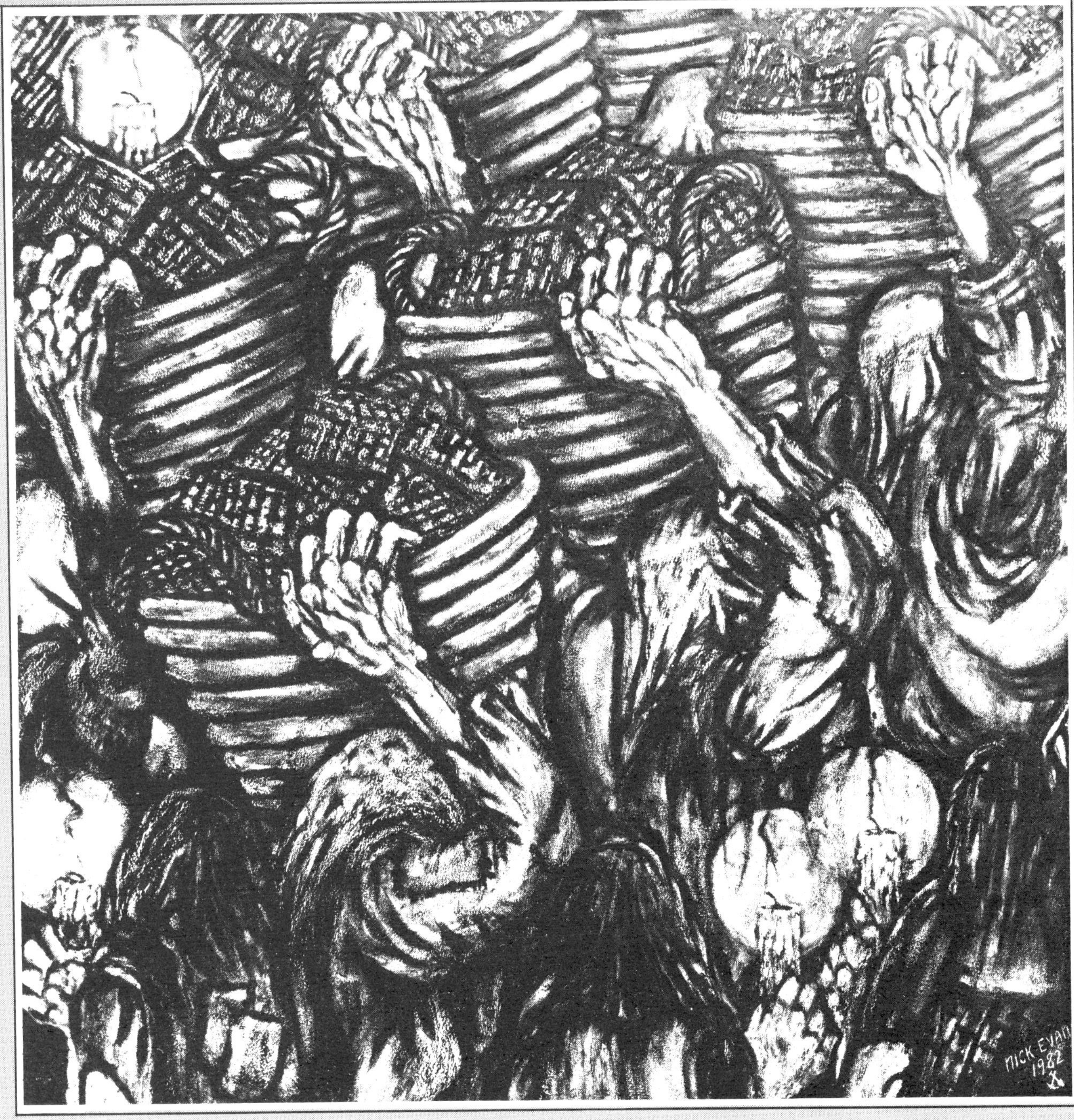

Cyfnewid. Basgedi Gwag am Lawn

Câi glo ei gario o'r ffas i ben y pwll yn sustematig. Roedd y siwrnai yno ac yn ôl yn cael ei goruchwylio, ac yn un drefnus neu fe fyddid wedi cael dryswch llwyr. Efallai fod ffurf gyntefig ar "amser a symud" eisoes yn bod.

Roedd yr Eglwys, y Llynges neu'r Fyddin ar gael i feibion y tirfeddianwyr neu'r proffesiynau. Gellwch fentro eu bod fel arfer yn dewis yr olaf, felly roedd y sustem o ddisgyblaeth filwrol mwy neu lai'n cael ei gorfodi ar y gweithwyr.

Y tirfeddianwyr oedd yn cyflogi'r gweithwyr, ac roedd y gweithwyr yno i wasanaethu. Roedd y meistri, cynfilwyr, yn gofalu eu bod yn gwasanaethu, ac un person yn nodweddiadol israddol i berson arall. Yn fy nyddiau cynnar iawn fel ysgrifenyddes roedd fy mhennaeth yn grair diweddar o oes Victoria. Roedd yn teimlo y dylai gael ei alw'n "syr" a bu cystal â dweud hynny un diwrnod. Fe atebais i, "Rwy'n credu'i bod hi'n bosibl parchu rhywun heb fod yn wasaidd". Rydym ni i gyd yn bersonau ynom ein hunain.

Ceid mannau aros ar hyd y daith lle byddai'r carwyr yn aros a llwythi'n cael eu had-drefnu a'u pasio i'r carwyr olaf oedd yn cael y fraint o weld golau dydd a manteisio ar awelon y tu allan.

Roedd 'na ddisgyblaeth a gwobrau oedd yn penderfynu'r lleoedd gweithio hawsaf neu anhawsaf wrth ymlwybro ar hyd y twneli. Câi'r gwaith i gyd ei wneud yn droednoeth gyda chefnau wedi'u crymu oherwydd diffyg uchder yn yr hewlydd.

Change-over. Empty Baskets for Full

The coal was conveyed from the coalface to the surface of the mine in a systematic way. The journey back and forth by the carriers was supervised and orderly otherwise the result would have been confusion. It may be that a primitive form of time and motion was already in existence.

The Church, the Navy or Army were open to the sons of the landowners as professions. Be sure they usually chose the latter, then this system of army discipline was more or less imposed on the workers.

The landowners were employers of the workers, the workers were there to serve. The masters, ex-army personnel saw that they did it, typical of one person being subservient to another. In my very early days as a secretary my boss was a late hangover from the Victorian era. He felt he should be called "sir" and hinted at such one day. I replied, "I feel it is possible to be respectful without being servile". We are each a person in our own right.

Stopping places were along the way out where the carriers could check in and where loads could be adjusted and passed on to the final carriers who were privileged to see the light of day and benefit from outside zephyrs.

There were discipline and awards which decided the easier or more difficult working places trudging along the tunnels. The work was all carried out in bare feet, with bent backs due to lack of height in the roadway.

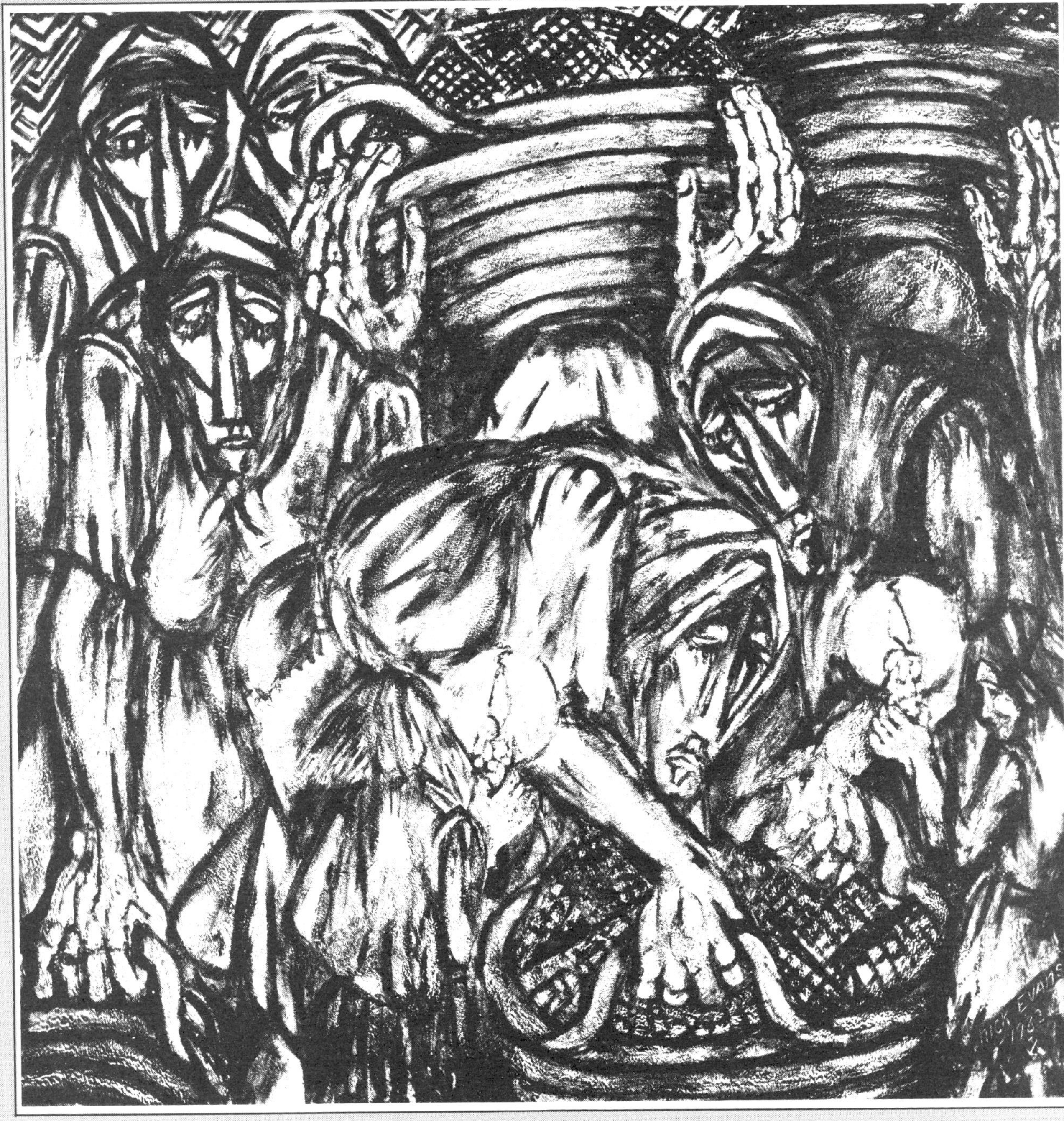
EVANS

Cario'r Marw Allan

Doedd dim dau ddiwrnod yr un fath i'r menywod oedd yn gweithio dan ddaear. Roedd popeth yn dod i'w wyneb ym mywydau pobl oedd yn gweithio o dan y fath amgylchiadau: cyfrwystra, chwerwedd, rhegi, a'r elfennau gwaethaf yn y natur ddynol. Heblaw am hyn, yr oedd ofergoeledd ac anwybodaeth dynion gorthrymedig.

Lladdwyd rhywun gan gwymp cerrig, bu eraill farw yn syml heb farc arnyn nhw—heb achos hysbys. Y ddedfryd oedd fod y diafol wedi dwyn eu heneidiau. Wydden nhw ddim byd am nwy. Roedd rhai yn argyhoeddedig iddyn nhw weld y diafol yn mynd a dod. Onid oedden nhw'n dwyn ei deyrnas ef, y glo ar gyfer tân uffern? Onid oedd e'n byw i lawr fan hyn? Y fath ffantasïau sy'n gallu erlid y cyntefig a'r di-ddysg. Mae'n f'atgoffa i o gi bach oedd gen i unwaith—roedd yn dychryn gymaint yn ystod tyrfe neu unrhyw sŵn sydyn, roedd hi'n amhosibl ei chysuro hi, a hynny dim ond am nad oedd hi'n deall.

Barn y gweithwyr hyn amdanyn nhw'u hunain oedd eu bod nhw i gyd yn golledig ac yn disgwyl dydd y farn. Dim ond pytiau oedden nhw wedi'i glywed o'r capel ond doedden nhw'n gwybod dim am yr agwedd bwysicaf, maddeuant pechodau drwy'r lawn.

Ar ddechrau'r ganrif hon ychydig iawn o fapiau tanddaearol oedd ar gael, ac mae'n hysbys pan fo hen weithfeydd wedi cael eu darganfod fod dynion, menywod a phlant wedi cael eu ffeindio hefyd; —rhai a fu farw mewn trychinebau sydd wedi hen fynd yn angof.

Carrying Out the Dead

Working underground the women found no two days the same. Everything surfaced in the life of people working in such conditions: deviousness, bitterness, cursing and the worst in human nature. Added to this was the superstition and ignorance of the suppressed.

Someone was killed by a fall of rock, others simply died without a mark on them—cause unknown. The conclusion was that the devil had stolen their souls. They knew nothing of gas. Some were convinced they had seen the devil come and go. Were they not robbing his domain, the coal for hell fire? Did he not live down here somewhere? What fantasies can haunt the primitive and uneducated. It reminds me of a little dog I once had—she would be terrified during thunderstorms or any sudden noise, I was unable to console her, and it was only because she did not understand.

The opinion of these workpeople regarding themselves was that they were all doomed and awaiting judgement day. They had heard only snatches from the chapel but had no knowledge of the most important aspect, forgiveness of sins through the atonement.

At the beginning of this century there were very few underground maps, and it has been known that when old workings have been discovered men, women and children have been found; —victims of long-forgotten disasters.

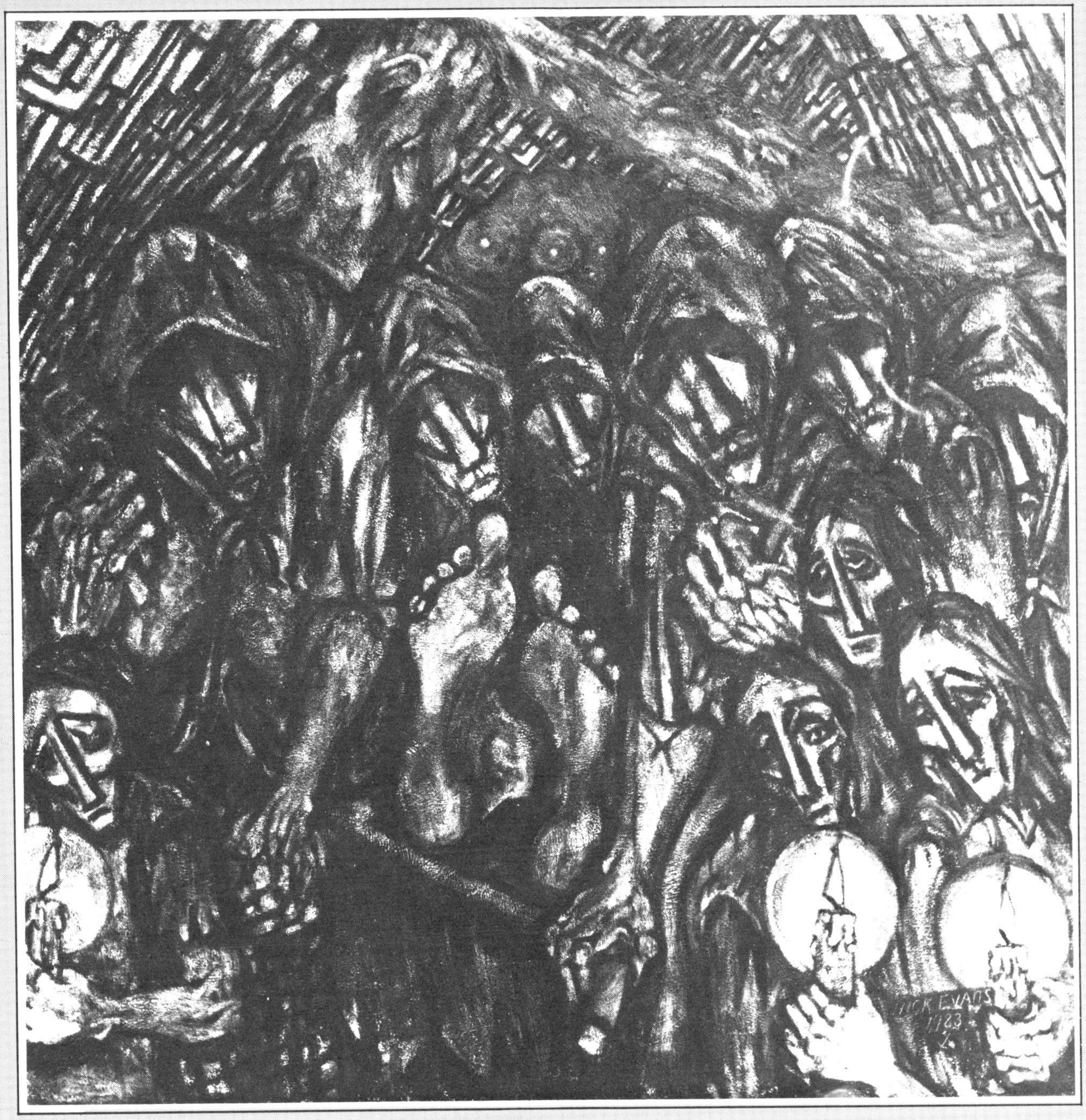

Llafur Plant

Yn hanes cynnar cloddio, roedd y ffaith fod plant yn gweithio fel caethweision yn ennyn greddfau mamol merched y pwll. Does dim dwywaith nad oeddynt yn tywallt eu cariad ar eu cydweithwyr ifainc, rhai ohonynt yn blant amddifad. Mae'n rhaid fod gweithio ochr yn ochr fel hyn mewn amgylchiadau erchyll wedi cynhyrchu teimladau o anobaith ac analluu.

Roedd y menywod a'r plant yn dibynnu ar ei gilydd. Heb y menywod allai'r plant ddim byw. Fe wyddai'r meistri hyn.

Yn yr un ffordd ag yr oedd y rheolwyr yn trin y dynion yn llym, roedd y dynion yn galed ar y menywod a'r plant ac yn eu hystyried fel 'caethweision'.

Yn y dyddiau cynnar carcharorion fyddai'n codi'r glo, ond yma cawn ferched ifainc yn talu'r pris am gael eu geni. Byddai unrhyw arafu neu analluu i gwrdd â'u cwota o gynnyrch yn golygu y caent eu diswyddo ac y byddent wedyn yn llwgu. Roedd hyn ymhell cyn bod merched siop, ysgrifenyddesau, modeli, neu nyrsys, a chyn cydnabod eu bod yn gyfartal â dynion.

Ymwelodd Mr Tufness â gweithfeydd tanddaearol un pwll a mynegi'i farn amdanynt yn y geiriau canlynol: "Allaf i ddim bod yn bell o'm lle wrth ddod i'r casgliad, o'r hyn a welais ac o dystiolaeth y tystion a roddwyd ar lw, ei bod yn siŵr o fod yn edrych i bob beirniad diduedd o'r alwedigaeth fod y llafur caletaf yn yr ystafell waethaf yn y ffatri waethaf, yn llai caled, llai creulon, ac yn llai o achos gwangalonni, na'r pyllau glo gorau". Ysgrifennwyd hyn yn y flwyddyn 1833.

Child Labour

The child 'slave labour' in early mining brought out the maternal instinct of the pit girls. They undoubtedly lavished love on their young colleagues, some of whom were orphans. This working side by side in atrocious conditions must have given rise to a sense of depression and helplessness.

The women and children were dependent upon each other. Without the women the children could not survive. The masters knew this.

As management was tough on the men, the men were treating the women and children similarly and considered them to be their 'slaves'.

In the early days mining was reserved for prisoners but here we find young girls and children paying the penalty for being born. Any slowing down or inability to meet their quota of output resulted in their dismissal and subsequent starvation. This was long before shopgirls, secretaries, models, or nurses, and before their equality with men was recognised.

Mr Tufness visited the underground workings of one colliery and expressed his opinion of them in the following words: "I cannot much err in coming to the conclusion, both from what I saw and the evidence of the witnesses given on oath, that it must appear to every impartial judge of the occupation that the hardest labour in the worst room in the worst conducted factory, is less hard, less cruel, and less demoralising, than the best coal mines". This was written in the year 1833.

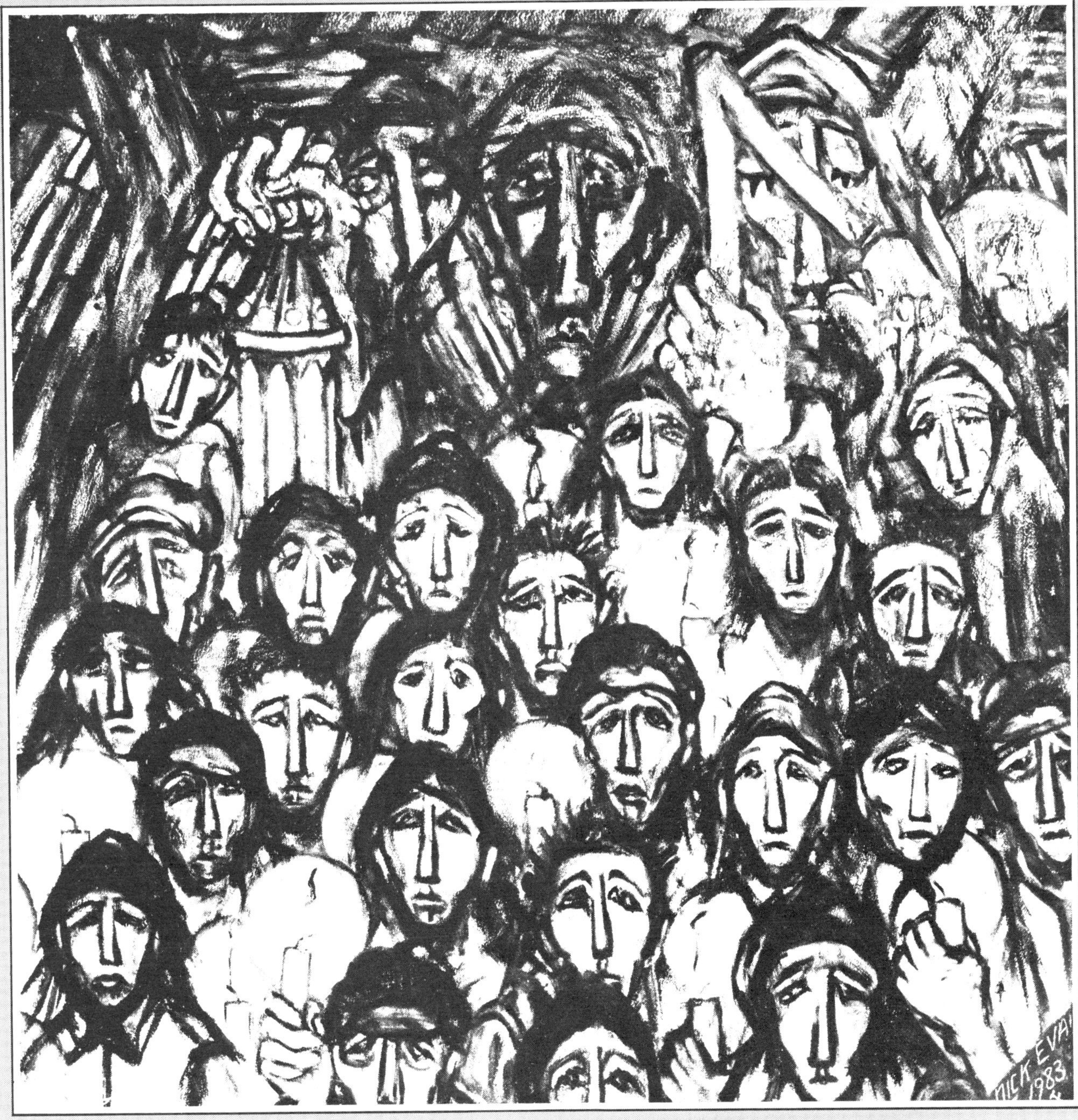
NICK EVA
1983

Teuluoedd o Dan Ddaear

Sefydlodd y Senedd ymholiad yn 1840 ar ffurf Comisiwn Brenhinol, i archwilio amodau gwaith yn y pyllau glo. Cynhaliwyd yr ymholiad i lafur plant o dan ddaear, a'r teimlad oedd fod anwybodaeth a throseddau'n cael eu hachosi gan anllythrennedd y dosbarth gwaith. Roedd angen addysg ar y dosbarthiadau is er mwyn iddynt ddod yn ddinasyddion da. Roedd y cynnydd mewn troseddau'n costio gormod i'r wlad.

Rydym ni nawr yn siarad am yr amser pan eid â phlant o dan ddaear o tua 5 mlwydd oed ymlaen, roedd y ffordd hon o fyw i'w gweld yn un hollol dderbyniol dros gan mlynedd yn ôl. Roedd hi'n bosibl hefyd i fenyw oedd yn fam fynd â'i baban gyda hi er mwyn ei fwydo (roeddwn i'n mynd i ychwanegu, i ofalu amdano, ond pa ofal allai hi roi iddo yno?) Roedd hyn yn hwyluso'r ffordd i lafur plant, a hynny o dan yr amodau gwaethaf posibl.

Roedden nhw (y dosbarthiadau llywodraethol) wedi bod â rhan yn y fasnach gaethweision a mwy neu lai wedi rhyddhau caethweision yn ein Trefedigaethau i gyd, ond nawr roedd yn rhaid iddynt edrych yn nes adref at yr amodau gwaith yn ein gwlad ein hun.

Yn eu hymchwiliad i gaethiwed plant cawsant ei fod wedi'i gydblethu gyda llafur benywod o dan ddaear. Ychydig oedd yn hysbys am fenywod oedd yn lowyr y pryd hwn. Cyffrowyd cydwybod pobl a daeth yr ymchwiliad i lafur plant a'r holl sustem o gloddio glo i olwg y cyhoedd.

Yn y darlun hwn gwelir mamau'n cario'u babanod yn ôl y dull Cymreig. Roedd y siôl sgwâr bob amser o frethyn gwlân a châi ei phlygu o gornel i gornel, a'i rhoi dros ysgwyddau'r fam oedd yn golygu fod "V" yn y cefn. Câi un pen ei lapio'n dynn am y plentyn a'r pen arall ei lapio o gwmpas y fam a'i dynnu'n dynn o dan ben ôl y babi. Roedd y plentyn yn gynnes iawn a'i gorff mewn cysylltiad â chorff ei fam, peth sydd mor bwysig. Efallai fod hyn yn ddiffyg gyda rhai plant heddiw. Wrth gwrs os oedd y fam yn denau iawn roedd hyn o fudd i'r plentyn gan fod yma fwy o ddefnydd i lapio o'i amgylch, oedd yn golygu fod y plentyn yn teimlo'n fwy saff.

Underground Families

There was set up by Parliament in 1840 a Royal Commission to enquire into conditions in coal mines. The enquiry was made into child labour underground the feeling being that ignorance and crime were caused by the illiteracy of the working class. To become good citizens there was a need for the lower classes to be educated. Increasing crime was costing the country too much.

We are now talking of the time when children were taken underground from about 5 years of age, this way of life seemed perfectly acceptable over a hundred years ago. It was feasible, too, that a woman who was a mother should take her baby with her for the purpose of feeding it (I was going to add, and caring for it but what care could she give it there?) This paved the way for child labour and that under the worst possible conditions.

They (the ruling classes) had been involved with slave trade and had more or less emancipated the slaves in all our Colonies, but now they had to look nearer home at the conditions in our own land.

In their investigation into child slavery they found it entwined with that of underground female labour. Little was known of women miners at this time. The conscience of the people was stirred and the investigations into child labour brought to the open the whole system of coalmining.

In this picture are seen mothers carrying a baby Welsh fashion. The square shawl was always of woollen cloth and was folded cornerwise, placed over the mother's shoulders which resulted in a "V" at the back. The one end was tightly wrapped around the infant and the second end passed across the front of the mother and tightly pulled under the baby's bottom. The child was very warm and had body contact with its mother, which is so necessary. Maybe this is something which is lacking with certain modern children. Obviously if the mother was very slim it was to the child's advantage as there was more cloth for wrapping around which meant it gave the child a feeling of greater security.

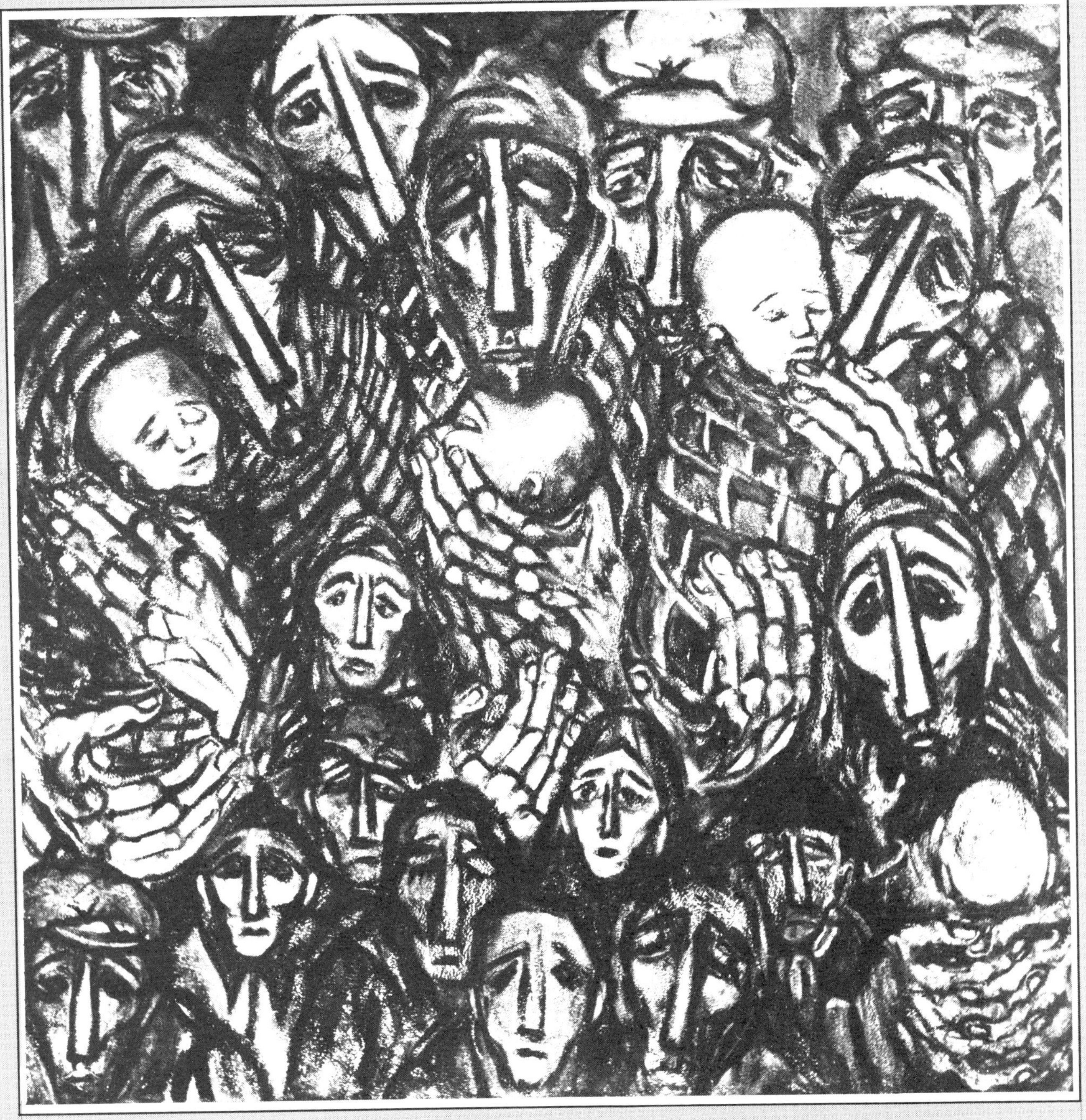

Ei Fath E O Bobl

Pan fo portread wedi'i beintio dylai rhywun allu adnabod y gwrthrych ar unwaith. Mae llawer o dan gamargraff wrth weld wynebau ei lowyr nad yw Nicholas Evans yn gallu peintio portreadau, ond nid yw hyn yn wir. Mae e'n gyflym i gydio mewn nodwedd amlwg sy'n dal ei sylw mewn wyneb, a'i defnyddio.

Dwy erioed wedi'i glywed yn sôn fod person yn blaen neu'n salw, ond fe fydd e'n dweud, "Mae ef, neu hi, yn wahanol". Mae'n debyg gen i fod angen pob math o bobl i greu byd diddorol.

Pan yw'n dechrau portread mae 'na adegau pan rwy i'n dweud nad yw cymeriad arbennig yn edrych fel 'na, ond mae'n rhaid edrych eilwaith arno. Wrth edrych yr ail waith yn feirniadol arno dyw e ddim ymhell o'i le.

Mae prydferthwch yn bod lle bynnag y gwelwch chi e. Mae'n ffaith drist nad ydym yn edrych amdano. Mae'n rhaid i ni gael ein dysgu i edrych. Mae wyneb sydd yn gwenu bob amser yn fwy deniadol, ond yn y dyddiau cynnar doedd ganddyn nhw fawr o gyfle nac achos i wneud peth mor foethus.

Ar un rhaglen deledu a fu'n dangos gwaith fy nhad daeth wyneb wedi'i orbwysleisio'n fawr ar y sgrîn; yna dyma'r dynion camera gyda'u gallu arferol yn mynd yn agos at wyneb oedd yn sefyll gerllaw. Roedd y tebygrwydd yn syfrdanol. Doedd y tebygrwydd rhwng yr wyneb yn y darlun â pherson go iawn ddim wedi'i gynllunio—cyd-ddigwyddiad oedd e. Mae ei wynebau i gyd yn perthyn i deip. Mae'i fysedd yn cynhyrchu'r fath nodweddion er mwyn pwysleisio trueni a ffordd o fyw'r glowyr a'u teuluoedd yn y dyddiau pell yn ôl hynny.

His Kind of People

When a portrait has been painted one should be able to recognise instantly the subject. Some may be under the false impression on seeing the faces of his miners that Nicholas cannot paint portraits, but that is not so. He is quick to pick out and exploit the predominant feature of any face that catches his attention.

I have never known him speak of a person as being plain or ugly, but he says, "He, or she, is different". I suppose it takes all kinds to make a world.

At the beginning of a portrait there are times when I may say a certain character does not look like that, but it calls for a second look. This second, more critical look does not prove him far wrong.

Beauty is where you find it. It is a sad fact that we do not look for it. We need to be taught to look. A smiling face is always more attractive, but in the early days they had little opportunity or incentive for such indulgence.

In one television programme showing my father's work a greatly exaggerated face appeared on the screen; then the cameramen, with their usual skill closed in on the face of a person standing near. The similarity was amazing. This likeness between the face in the painting and a real person was coincidental and not planned. All his faces are of a type. His fingers produce such features to emphasise the miseries and lifestyle of the miners and their families in those far off days.

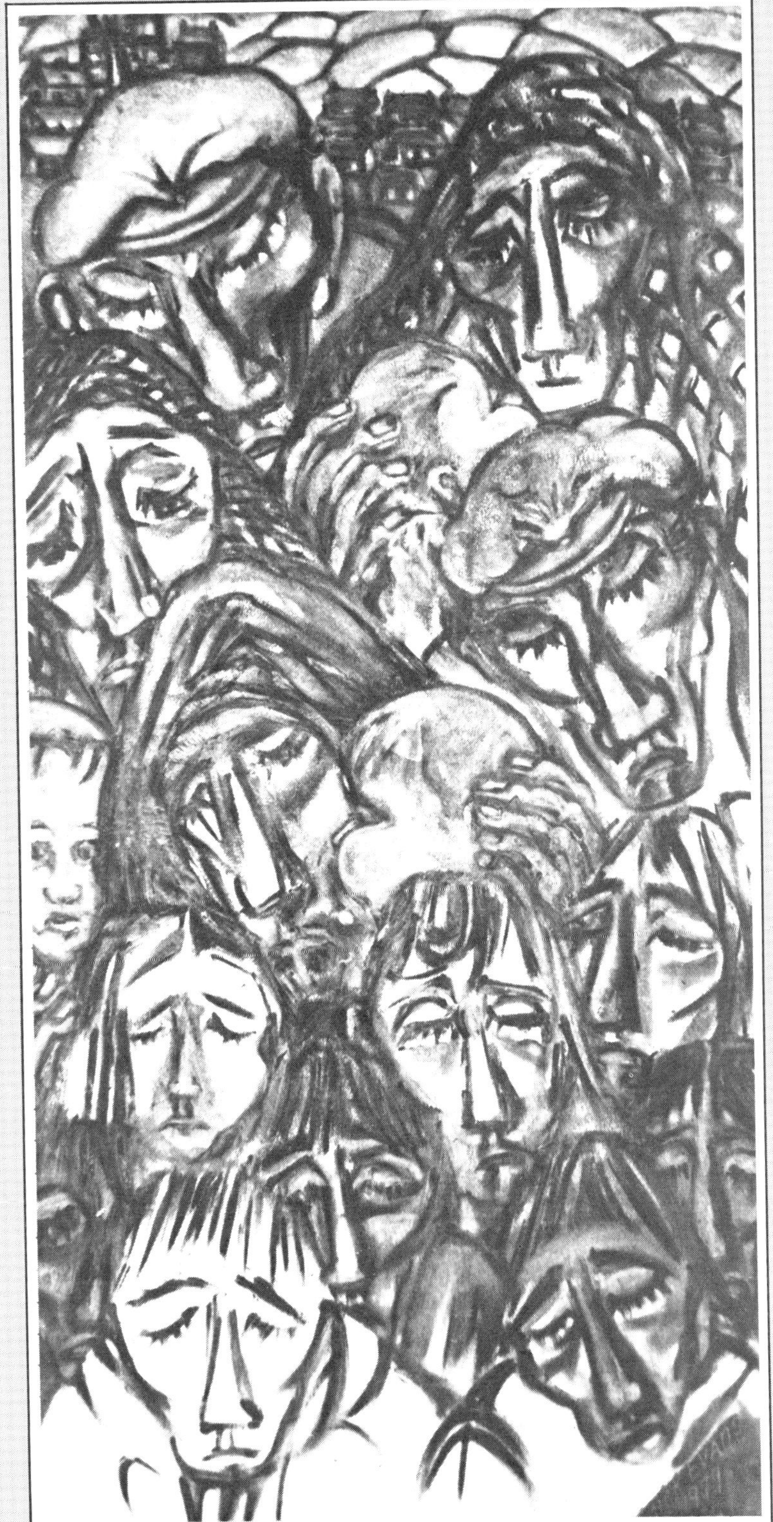

Gosod Post

Roedd gosod post yn gelfyddyd ac roedd yn un o'r tasgau pwysicaf i'w dysgu mewn gwaith glo.

Roedd yn rhaid i'r gweithiwr benderfynu ble roedd orau i roi'r post heb amharu ar gynhyrchu glo. Byddai 'na ddewis o byst at ddibenion gwahanol. Câi pyst trwchus eu defnyddio ar gyfer hewlydd. Roeddynt yn amlwg yn gryfach ac wedi'u bwriadu i fod yn wahanol. Roedd disgwyl defnyddio rhai pyst fwy nag unwaith gan fod 'na bob amser brinder.

Câi 'liden', hynny yw darn croes, ei roi ar ben post, neu byddai'r post yn cael ei wasgu i mewn i'r top. Roedd y graig fel arfer yn feddalach yn nes at y glo.

Gall post a liden dda gymryd lle dau bost yn sefyll yn ddigynllun. Dyna sut mae crefft un gweithiwr yn wahanol i grefft un arall, ac yn werth ei hystyried.

Doedd hi ddim yn anarferol i ddefnyddio tanger fel liden neu ddarn croes, yn goler rhwng y pyst da.

Gall gwasgfa ar y ffas achosi i'r pyst gracio, gan swnio fel ergyd o ddryll. Gall hyn fod yn frawychus iawn i 'law' newydd. Y gyfrinach yw bwrw 'mlaen â'r gwaith cyn gynted ag y bo modd gan adael ar ôl y darn gwael wedi'i ddiogelu.

Gosod post yw'r angen cyntaf a mwyaf syflaenol. Mae amgylchiadau'n gwaethygu, nid yn gwella. Gall y glöwr ymarferol ragweld yr angen cyn iddo godi.

Standing a Post

The standing of a post was a work of art, and one of the most important tasks to be learned in mining.

The worker had to decide where the post would be best situated without hindering coal production. There would be a selection of posts for different purposes. Thick posts would be used for roadways. They were obviously stronger and intended to be permanent. Some posts were expected to be used more than once as there was always a shortage.

A 'lid', that is a crosspiece, was placed on top of a post, otherwise the post would be squeezed into the top. The rock was generally softer nearer the coal.

A good post and lid can take the place of two posts standing at random. That is how one workman's skill differs from another, and is worth consideration.

It was not unusual, where the top was bad, to use a sleeper as a lid or crosspiece, a collar between the good posts.

A squeeze on the coalface can cause cracking of posts, sounding like a report from a gun. This can be very frightening to a new 'hand'. The secret is to advance with the work as quickly as possible leaving the secured bad patch behind.

The standing of a post is the first and basic requirement. Conditions get worse not better. The practical miner can anticipate the need before it arises.

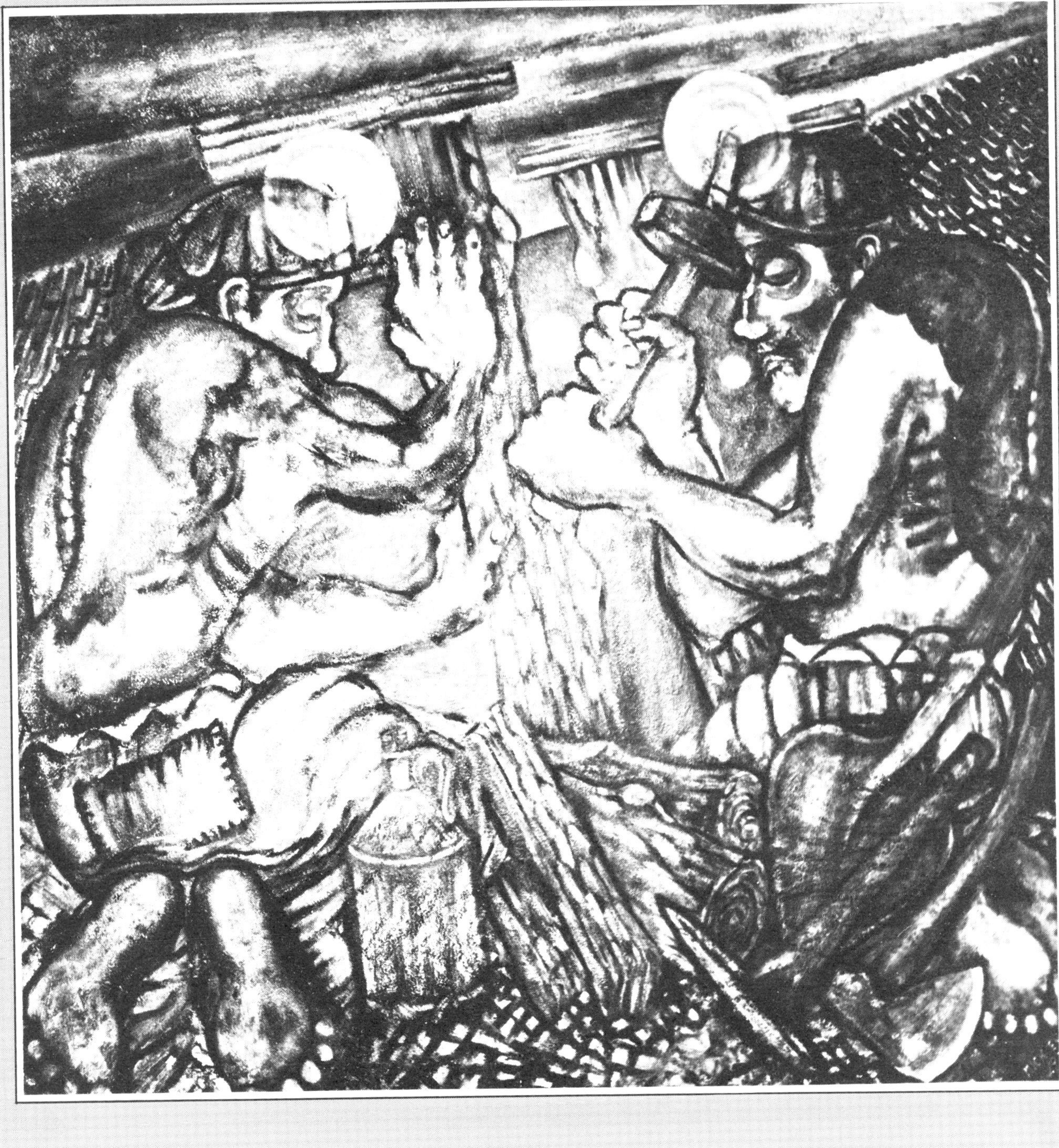

Dynion Cannwyll yn Cario Allan y Meirw

Fflam noeth oedd y rhan fwyaf o'r golau mewn glofa ddrifft; yr unig ddynion fyddai'n cario lamp ddiogelwch fyddai'r ffyiarmyn a'r ofermyn.

Agosaf i gyd i'r wyneb yr ydoedd teneuaf yn y byd yr ymddangosai'r wythïen lo yr oedd modd ei gweithio, yn y mwyafrif o achosion tua dwy droedfedd o drwch neu lai, eto i gyd roedd 'na ddynion mawr yn gweithio yn y fath wythiennau isel. Roedd ganddyn nhw'r ddawn, drwy brofiad, o gropian mewn a mas mewn ychydig iawn o ofod.

Ym mhwll Llwynhelyg, Aberdâr, mae nhad yn cofio gofyn i un o'r dynion hŷn pam oedd e'n dal i weithio yn y fath wythïen gul, gan iddo fod yn y swydd honno ers yn fachgen. Yr ateb oedd "Wi'n gallu smoco 'mhib fan hyn" (gan nad oedd cyfyngiad ar y fflam noeth). Wrth gwrs, roedd y rhan fwyaf o'r dynion yn ysmygu, oedd yn ychwanegu at amhuredd yr awyr. Dywedir mewn un lle fod yr awyr mor wael nes i ystlum gwympo'n farw. Pasiwyd y waedd ymlaen, "Pawb mas fechgyn, mae'r ffan wedi torri!!"

Prynai fy nhad ei olew a'i ganhwyllau'i hun. Roedd ganddo lamp beg a phelen uwchben y ddram a chanhwyllau yn y ffas. Câi gysur o'r canhwyllau, gyda'u cysylltiadau â chrefydd. Roedd ei fam wedi dysgu iddo fel ei emyn cyntaf 'Jesus bids us shine with a clear, pure light'.

Daeth yn ddyn cannwyll. Roedd 'na ddau fath o gannwyll. Roedd un yn llosgi gyda golau cyffredin, ond roedd rhai (cyfun) a chylchoedd lliw o gwmpas y fflam. Roedd yn well ganddo'r rhain a byddai'n llosgi tair neu bedair ar y tro yn ôl hyd y ffas. Roedden nhw'n rhoi teimlad o gysur a diogelwch iddo mewn twll du.

Candlemen Carrying Out the Dead

The lighting for a drift mine was mostly naked flame, the only men who carried a safety lamp were the firemen and overmen.

The nearer the surface the thinner appeared to be the seam of workable coal, in most cases about two feet thick or less, yet there were big men working in such low seams. They had the knack, through experience, of wriggling in and out in very little space.

At Llwynhelyg pit, Aberdare, my father remembers asking one of the older men why he continued working in such a narrow seam, having been in that job since a boy. The reply was, "I can smoke my pipe here" (there being no restriction on a naked light). Of course, most of the men were smokers, which added to the impurity of the air. It is said that in one place the air was so bad a bat dropped dead. The cry was passed along, "All out, boys, the fan has broken down!!"

My father bought his own oil and candles. He had a ball and peg lamp above the dram and candles in the coalface. He found the candles comforting, with their religious connotations. His mother had taught him as a first hymn 'Jesus bids us shine with a clear, pure light'.

He became a candleman. There were two types of candles. One burned with an ordinary light, but some (composite) had coloured rings around the flame. He preferred these and burned three or four at a time according to the length of the coalface. They gave him a feeling of comfort and security in a black hole.

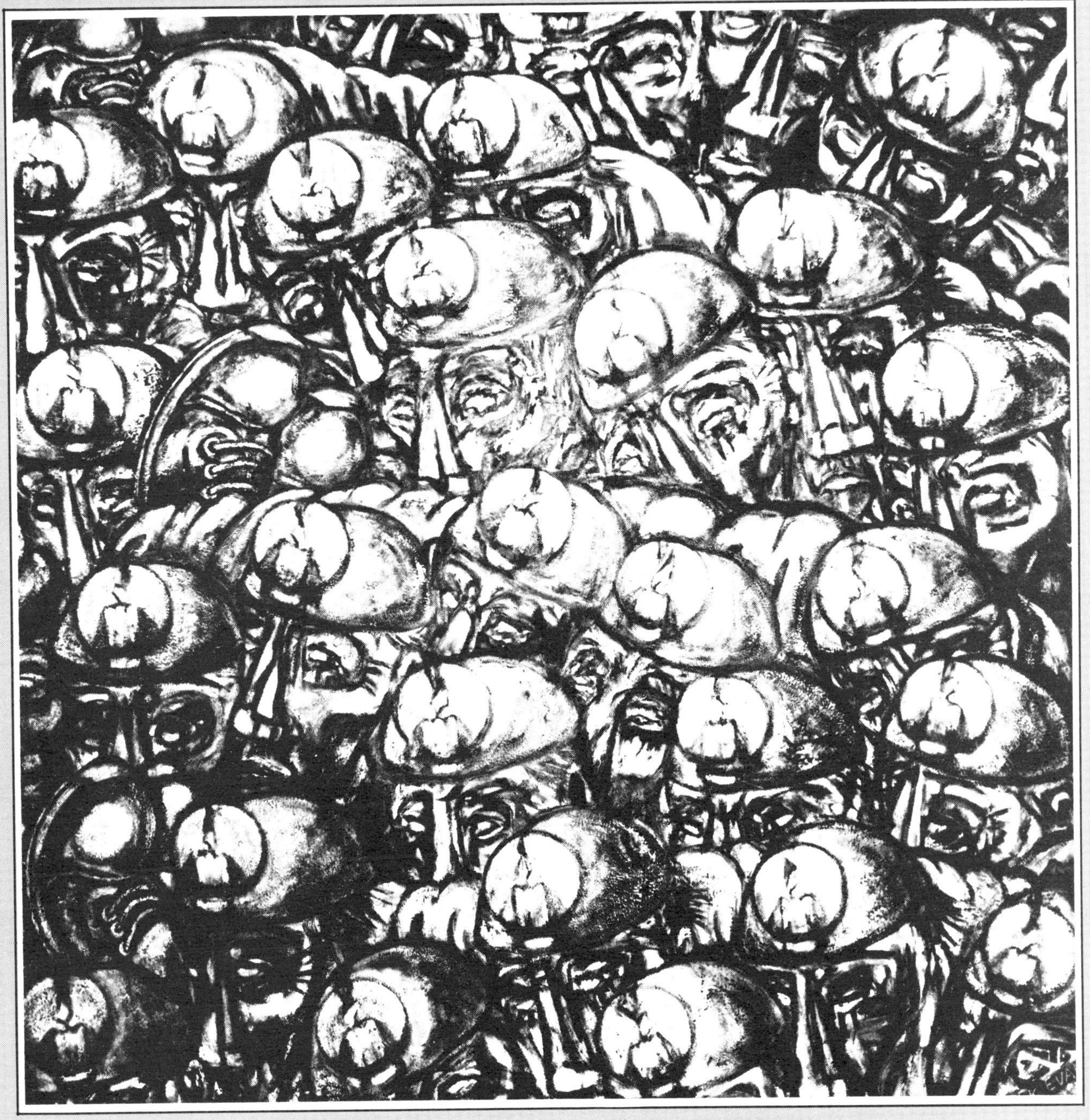

Cam Mawr Ymlaen (Y Lamp Davy Gyntaf)

Yn y darlun mae Syr Humphry Davy yn dal ei lamp ddiogelwch gyntaf i fyny i brofi am bresenoldeb nwy. Sylwch, mae gweithiwr yn dal ei het a'i ffon! Mae toriad ei siaced a'r botymau ar y llawes yn awgrymu'i fod yn ŵr bonheddig. Gwelwch fel y mae'n cysgodi'i wyneb gyda'i law, efallai'n pryderu am ganlyniad y prawf. Mae'r ffigur yn y canol yn ymgroesi.

Fflam mewn rhwyllen neu gaets weiar oedd y lamp ddiogelwch mewn gwirionedd. Roedd y rhwyllen tua 1½ modfedd ar draws, 6 modfedd o uchder, ac roedd ganddi 784 twll i'r fodfedd sgwâr, a ffurfiwyd drwy groesi 28 o wifrau cyfochrog tua 1/50 modfedd ar draws.

Er bod y lamp yn cynnig mesur o ddiogelwch roedd yn amddifadu'r glöwr o olau. Roedd hi'n anodd cael rhai dynion i addasu i'r lamp newydd; gyda'r fath olau gwael byddai'n well ganddynt fynd yn ôl at yr hen ddull—golau cannwyll, ond wrth i'r amser fynd yn ei flaen, enillodd synnwyr cyffredin y dydd. Doedd gan y lamp ddim gwydr ar yr adeg hon a doedd hi ddim wedi'i chau mewn bonet dur i amddiffyn y rhwyllen rhag drafftiau.

Y rhyfeddod yw hyn—pan fo gwyddonwyr blaenllaw yn gweithio tuag at nod ac o'r diwedd yn ei gyrraedd, fod dynion eraill heb fod yn bell y tu ôl iddo. Felly yr oedd hi gyda Syr Humphry Davy, Dr Clanny a George Stephenson, tua 1815.

Mae 'na bob amser le i ddatblygu'r ddyfais ddiweddaraf. Mae pob dyfais yn ei thro yn rhoi lle i welliannau pellach. Does dim un person fel petai'n dal yr allwedd i rai problemau. Mae rhai cynlluniau mor gymhleth nes bod angen athrylith sawl dyn i'w creu, ond unwaith iddynt gael eu datrys maent yn ymddangos yn syml. Does dim byd yn cael ei gyflawni heb chwys, llafur a dagrau—nid dim ond rhoi slogan wnaeth Churchill ond cydnabod deddf sylfaenol. Mae llawer yn ceisio ennill y wobr sy'n aml yn gallu dod dim ond drwy gydymgais.

A Great Step Forward (The First Davy Lamp)

In the picture Sir Humphry Davy holds aloft his first safety lamp to test for the presence of gas. Note, a workman holds his hat and stick, they, the cut of his jacket and the buttons on the sleeve suggest a gentleman. See how he is shielding his face with his hand, a little dubious as to the result of the test, perhaps. The central figure is crossing himself.

The safety lamp was really a flame in a wire gauze or cage. The gauze was about 1½ inch in diameter, 6 inches high, and had 784 apertures to the square inch, formed by the crossing of 28 parallel wires about 1/50 inch in diameter.

Whereas the lamp offered a percentage of safety it deprived the miner of light. It was difficult to get some men to adjust to the new lamp, with such poor light they would prefer to resort to the old way—candlelight, but as time went by common sense prevailed. The lamp had no glass at this stage neither was it encased in a steel bonnet for protection of the gauze and against draughts.

It is strange that when leading scientists were working towards the same goal and it was finally reached, others were not far behind. Such it was with Sir Humphry Davy, Dr Clanny and George Stephenson, about 1815.

There is always room for development on the latest discovery. Every invention in turn makes room for further improvement. No one person seems to hold the solution to some problems. Certain projects are so complex they need the genius of many men, but once solved they appear to be simple. Nothing is achieved without sweat, toil and tears—Churchill was not merely giving a slogan but acknowledging a fundamental law. Many seek to win the prize which often can only be obtained through combined effort.

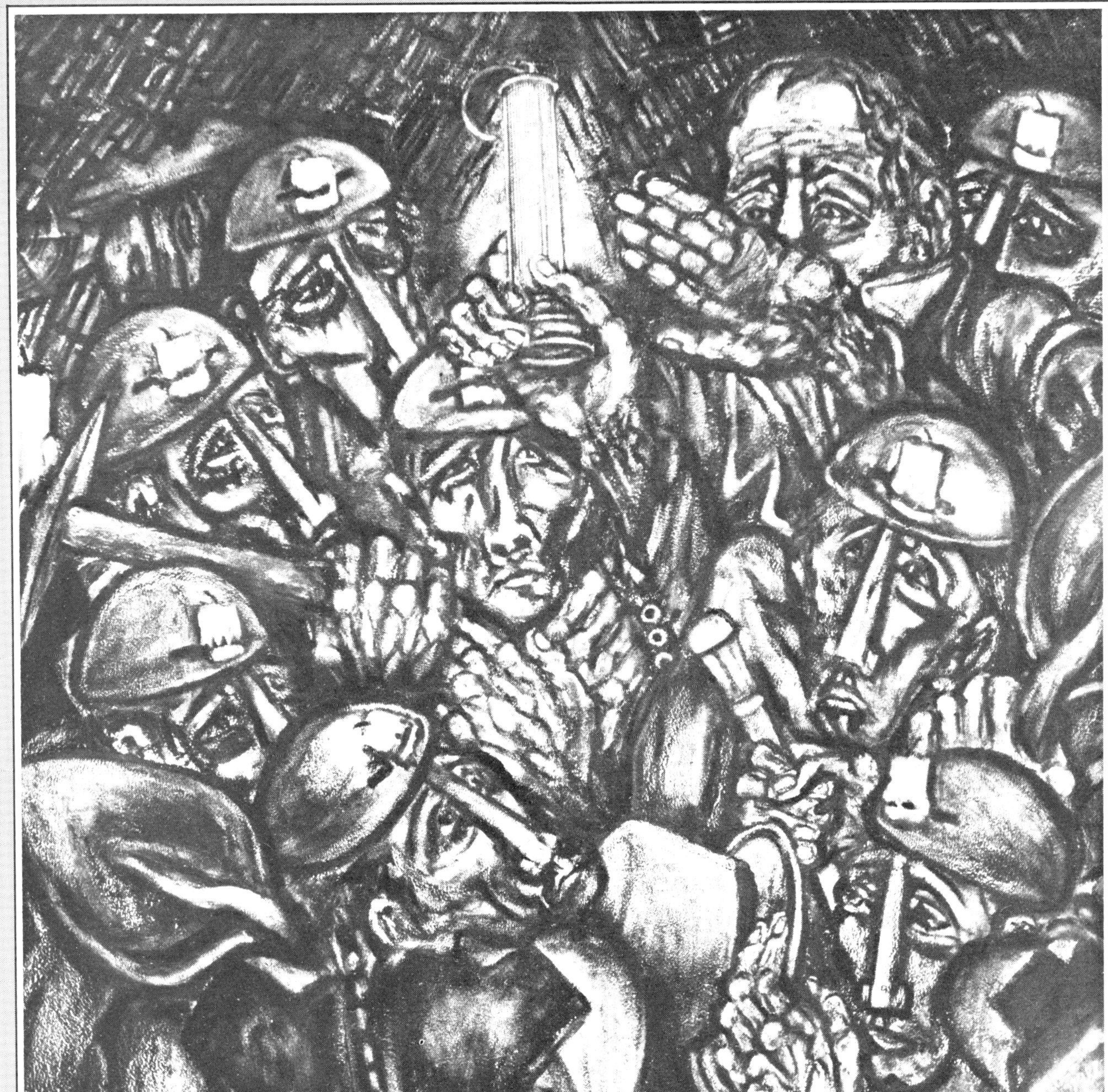

Dynion Diogelwch Wrth Law o Hyd

Yng nghefndir rhai o luniau Nicholas Evans gwelir ffyiarman yn chwilio am nwy. Ni allai'r arlunydd beidio â'i osod yno, y tu cefn i'r holl weithgarwch ym mlaen y llun.

Wrth chwilio am nwy byddai'r ffyiarman yn gostwng fflam ei lamp ac yn codi'r lamp yn ofalus er mwyn iddo allu darllen faint o nwy oedd yn bresennol. Byddai'r nwy i'w weld fel cap glas ar y fflam. Os na châi'r lamp ei gostwng byddai'n diffodd oherwydd nad oedd dim ocsigen gan y fflam. Câi'r nwyon eu carcharu tu mewn iddi, heb allu dianc drwy'r rhwyd, gan achosi ffrwydrad bach yn y lamp.

Byddai dyn yn cymryd gofal mawr o'i lamp. Roedd mynd â lamp ddiffygiol i mewn i bwll glo fel cario bom. Roedd yn rhaid iddo hongian y lamp lle nad oedd yn debygol o gael ei niweidio a byddid yn rhoi gwybod am y nam lleiaf. Câi'r arfer o hongian y lamp ar felt dyn ei gondemnio'n eang er ei fod yn arfer poblogaidd ar gyfer rhai tasgau gan fod hynny'n gadael y ddwy law yn rhydd.

Câi pob lamp ei harchwilio wrth y twll cloi. Hwn oedd yr archwiliad olaf gan y ffyiarman. Oddi yma câi llawer eu troi nôl i waelod y pwll, lle câi lamp arall yn ei lle.

Roedd y lamp olew wedi cael ei newid a'i gwella lawer gwaith ond roedd y golau yn dal yn gyfyngedig.

Daeth y lamp ddiogelwch a'r Chwyldro Diwydiannol i fod ar yr un pryd pan glywyd y gri "Glo, glo, a mwy o lo eto".

Safety Men in Constant Attendance

In the background of some of Nicholas Evans' paintings is seen a fireman examining for gas. The artist could not resist placing him there, behind all the activity in the foreground.

On examining for gas the fireman would lower the flame on his lamp and gently lift the lamp to enable him to read the amount of gas present. The gas would appear as a blue cap on the flame. If the lamp was not lowered it would go out owing to the fact that the flame lacked oxygen. The gases became trapped inside, could not escape through the mesh, resulting in a small explosion taking place within the lamp.

A man took great care of his lamp. To take a defective lamp into a coal mine was like carrying a bomb. He had to hang the lamp where it was unlikely to be damaged and the slightest fault was reported. The hanging of the lamp on the man's belt was widely condemned although it was a popular habit for some jobs as it left both his hands free.

Every lamp would be examined at the locking hole. This was the final examination by the fireman. From here many would be turned back to the pit bottom where a lamp was exchanged.

The oil lamp had undergone various improvements and refinements but light was still limited.

The advent of the safety lamp coincided with the Industrial Revolution when the cry was heard, "Coal, coal, and yet more coal".

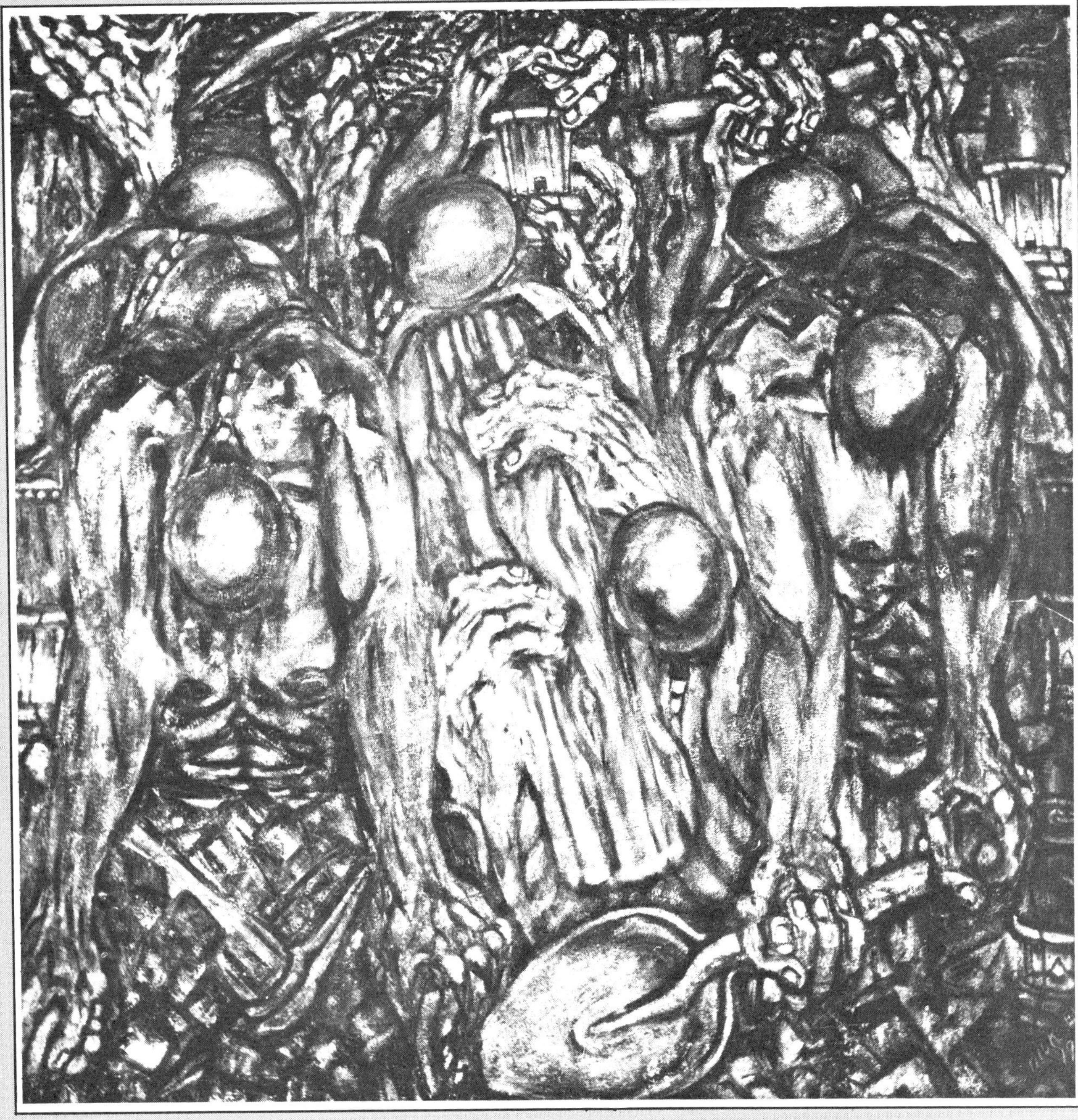

Mari Jones a'i Beibl

Cafodd y darlun ei arddangos yn Arddangosfa Haf yr Academi Frenhinol yn 1984 ac fe'i dewiswyd gan yr awdur gan mai 1984 oedd daucanmlwyddiant geni Mari.

Fe'i ganed yn Llanfihangel-y-Pennant, ac roedd arni newyn mawr am air Duw. Pan oedd hi'n ferch bymtheng mlwydd oed, yn y dyddiau pan oedd Beiblau Cymraeg yn brin iawn, ar ôl iddi fod yn cynilo ei cheiniogau prin am chwe blynedd, ers ei bod hi'n naw mlwydd oed, cerddodd yn droednoeth o'i chartref i'r Bala, tua 28 milltir o daith, i chwilio am Feibl Cymraeg.

Teithiodd y ferch hon, merch i wehydd tlawd, i gartref Mr Thomas Charles ar ei neges a chafodd ei siomi'n arw ar ôl cyrraedd i ffeindio mai dim ond un Beibl oedd ganddo yn ei hiaith, a'i fod eisoes wedi'i addo i gyfaill. Gan fod y cyfaill yn medru darllen Saesneg hefyd, rhoddodd Mr Charles fenthyg fersiwn Saesneg iddo fe nes i Feibl Cymraeg arall gael ei argraffu, gan ei alluogi i werthu'r unig gopi Cymraeg i Mari.

O ganlyniad i ddycnwch Mari yn 1804 sefydlwyd y Gymdeithas Feiblaidd Brydeinig a Thramor.

Mae'r darlun yn dangos teuluoedd gyda llusernau a dau gi yn cerdded dros y caeau o wasanaeth Gwylnos (ar ganol Noswyl Calan). Mae rhai o'r ffermwyr yn y llun yn dal croesau amrwd wedi'u gwneud o frigau i gadw drygioni draw yn y tywyllwch.

Dangosir Mari, fodd bynnag, (gyda choron o flodau yn ei het) yn cofleidio'i Beibl fel tywysoges ymhlith ei phobl.

Mary Jones and her Bible

The picture was exhibited at the Royal Academy Summer Exhibition in 1984 and was chosen by the artist as 1984 was the bi-centenary of Mary's birth.

She was born at Llanfihangel-y-Pennant, and as a girl of 15 years old, in the days when there were very few Welsh Bibles, had such a hunger for God's word, saved her hard-earned pennies for six years, from the age of nine, and walked, barefoot, about 28 miles from her home to Bala in quest of a Welsh Bible.

This daughter of a poor weaver travelled to the home of Mr Thomas Charles to make her purchase, and was bitterly disappointed on arrival to find he had only one Bible in her language, which was already promised to a friend. As the friend could also read in English, Mr Charles loaned him an English version until a further Welsh Bible became available, thus enabling him to sell the only Welsh copy to Mary.

As a result of Mary's zealousness, in 1804 the British and Foreign Bible Society was founded.

The painting depicts families with lanterns and two dogs trudging across the fields from a Watchnight (midnight New Year's Eve) service. A few of the farmers in the picture hold crudely fashioned crosses made from twigs to ward off evil in the darkness.

Mary, however, is shown (a crown of flowers in her hat) embracing her Bible as a princess among her people.

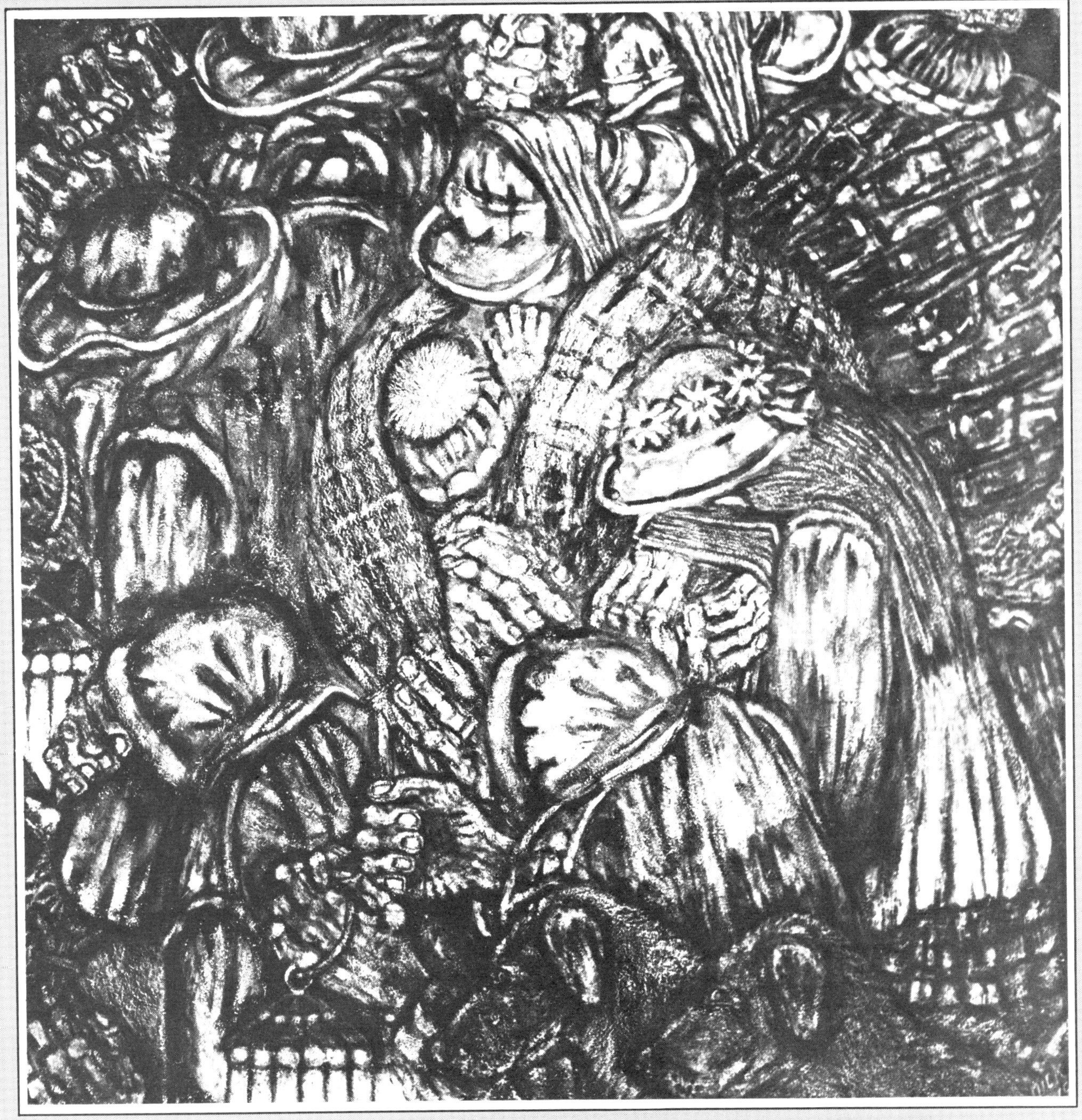

Diwygiad

Roedd y Capeli bob amser yn llawn. Doedden nhw ddim fel maen nhw'n edrych heddiw, bron yn wag, yn oer ac yn ddrafftiog. Roedd yn ail gartref i bobl. Petai rhywun yn colli oedfa byddai'r gweinidog yn galw i weld a oedd popeth yn iawn.

Roedd yno ryw weithgarwch bron bob nos. Cyfarfodydd gweddi, gwasanaethau i blant neu bobl ifainc, drama, practis côr. Rhai nosweithiau roedd yno fwy nag un cyfarfod, mewn gwahanol rannau o'r Capel. Petai gan berson dalent arbennig câi ei annog a'i sianelu i'r cyfeiriad mwyaf defnyddiol.

Pan fyddai dyn yn byw ar bwys y Capel ac yn berchen ar gyfenw cyffredin fel sy'n arferol yng Nghymru, câi enw'r Capel ei ychwanegu ato er mwyn ei adnabod, er enghraifft—Jones Calfaria, Dai Saron, neu Wil Mission Hall.

Adeiladwyd y Capeli i bara, gwaith meistri crefft, wedi'u hadeiladu o gerrig nid brics o wast y pwll, dim ond y gorau ar gyfer yr Arglwydd. Heddiw cawn ein hatgoffa o Nehemeia a wylodd pan welodd furiau Jeriwsalem wedi syrthio.

Lle roedd y mwyafrif i'w weld yn mynychu Capeli'r gwahanol enwadau, byddai haen uchaf ein cymdeithas lofaol yn mynd i'r Eglwys. Roeddynt yn dibynnu mwy ar y seremonïau yno, a'r Capeli'n dibynnu ar eu pregethwyr. Ffynnodd y Capeli Anghydffurfiol oherwydd yr huotledd a'r canu a geid yno.

Petaech yn dymuno gwybod dyddiadau'r ymweliadau Dwyfol yn ein cymoedd, maent wedi'u cerfio ar y maen clo uwchben drysau'r hen gapeli.

Revival

The Chapels were always full. They were not as they appear today, almost empty, cold and draughty. It was one's second home. If someone missed a service the minister called to ask if all was well.

There was some activity most evenings. Prayer meetings, services for children or young people, drama, choir practice. Some nights there was more than one meeting, in a different part of the Chapel. Should a person have a particular talent it was fostered and channelled in the most useful direction.

When a man lived near the Chapel and possessed a common surname as is usual in Wales, the name of the Chapel would be added for identification, for example—Jones Calfaria, Dai Saron, or Will Mission Hall.

The Chapels were built to last, the work of master craftsmen, stone-built, not brick from the colliery waste, only the best for the Lord. Today we are reminded of Nehemiah who wept when he saw the walls of Jerusalem broken down.

Whereas most seemed to attend the various denominations, the upper crust of our mining society attended the Church. They depended more on this ritual, the Chapels on the preachers. Such eloquence and singing caused the Nonconformist Chapels to thrive.

Should you wish to know the dates of Divine visitation in the valleys they are carved out in the keystone over the door of the old chapels.

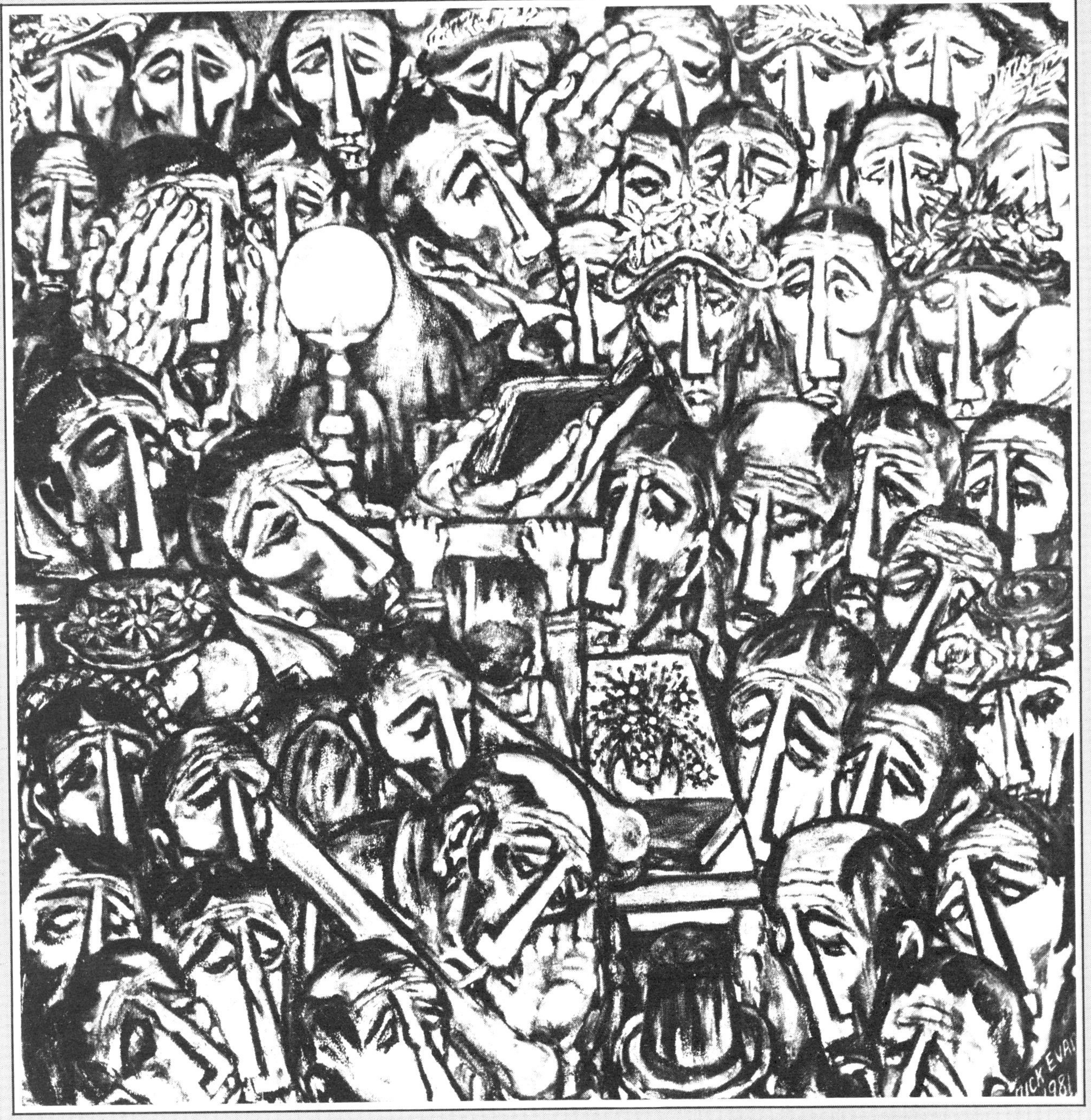

Tir Sanctaidd

Roedd llawer o'r glowyr yn grefyddol iawn. Doedden nhw ddim yn rhoi'u cred i gadw gyda'u dillad gorau. Pan ddechreuodd fy nhad weithio dan ddaear mae'n cofio fod yna bocedi o gredinwyr ym mhob pwll. Nhw oedd 'plant' diwygiad 1904/1905.

Ni wnaeth pawb wrthgilio yn eu bywyd Cristnogol. Teimlir eu dylanwad hyd heddiw.

Pan oedd fy nhad yn ifanc, rhaid oedd bod yn gynnar yn y Capel. Câi seddi'u rhoi yn yr ale ar y Sul er mwyn darparu lle ychwanegol ar gyfer yr addolwyr. Dwyf i ddim yn sôn am gyrddau arbennig. Roedd dynion yn dal i gael eu 'hail-eni' dan ddaear ac yn cael eu llanw â'r Ysbryd Glân wrth iddyn nhw lwytho'u dram â glo. Roedden nhw'n cloddio glo er gogoniant i Dduw. Gellid eu rhoi ymhlith y gweithwyr gorau a gwnaent eu gwaith fel gweithred o addoliad.

Yn ystod diwygiad 1904 roedd yna Gapel tanddaearol yn Fforestfach, ger Abertawe (fel yn y llun ar y tudalen gyferbyn) a gâi'i ddefnyddio gan y dynion cyn dechrau ar waith y dydd.

Roedd hyn yn nodweddiadol o byllau eraill. Pan beidiodd y rhai llai brwd ag addoli, a phan oedd eraill wedi mynd i'r ochr draw, parhaodd llawer i weddïo yn eu gwaith cyn dechrau'r shifft. Roedd fy nhad yn rhan o hyn i gyd. Roedd yn gweithio gyda dyn oedd yn canu emynau drwy'r dydd a hynny os rhywbeth yn cynyddu'r cynnyrch glo.

Hallowed Ground

Many of the miners were deeply religious. They did not put their belief away with their best clothes. When my father began working underground he remembers that there were pockets of believers in every pit. They were the 'children' of the 1904/1905 revival.

Not all experienced retrogression in their Christian life. Their influence is felt today.

When my father was a boy one had to be in Chapel early. Seats were placed in the aisle on the Sunday to provide extra space for the worshippers. I am not writing of special meetings. Men were still being 'born again' underground and filled with the Holy Spirit, as they loaded their dram with coal. They were digging coal for the glory of God. They could be classified among the best workers and did their jobs as an act of worship.

During the 1904 revival there was an underground Chapel at Fforestfach, near Swansea (as picture on opposite page) used by the men before beginning their day's work.

This was typical of other pits. When the less fervent discontinued the worship, and others had passed on, many continued prayer at their workplace before beginning their shift. My father was caught up in this. He worked with a man who sang hymns all day which, if anything, increased their coal output.

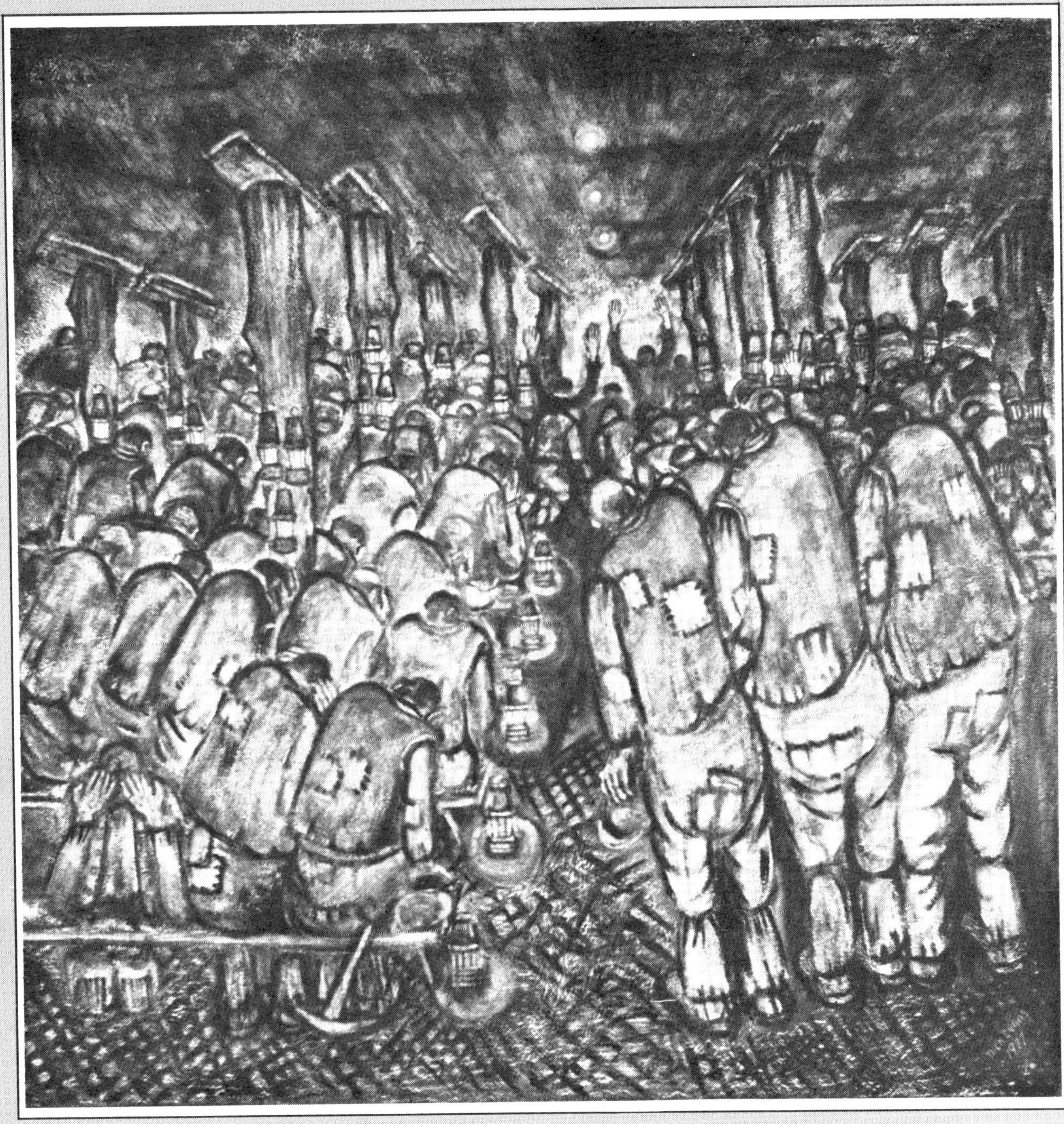

Diwedd Shifft

Roedd hi'n ymddangos yn beth digon naturiol i gael menywod yn gweithio ar ben y pwll. Roedd teuluoedd yn fwy bryd hynny a doedd dim llawer o waith addas ar gyfer merched neu wragedd. Byddai rhai merched ifainc yn gweithio mewn gwaith brics neu haearn. Byddent yn llafurio'n galed ac yn hir am gyflog bychan iawn, yn aml mewn tywydd garw ar fynydd agored heb ddillad addas i'w cadw rhag y glaw a'r eira.

Weithiau caent gymryd cnepyn o lo adref er mwyn sychu'u dillad petai'r tywydd wedi bod yn anffafriol. Byddent yn ei gario ar eu pennau. Roedd hyn mae'n debyg cyn dyddiau glo consesiwn.

Roedd galw am lafur benywaidd. Roedd y cyflogau'n isel iawn ond credid ei fod yn ddigon ar gyfer rhyw fenyw druan yr oedd disgwyl iddi gynhyrchu yr un faint â dyn mewn tyrn o waith.

Cafodd fy mam-gu o ochr fy nhad, merch a weithiai'n y pwll, ei chodi gan ei mam-gu. Roedd ei rhieni a'r plant eraill wedi ymfudo i Salt Lake City, Utah, UDA, gan ei gadael hi ar ôl gan fod ei mam-gu'n anfodlon iddi fynd ac yn torri'i chalon o feddwl amdani'n gadael. Ar ben hyn, roedd ei rhieni'n ansicr o'r safon byw y gallent ei ddisgwyl ar yr ochr arall i Fôr Iwerydd. Roedd hyn tua'r 1890au. O ran diddordeb dim ond nes ei bod yn 53 oed y bu fy mam-gu byw.

End of Shift

Women working on top of the colliery seemed natural enough. Families were larger then and there was not much work suitable for girls or women. Some young girls worked in brickworks or ironworks. They toiled hard and long for a pittance, often in bad weather on the mountainside with no protective clothing against the rain or snow.

Sometimes they were allowed to take home a lump of coal, which they carried on their heads, to enable them to dry their clothes if the weather had been unfavourable. This, presumably, was before they were granted concessionary coal.

There was a demand for female labour. The wages were very low but thought to be adequate for a mere woman who was expected to match the output of a man's working shift.

My paternal grandmother, a pit girl, was reared by her grandmother. Her parents and their other children emigrated to Salt Lake City, Utah, USA leaving her behind as her grandmother was unwilling, and heartbroken at the prospect of her leaving. Added to this, her parents were unsure of the level of lifestyle they could expect on the other side of the Atlantic. This was about the 1890s. As a matter of interest, my grandmother lived only to the age of 53 years.

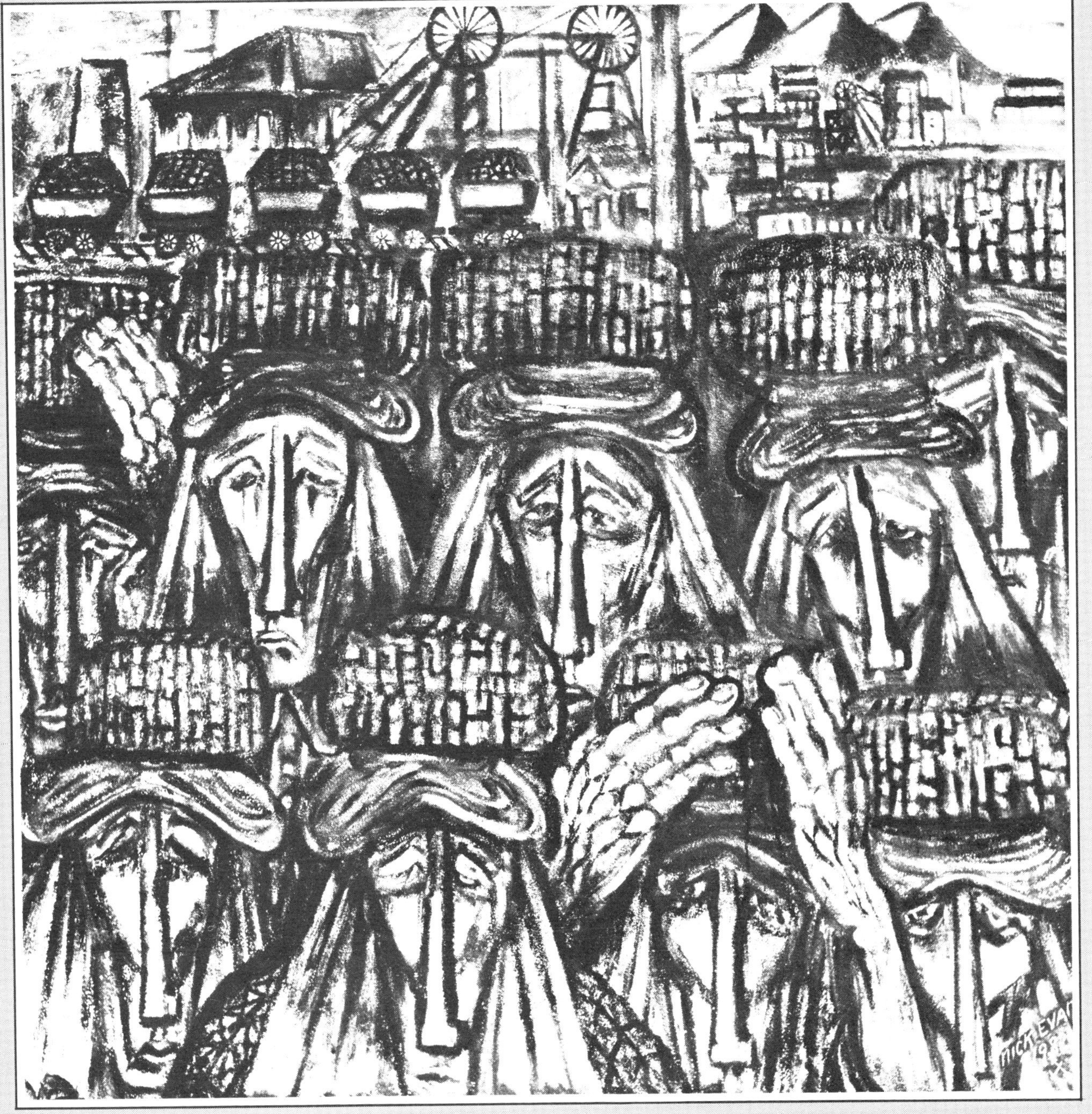

Roedd fy Mam yn Löwr

Yn ystod dyddiau cynharaf cloddio glo roedd menywod yn gweithio ym mherfedd y ddaear yn ogystal â chael eu cyflogi ar ben y pwll. Yn ddiweddarach, yn 1842, pasiwyd deddf yn gwahardd iddynt weithio o dan ddaear.

Yn America, Sieina, ac mae'n siŵr mewn gwledydd eraill, mae 'na rai menywod sy'n dal i weithio o dan ddaear. Maent yn dilyn yr alwedigaeth hon o'u gwirfodd.

Gwnaethpwyd menywod ar ben y pwll yn ddi-waith ym Mhrydain ac ni chyflogwyd mohonynt eto. Gan fod eu gwaith yn cael ei ystyried yn llafur ysgafn, cafodd ei roi i ddynion oedd wedi cael eu hanafu yn y diwydiant, neu i hen ddynion. Doedd dim amser cydnabyddedig i ymddeol bryd hynny.

Mae'r ddwy wraig yn y llun fel petaent wedi ymdrwsio ar gyfer y camera. Rhaid cofio, er eu bod nhw'n gweithio fel dynion ac mewn diwydiant brwnt, roedd ganddynt eu balchder fel merched o hyd.

Mewn hen ffotograff o fenywod yn gweithio ar yr wyneb, a mam yr arlunydd yn un ohonynt, mae ganddynt griafol y moch wedi'i pinio ar eu siolau yn eu hymdrech i edrych yn fenywaidd hyd yn oed mewn byd gwrywaidd.

Peidiodd y ddwy wraig olaf â gweithio ar ben y pwll yn Whitehaven yn Cumbria yn 1972. Roedd hyn 130 mlynedd ar ôl i'r ddeddf eu hatal rhag gweithio o dan ddaear.

My Mother Was a Pit Girl

During the earliest coalmining days women worked in the depth of the earth in addition to being employed at the pit top. Later, in 1842, a law was passed forbidding them to work below ground.

In America, China, and undoubtedly other countries, there are some women who still work underground. This vocation they follow from choice.

The British surface women became redundant and were eventually phased out. As their work was considered to be light employment it was then given to men who had been injured in the industry, or the aged. There was no recognised retirement age at that time.

The two ladies in the picture appear to be dressed up for the camera. We should remember that although they worked as men, and in a dirty industry, they still retained their womanly pride.

In an old photograph of female surface workers, which includes the artist's mother, they have hawthorn berries pinned on their shawls in an attempt to look feminine in a man's world.

The last two pit top women ceased working at Whitehaven in Cumbria, in 1972. This was 130 years after the law disallowed them working below ground.

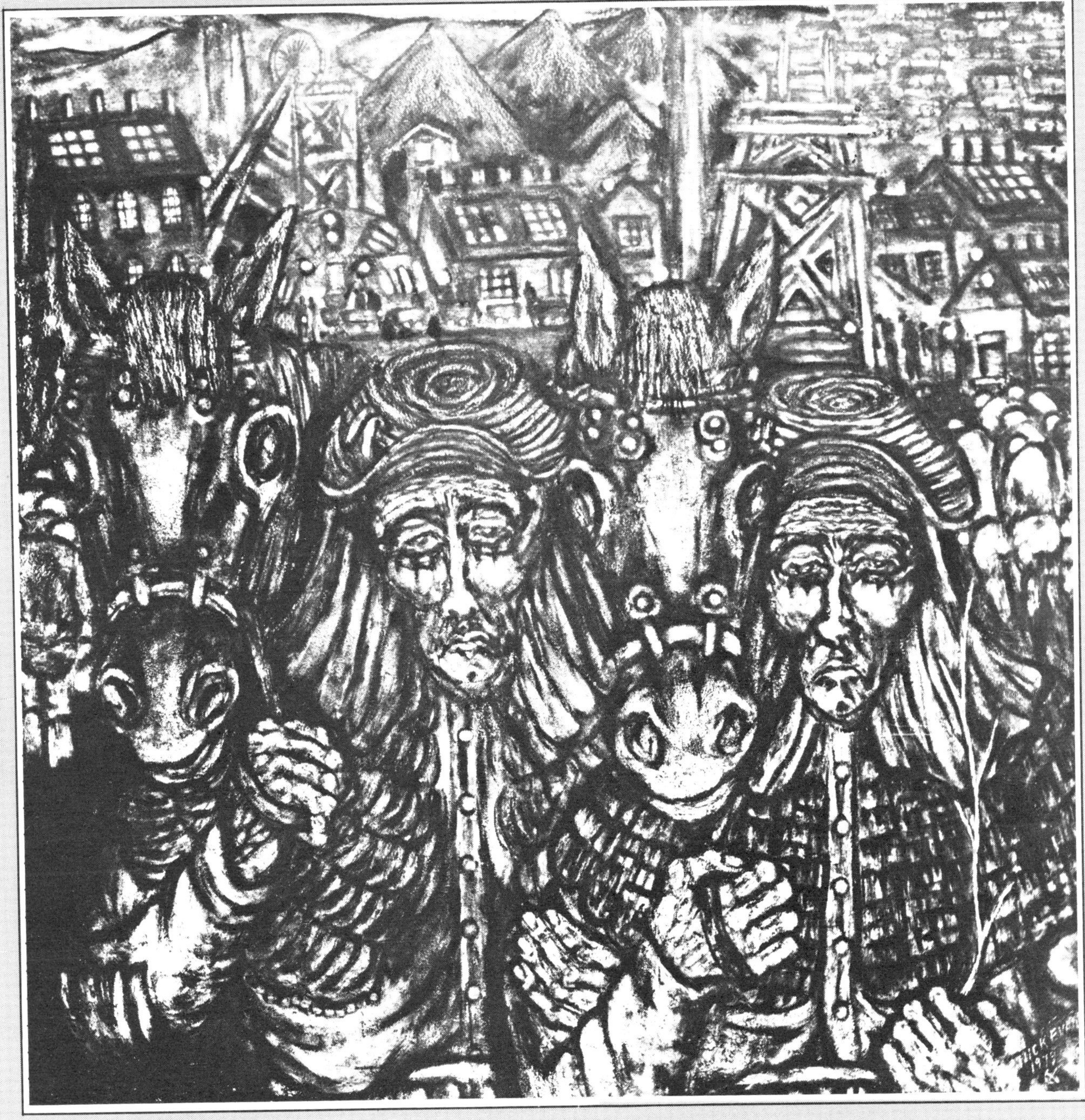

Gweithwyr Pen Pwll

Pan basiwyd deddf yn gwahardd cyflogi menywod o dan ddaear roedd llawer o berchenogion gweithfeydd glo yn ei gwrthwynebu. Roedd eu dull o gael llafur rhad o dan fygythiad.

Gan fod y menywod oedd yn lowyr yn dibynnu ar y pwll am eu hunig gynhaliaeth roeddynt hwy hefyd yn ei gwrthwynebu. Roedd llawer yn wragedd â phlant: i ble allent droi? Doedden nhw ddim yn gwybod am unrhyw fywoliaeth arall a doedd ganddyn nhw mo'r adnoddau i wneud unrhyw beth arall neu fydden nhw ddim wedi mynd yn lowyr yn y man cyntaf.

Eisoes roedd llawer o bobl yn ddi-waith ac yn chwilio am waith. Wrth adael y pwll roedden nhw hefyd yn gorfod rhoi'r gorau i'w tai gan eu bod yn eiddo i berchennog y pwll.

Parhaodd llawer o fenywod i weithio o dan ddaear ar ôl pasio'r ddeddf. Roedd hi'n amhosibl gweithredu'r ddeddf ar unwaith mewn lleoedd diarffordd.

Pit Top Workers

When the law was passed prohibiting the employment of women underground, many coalowners opposed it. Their method of acquiring cheap labour was threatened.

As the women miners were dependant on mining as a sole means of making a living they also opposed it. Many were women with children; where could they turn? They knew of no other livelihood neither were they equipped for anything else or they would not have entered mining in the first place.

Already there were many people out of work and needing employment. Leaving the mine they had to relinquish their houses as they were the property of the mine owner.

Many women continued to work underground after the law had been passed. It was impossible to implement immediately the new law in remote places.

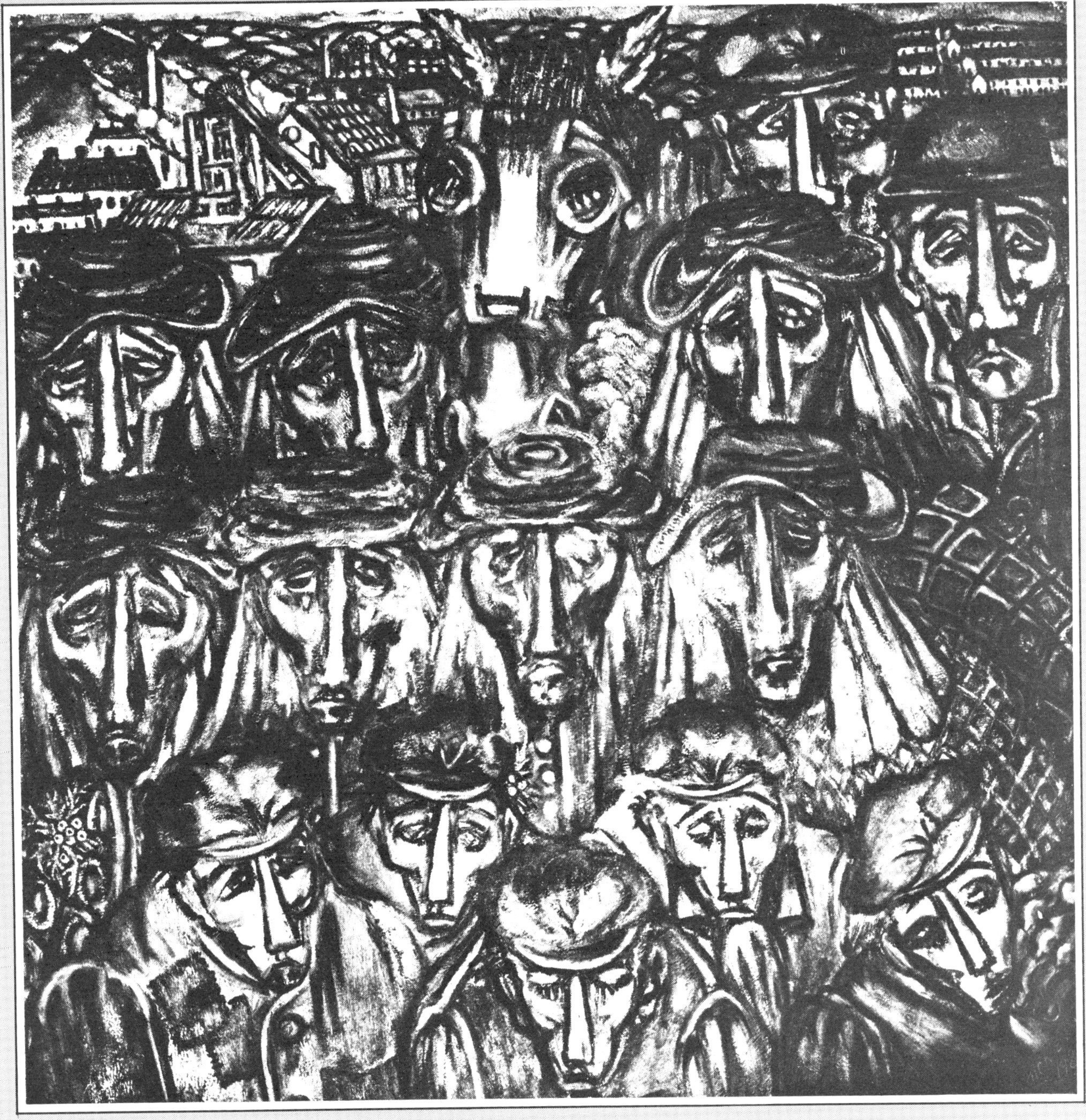

Yn Barod i Fynd Lan

Byddai'r dynion hŷn yn edrych ar ôl crwt o golier, ond yn aml câi ei orweithio. Weithiau byddai'n gorweithio o'i ddewis ei hun, gan geisio profi i eraill ac iddo'i hunan, ei fod yn abl i wneud y gwaith.

Byddai llawer o fechgyn, heb neb yn gofalu amdanynt wrth gerdded i'w mannau gwaith neu'n gorffen eu shifft, yn dwr gyda'i gilydd ac mewn hwyliau da am eu bod wedi gorffen am y dydd. Ar amser o'r fath gallent wneud drygioni, gan wthio'i gilydd a chamymddwyn. Doedd dim croeso i hyn wrth gwrs yn y fath ddiwydiant. Doedd casglu at ei gilydd ddim yn cael ei gymeradwyo er mwyn eu diogelwch eu hunain. Teimlai'r gŵr hŷn ei fod yn gyfrifol am y bachgen oedd yn gweithio gydag ef. Profiad ofnadwy i ŵr hŷn oedd pan gâi'r bachgen oedd yn gweithio gydag ef ei ladd. Maen nhw'n dweud fod amser yn feddyg da, ond roedd 'na ddynion na ddaeth dros y profiad fyth.

Bu fy nhad, pan oedd yn fachgen, yn gweithio mewn pedwar pwll, a phryd bynnag y byddai'n mynd i mewn i'r cerbyd ar dop y pwll yr arfer oedd i'r dynion hŷn adael i'r bechgyn fynd ar y tu mewn fel mesur diogelwch. Roedd hyn yn digwydd pryd bynnag y bydden nhw'n mynd i lawr neu i fyny'r siafft.

Rwy'n cael f'atgoffa yma o'r adeg pan oeddem ni'n byw mewn tŷ ar odre mynydd y Graig yn Aberdâr; bob bore yn y gwanwyn byddai defaid gyda'u hŵyn newyddanedig yn crwydro i fyny'r rhiw ar y ffordd fawr i chwilio am borfa ir. Wrth iddynt gychwyn allan, ac eto fin nos pan fyddent yn dychwelyd i'r cwm, byddai'r fam ddafad yn cerdded ar y tu allan yn amddiffyn yr ŵyn rhag y ceir a'r loriau dieithr. Roedd yr un gofal dros y crwt o golier.

About to Ascend

The collier lad was cared for by the older men but was often overworked. This overworking was sometimes from his own choice, seeking to prove to the others, and himself, that he was capable of doing the job.

Many boys, without supervision when walking to their place of work or going off shift, would be in groups and somewhat elated that they had finished for the day. At such a time they could get up to mischief, jostling each other, and playing about. This of course was very unwelcome in such an industry. Congregating together was strongly discouraged for their own good. The senior man felt he was responsible for the boy working with him. For a boy to be killed whilst working with an older man was a dreadful experience. They say time is a healer, but there were men who never got over it.

My father, when a boy, worked in four pits, and whenever he entered the carriage at the pit top it was the custom for the older men to allow the boys to go on the inside as a safety measure. This happened every time they went down or up the shaft.

I am reminded here that when I lived in a house at the base of the Graig mountain, Aberdare, every morning in the springtime sheep with their newborn lambs strolled up the hill, on the main road, in search of the rich grass. As they set out, and again, in the cool of the evening when they returned to the valley the mother sheep walked on the outside protecting the lambs from the alien cars and lorries. Such was the care for the collier boy.

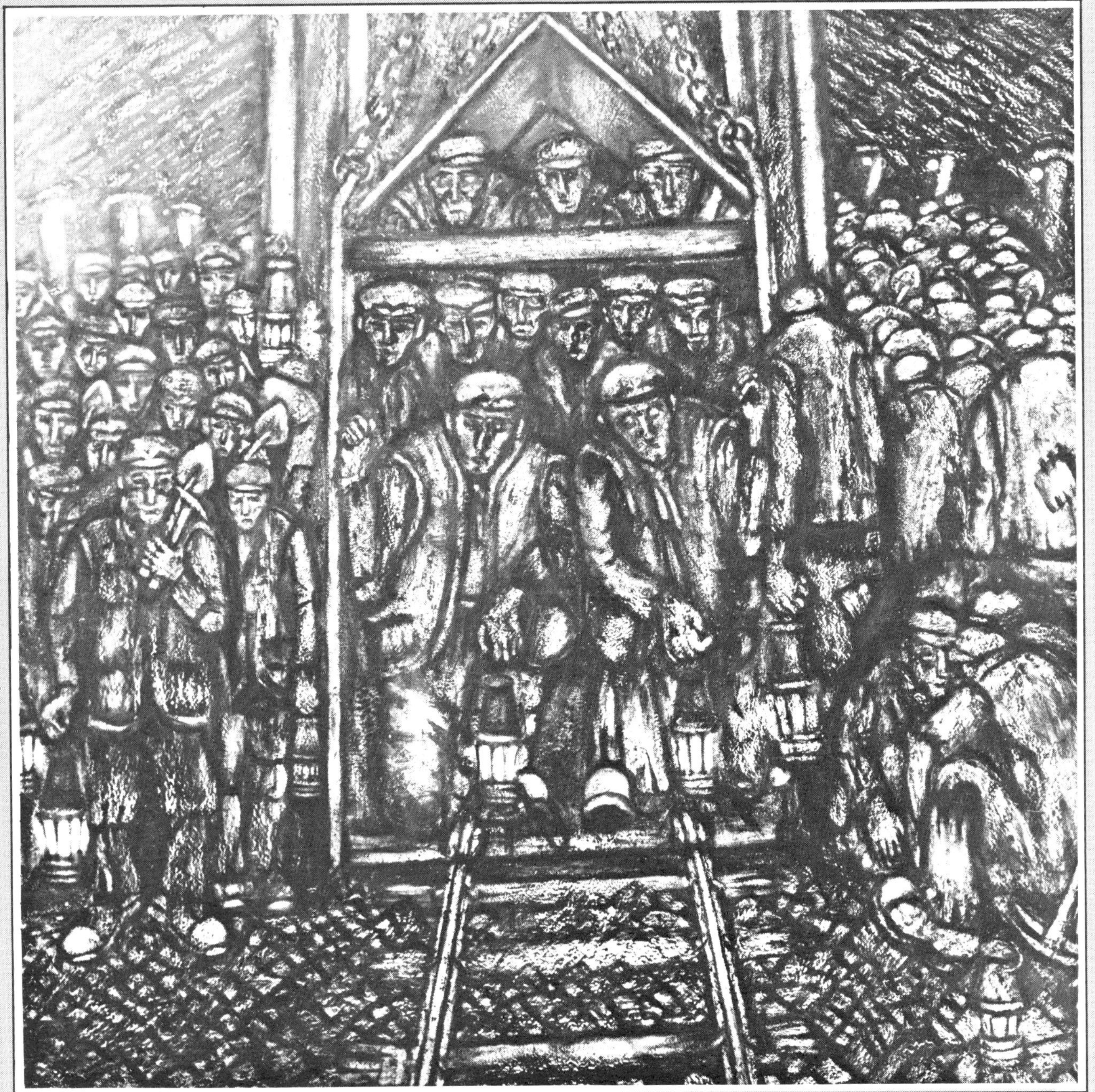

Gwneud Wrth Raid

Mae Nicholas yn peintio glowyr mewn 'Dai caps' a'r hyn sy'n edrych fel helmedau diogelwch. Beth oedd yr helmedau hyn mewn gwirionedd ond hetiau caled gyda'u cantel wedi'u torri ymaith. Âi'r dynion i'w gwaith yn eu 'dai caps', ond byddent yn eu hongian yn eu man gwaith ac yn gwisgo het galed, wedi'i stwffio â phapur newydd fel diogelwch ychwanegol.

Roedd hyn yn goglais fy nhad yn fawr ar y dechrau, bachgen oedd e cofiwch, ond cafodd mai dyna'r arfer mewn pedwar pwll gwahanol lle bu'n gweithio. Fyddwn i ddim yn synnu os mai dyma ragflaenydd helmed ddiogelwch y glowyr.

Byddai llawer o ymwelwyr pwysig â'r pyllau yn gwisgo helmedau diogelwch, fel y gwelir mewn hen luniau o Edward, Tywysog Cymru. Gymaint mwy oedd yr angen i ddynion oedd yn gweithio yn y pwll bob dydd mewn lleoedd gwael dan amodau gwaeth eu gwisgo.

Credwch chi fi, câi'r ymwelwyr fynd i'r lleoedd gorau oedd i'w gweld ym mhob pwll a byddai hyn yn rhoi camargraff o'r holl fenter.

Rwy'n credu mai cwmni glo Powell Duffryn oedd y cyntaf i ddechrau defnyddio helmedau diogelwch. Ar y dechrau ni chaent eu derbyn yn gyffredinol gan y glowyr. Mae 'na bob amser rywfaint o ragfarn yn erbyn unrhyw beth newydd.

Gwelodd fy nhad lun o fancman mewn llyfr plant. Fe oedd y dyn fyddai'n rhoi'r arwydd i ddyn yr injan i godi neu ostwng y caets. Doedd e ddim yn gwisgo helmed, dim ond cap defnydd meddal, ac ar ei draed esgidiau meddal nid esgidiau mawr â blaenau dur. Roedden nhw'n hollol anaddas ac annigonol ar gyfer ei waith. Petai damwain yn digwydd yn yr achos hwn byddai ganddo dipyn o waith esbonio i'w wneud.

Necessity, Mother of Invention

Nicholas paints miners in 'Dai' caps and what appears to be safety helmets. These 'helmets' were really bowler hats with the brim cut off. The men went to work with 'Dai' caps but hung them up in their place of work and took down their bowler hat which was stuffed with newspaper as added protection.

My father was greatly amused by this at first, he was a boy remember, but found it to be the custom in four different pits in which he worked. I would not be surprised if this was the forerunner of the miners' safety helmet.

Many distinguished visitors to the collieries wore safety helmets, as seen in old photographs of Edward, Prince of Wales. How much more should they be worn by men working in the pit every day, in bad places under the worst conditions.

Be sure, the visitors were taken to the show places which were to be seen in every pit and which gave a false impression of the whole set-up.

I believe the Powell Duffryn Coal company was the first to introduce safety helmets. At first they were not widely accepted by the miners. There is always a certain amount of prejudice against something new.

My father saw an illustration of a banksman in a child's book. He was the man who would signal to the engineman who raised or lowered the cage. He wore no helmet, but a soft cloth cap, and on his feet soft shoes, not steel capped protective boots. They were totally unsuitable and inadequate for his work. If an accident occurred in this case he would have a lot of explaining to do.

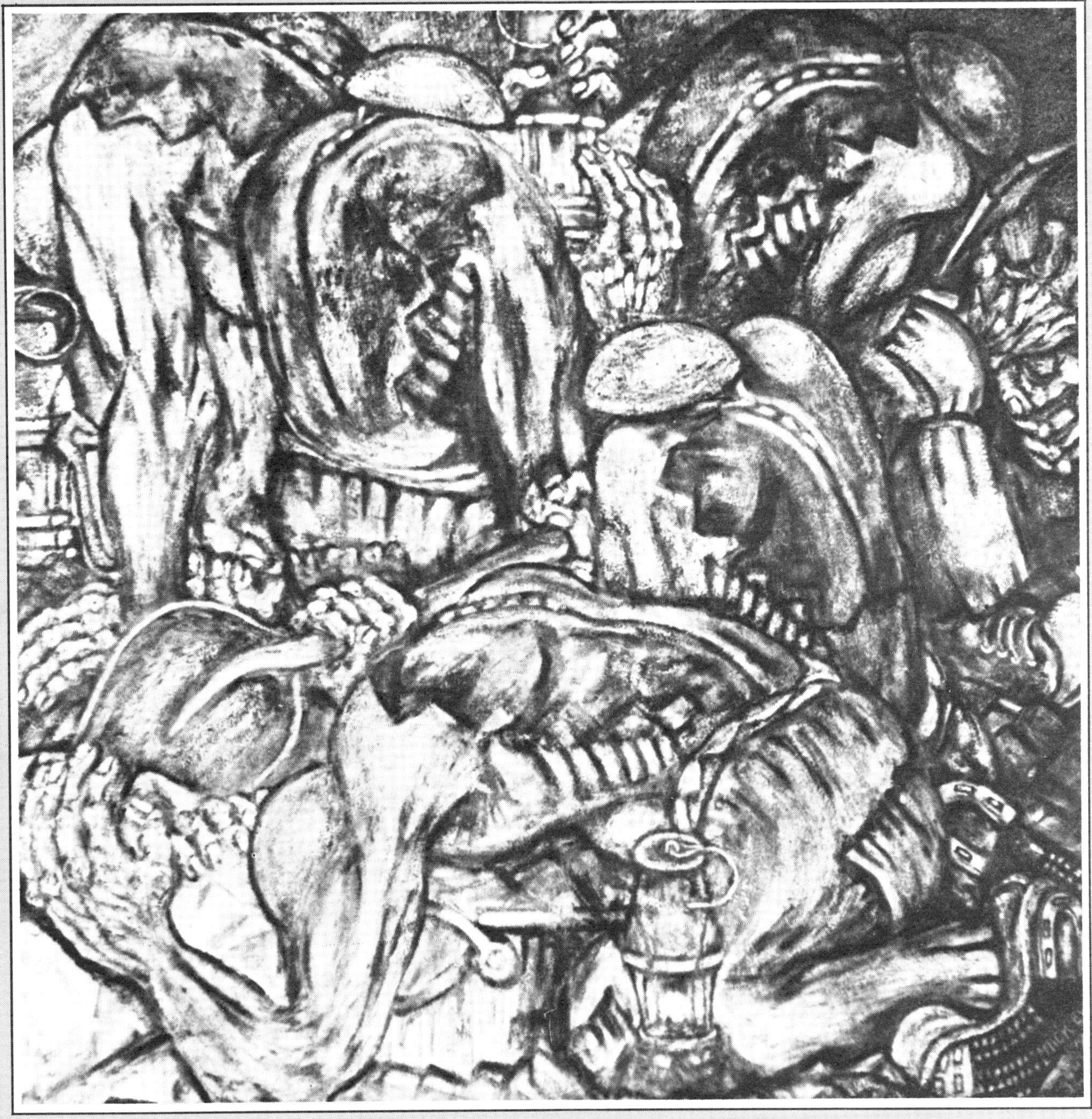

Manylyn o Gerbyd Deu-fond

Mae Nicholas Evans yn sôn am yr amser (1923) pan oedd yn gweithio yng Nglofa Fforchaman (Pwll Brown), Cwmaman, Aberdâr, ac yn cofio pedwar dec yn cael eu rhoi i mewn (roedd yno eisoes ddau ddec ym mhob cerbyd oedd yno).

Roedd yno lawer o baratoi a phob nos ar ôl codi'r glo câ'i glowyr eu danfon i fyny Pwll Lankey (yr ail siafft), hwn yn cael ei ddefnyddio pan oedd lle'n cael ei wneud ar gyfer rhoi'r deciau ychwanegol i mewn. (Daeth yr ail siafft hon yn ddeddf yn 1862 ar ôl i 204 o ddynion gael eu mygu mewn pwll glo yn dilyn damwain yng nglofa Hartley). Cerbyd un dec oedd hwn a châi ei weithio gan injan flast a fyddai weithiau'n tynnu'r dynion hanner ffordd i fyny ac weithiau'n eu gadael i lawr eto gan nad oedd digon o bŵer i fynd â nhw i'r top. Golygai hyn golli trên y coliers am y noswaith arbennig honno a chael wâc hir adre.

Bach iawn o addasu a wnaed i roi'r pedwar bond i mewn. Digwyddodd y trawsnewid i gyd yn effeithiol heb golli unrhyw gynnyrch. Roedd y peirianwyr wedi rhagweld angen y dyfodol ymhell ymlaen llaw ac wedi paratoi ar ei gyfer. Pan ddaeth yr amser aeth popeth i'w le yn esmwyth. Dynion â gweledigaeth fel hyn sy'n ffurfio'n dyfodol.

Dyblodd y deciau ychwanegol gynnyrch y lofa am nifer o flynyddoedd ond mae'n sicr iddynt fyrhau oes y pwll.

Detail of Two-bond Carriage

Nicholas Evans speaks of the time (1923) when he worked in Fforchaman Colliery (Brown's Pit), Cwmaman, Aberdare, and remembers the installation of four decks (there were already two decks in each carriage in use.)

There was much preparation and every night after the raising of the coal the miners were sent up the Lankey Pit (the second shaft), this being used when room was being made for the installation of the extra decks. (This second shaft became law in 1862 after 204 men were suffocated in a coal mine following an accident at Hartley colliery). This was a single-decked carriage and was worked by a blast engine which would pull the men half way up and sometimes had to let them down again as there was insufficient power to take them to the top. This meant losing the colliers' train on those particular nights resulting in a long walk home.

The four bonds were installed with very little adjustment. The whole project of the change-over took place efficiently and without any loss of output. Prior preparation had been made by the engineers who had long anticipated the need of the future. When the time came it all clicked into place. Such men of vision shape our future.

The extra decks doubled the output of the colliery for many years but undoubtedly shortened its working life.

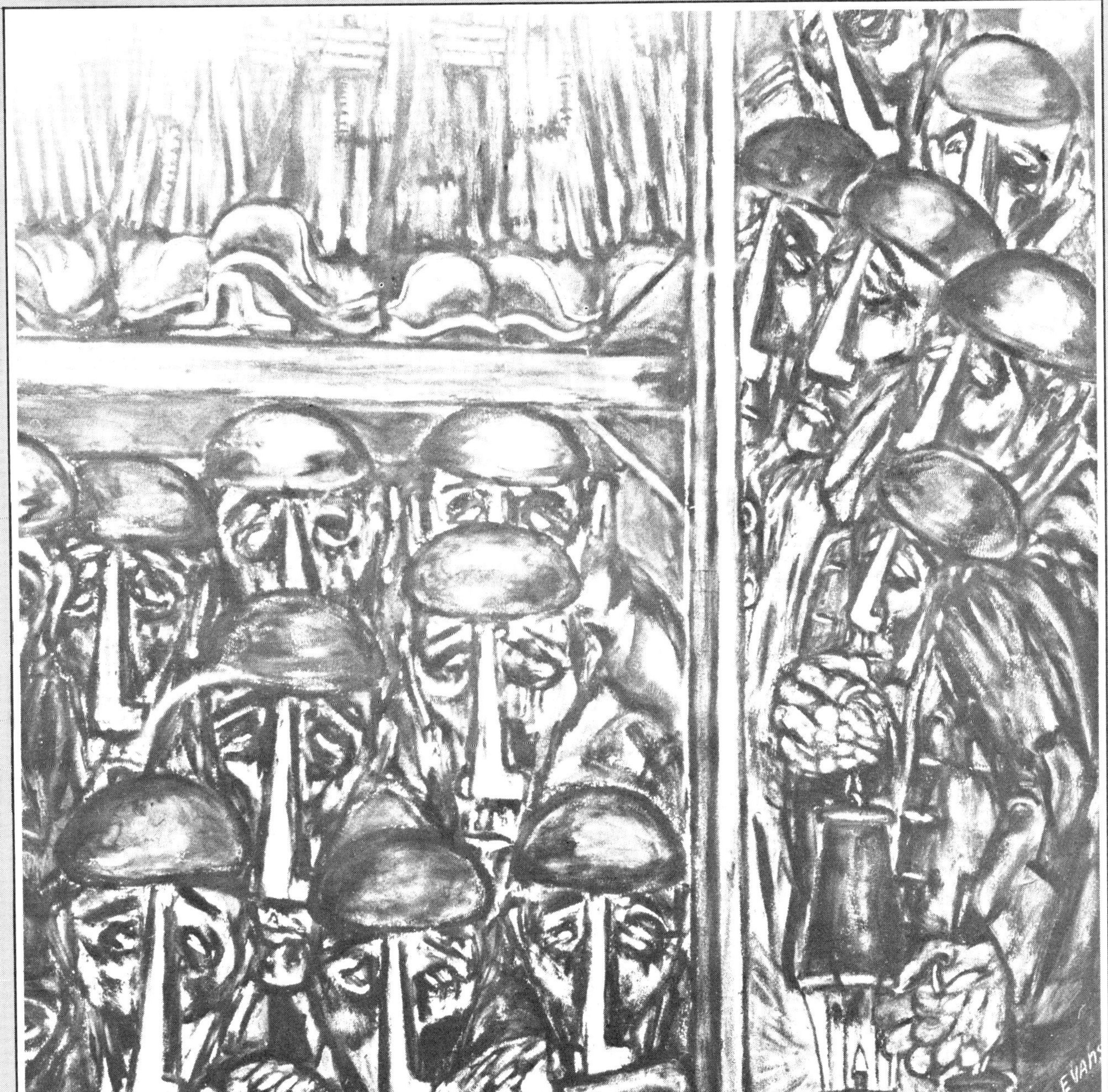
NICK EVANS
1981

Cael Reid i'r Pen Pellaf

Roedd y dynion oedd yn gweithio ym mhen draw'r Pwll yn cael reid i'w gwaith mewn dramiau gwag ond roedd y cyfrifoldeb o wneud hynny'n gorwedd ar eu hysgwyddau eu hunain. Doedd hi ddim yn reid bleserus ond roedden nhw o ganlyniad yn cyrraedd eu gwaith yn gynt ac yn fwy ffres. Roedd hyn yn help mawr i'r glöwr ac yn gychwyn gwahanol fathau o drafnidiaeth o dan ddaear. Fodd bynnag, ar ddiwedd eu shifft roedd ganddynt ffordd bell i gerdded nôl i waelod y pwll a hwythau wedi blino'n lân ar ôl diwrnod o waith.

Wrth reidio'n y ddram doedd dim goleuadau blaen yn rhedeg i'r tywyllwch i lawr inclein serth ac i fyny'r ochr arall. Roedd yr haenau glo yn penderfynu rhediad y twneli. Hon oedd y ffordd rataf o gael y glo allan.

Roedd yr hewl i'r pen pellaf yn pasio hen weithfeydd, lle roedd angen goruchwyliaeth fanwl a thrwsio cyson.

Byddai carreg maint hanner torth yn cwympo o'r to yn ddigon i fwrw siwrnai oddi ar yr hewl. Roedd hyn yn aml yn achosi i bost gael ei fwrw o'i le ac i'r to ddisgyn, gyda chanlyniadau dybryd.

Roedd y reidar, y dyn oedd â gofal y siwrnai, yn reidio'r tu allan i'r ddram olaf, gan sefyll ar y rhaff weiar, heb allu gwneud dim i osgoi unrhyw ddamwain bosibl. Wrth iddo reidio roedd yn rhaid iddo gadw'i ben i lawr. Roedd yno bob amser 'wasgfa' fel y'i gelwid (y twnel yn cau i mewn yn naturiol), a châi reidwyr eu lladd yn gyson mewn munud anghofus neu pan oedd eu meddwl ar rywbeth arall.

Yna, yn llechwraidd, byddai'r hewl yn cripian tua'r ochrau wrth i'r wasgfa godi'r hewl oddi tanodd. Hyn i gyd mewn golau gwael. Roedd fel petai bob amser swyddi gwag ar gyfer reidwyr.

Riding To The Far End

The men who worked in the far end of the mine rode to their workplace in empty drams and at their own risk. It was no joyride. As a result they arrived at their destination much fresher and quicker. This was a great boon to the collier and was the beginning of various types of transport underground. However, at the end of their shift they had a long walk out to the pit bottom when they were almost exhausted after the day's work.

While riding in the dram there were no headlights running into the darkness down a steep incline and up the other side. The seams of coal determined the run of the tunnels. This was the cheapest way of getting out the coal.

The road to the far end as it was called, passed old workings, a place that needed great supervision and constant repair.

A stone, the size of half a loaf falling from the roof would be sufficient to throw the journey off the road. This often caused dislodging of timber and fall of roof, with dire consequences.

The rider, the man in charge of the journey, rode outside the last dram, standing on the wire rope, powerless to avoid any possible accident. As he rode he had to keep his head down. There was always 'a squeeze' as it is called (the natural closing-in of the tunnel), and riders were constantly being killed in a moment of forgetfulness or preoccupation.

Then, surreptitiously, the road would be creeping towards the sides as the squeeze would tilt up the road from below. All this in poor light. There always seemed to be a vacancy for riders.

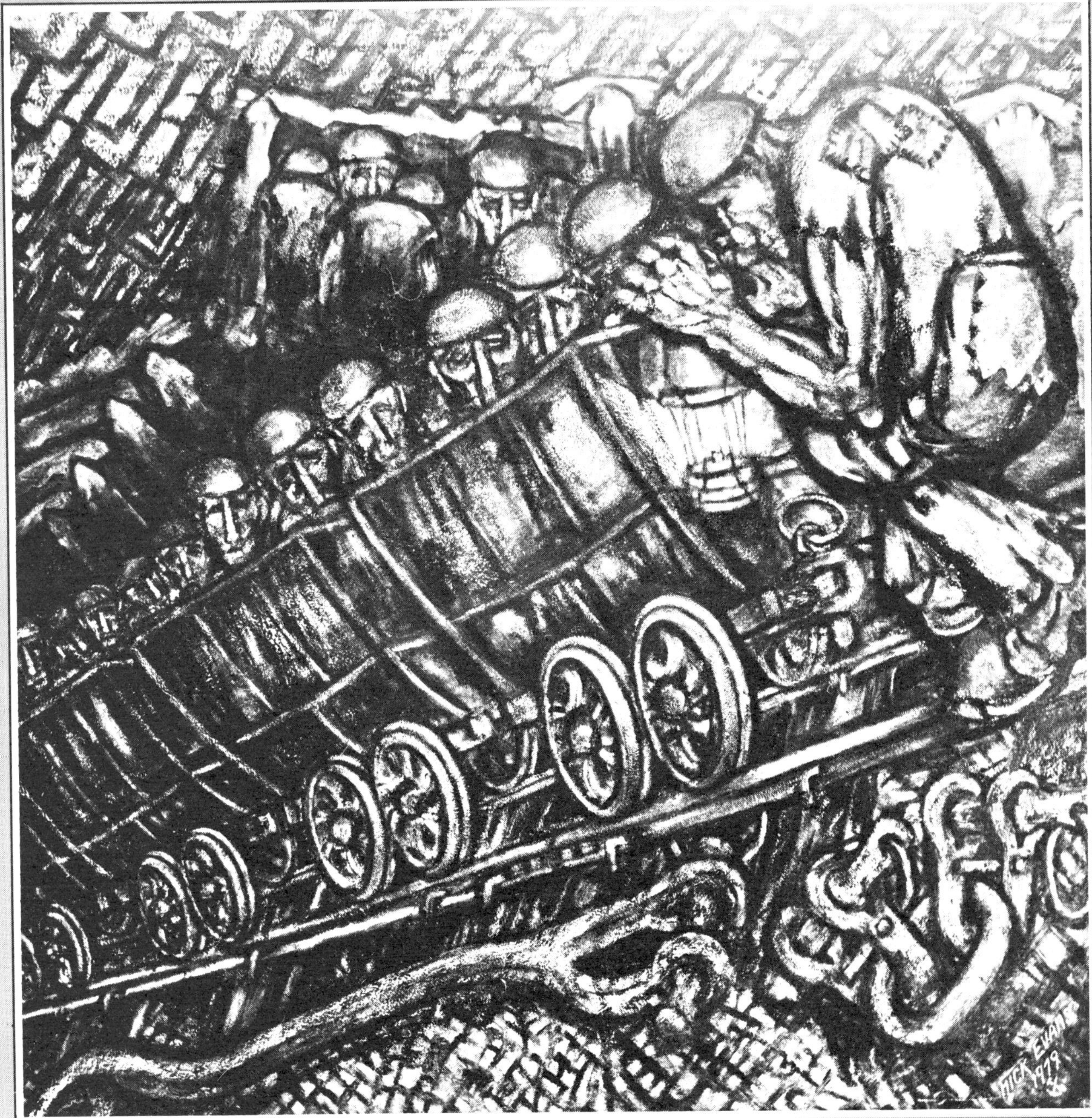
DICK EVANS
1979

Annog Cystadleuaeth

Roedden nhw yno i gael glo allan ac nid i unrhyw ddiben arall. Does dim geiriau a all ddisgrifio rhai o'r amgylchiadau gwaith, yn ddŵr a lleoedd cyfyng. Pan fyddai tanio yn y cyffiniau roedden nhw'n gweithio mewn 'niwl'. Doedd effeithiau'r tanio ddim yn clirio'n hawdd; roedd yr awyr yn drwm gan fygdarth y ffrwydryn.

Roedden nhw yno hefyd i gael arian, a chyhyd ag y câi dyn ei dalu roedd e i ryw raddau yn fodlon. Doedd glöwr ddim yn gwybod am ddim arall a byddai'n ymffrostio yn ei allu. Roedd rhai dynion yn gosod y cyflymdra i eraill a deuent yn ffefrynnau'r meistri.

Roedden nhw'n gweithio mewn amgylchiadau cyfyng, lleoedd lle roedd 'twlad' yn y wythïen wedi peri i'r glo fynd ar goll oherwydd bod yr haenen wedi symud.

Gweithiai fy nhad yng nglofa *River Level*, Abernant, Aberdâr, un o grŵp—Powell Duffryn. Bydden nhw'n cystadlu am y record o godi glo am y dydd ac yn codi baner i bawb ei gweld. Dywedodd y rheolwr, Jayne, wrthynt, "Rydym ni wedi bod yn cloddio glo o bedwar cornel uffern heddiw."

Competition Encouraged

They were there to get the coal out and for no other purpose. Some of the conditions were indescribable, working in water and confined spaces. With shot firing in the vicinity they worked in a 'fog'. The effects of the firing did not clear easily, the air was laden with fumes of the gelignite.

They were also there to get money, and as long as the man got paid he was satisfied to an extent. The miner knew of nothing else and boasted of his prowess. Certain men set the pace for others and became the favourites of the bosses.

They worked in cramped conditions, places known as 'jumps and faults' where the coal had been lost due to movement of the strata.

My father worked in River Level Colliery, Abernant, Aberdare, one of a group—Powell Duffryn. They competed for the record of raising coal for the day and ran up a flag for all to see. The manager, Jayne, told them, "We have been digging out coal from the four corners of hell today".

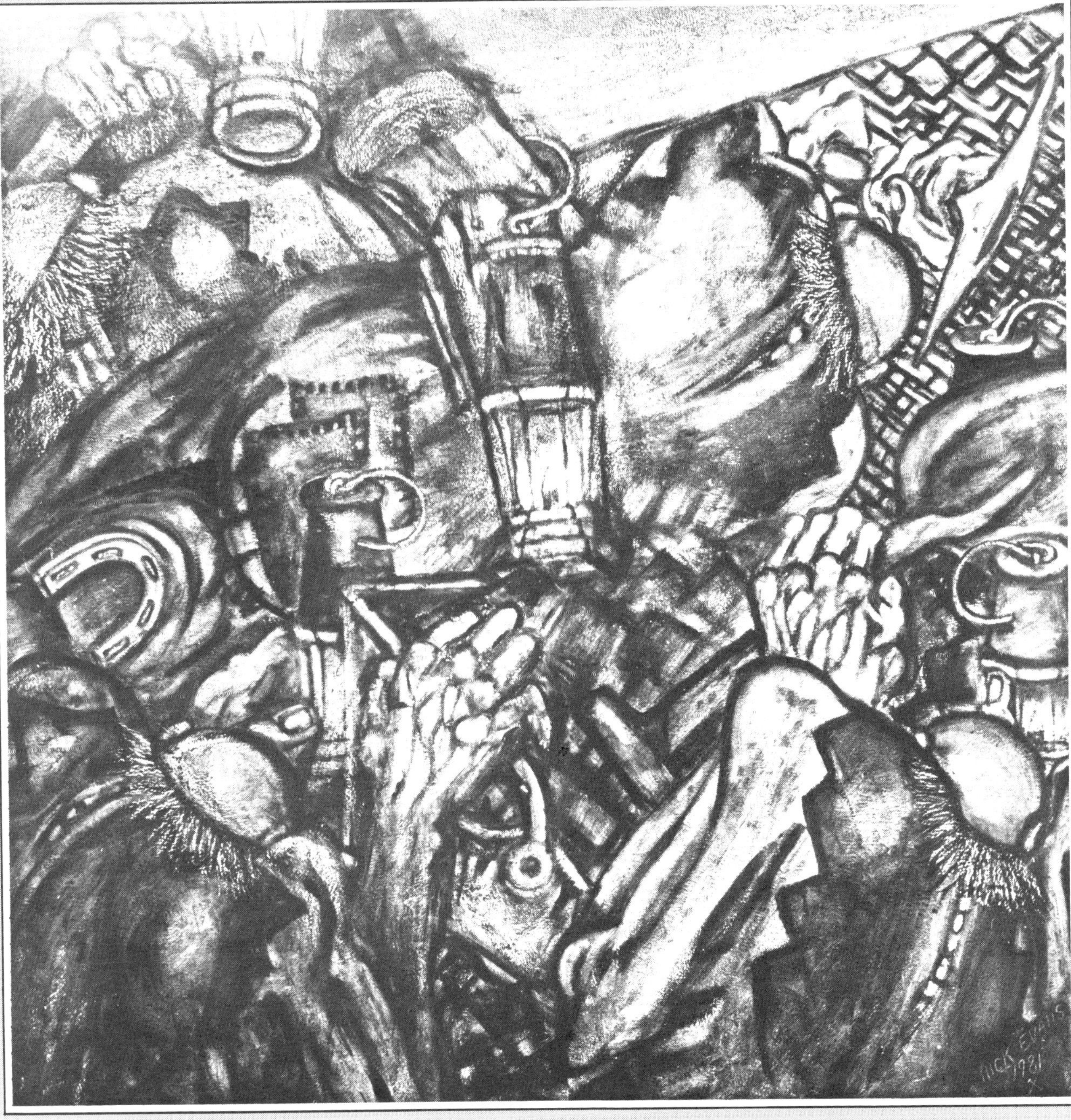
NICK EVANS
1981

Tanio'r Twll Top

Roedd tanio'r twll top yn golygu fod yn rhaid codi pyst pren trwchus bob ochr i'r hewl. Dim ond uchder a lled yr hewl o'r graig oedd i gael ei ffrwydro.

Dim ond digon o bowdwr ar gyfer y dyfnder angenrheidiol gâi ei ddefnyddio, a châi'r twll fel arfer ei dyllu â tharadr (dril llaw) neu beiriant tyllu ratsied. Mae fy nhad hyd yn oed wedi defnyddio cŷn a morthwyl. Roedd llwyddiant y fenter yn dibynnu ar fedr a gallu'r glöwr, a deuai hynny gyda phrofiad yn unig.

Cyfrinach 'cael glo', yn ôl yr hyn a ddywedir wrthyf, yw cadw'r graig wedi'i chropio mor agos ag sydd bosibl i'r ffas lo. Roedd llawer a esgeulusodd wneud hyn mewn helynt pan ostyngai'u cynnyrch glo.

Lle roedd Nicholas yn gweithio, yn y gwaith drifft, roedden nhw'n tanio'u tyllau'u hunain; doedd yno ddim taniwr. I danio'r twll defnyddid cap a ffiws gyda phowdwr. Câi hyd o ffiws ei gynnau er mwyn i'r dynion fedru dianc mewn pryd. Weithiau byddai oediad cyn i'r powdwr danio. Edrychid ar oediad hir fel methiant ac felly byddid yn mynd nôl i wneud ymchwiliad. Lladdwyd, dallwyd ac anafwyd llawer o ddynion yn ddifrifol fel hyn.

Câi ergydion eu tanio mewn gweithfeydd dwfn drwy gymorth batris yn cael eu rhedeg gan drydan ac roedd y rhain lawer yn fwy diogel.

Firing Top Hole

The firing of the top hole meant that preparation had to be made. Thick posts of timber had to be set up each side of the road. Only the rock the height and width of the road was to be blasted.

There was only sufficient powder used for the required depth, and the hole was usually bored by hand drills or a boring ratchet machine. My father has even used a hammer and chisel. The success of the operation depended on the skill and judgement of the miner which came only by experience.

The secret of 'coal getting' I am told was keeping the rock cropped as near as possible to thc coalface. Many who neglected to do this were in trouble when their output of coal dropped.

Where Nicholas worked, in the drift mine, they fired their own holes, there was no shot man. To fire the hole a cap and fuse were used with powder. A length of fuse was ignited to allow the men time to make a getaway. Sometimes there was a delay before the powder exploded. A long delay was regarded as failure and so would invite inspection. Many men have been killed, blinded or sustained other terrible injuries in this way.

Shots were fired in deep mines by electrically-operated batteries which proved much safer.

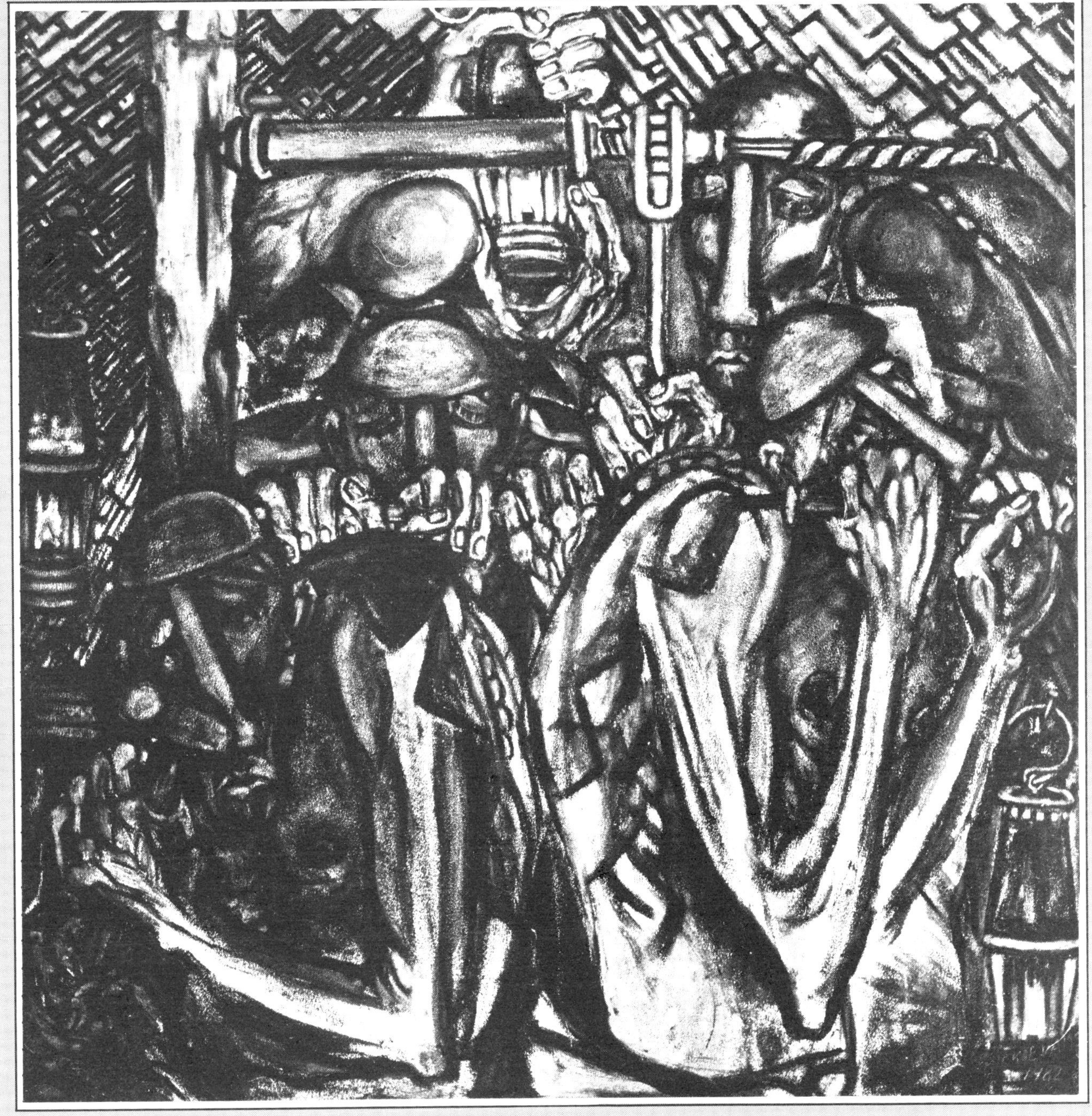

Riparwyr

Mae 'dan ddaear' yn fyd ar wahân. Gall fod yn ddiddorol i ymweld ag ef, ond dim ond math arbennig all ddygymod â gweithio yno am amser. Yn ystod streic rhoddir rhybuddion ynglŷn â rhai pyllau'n colli ffasys. Wrth gwrs mae'r dynion yn deall y neges yn llawn.

Nid mater syml o suddo pwll a chael at y wythïen lo ydyw ond mae'n rhaid cadw milltiroedd o hewlydd ar agor dan yr amodau gwaethaf. Pan fydd hewl wedi'i hagor, bydd rhaid ei chynnal—nid dim ond ar gyfer cludo ond fel llwybr awyr a dŵr.

Cyrhaeddir y glo, ond mae'r gallu i'w gloddio'n dibynnu ar wybodaeth byddin fach o ddynion ym mhob pwll a adwaenir fel Riparwyr. Mae'n rhaid cadw'r hewl a'r llinellau bywyd ar agor. Dyma'u cyfrifoldeb hwy.

Mae'r hewlydd yn symud yn gyson gyda phwysedd oddi uchod, oddi tanodd ac o'r ochrau. Gyda mynydd o rwbel a chynnyrch bob dydd yn cael ei dynnu allan gallai'r holl le ddymchwel arno'i hun.

Gall y rhan fwyaf o lowyr wneud peth gwaith trwsio, mae disgwyl iddynt wneud hynny, a chânt eu talu amdano. Mae'r riparwyr eu hunain ar alwad drwy'r amser rownd y cloc, dros y Sul ac adeg gwyliau, i unrhyw ran o'r pwll lle gall argyfwng godi, neu lle mae angen eu gwasanaeth.

Repairers

Underground is a world of its own. It may be interesting to make a visit, but to work there for a time suits only a certain type. During a strike there are warnings given regarding some pits losing coal faces. Of course the men fully understand the message.

It is not only sinking a pit and getting at the coal seam but miles of roadway must be kept open under the worst conditions. When a road has been made it has to be maintained—not simply for transportation but as an airway and waterway.

The coal is reached, but the ability to obtain it depends on the know-how of a small army of men in every pit known as Repairers. The roadway and the life-lines must be kept open. This is their responsibility.

The roadways are continually on the move with pressure from above, below and sides. With the mountain of debris and each day's production being extracted the whole place could collapse on itself.

Most miners can do some repair work, it is expected of them, and they are paid for it. The actual repairmen are continually on call around the clock, at weekends and holiday time, from any part of the pit when an emergency arises, or where their services are needed.

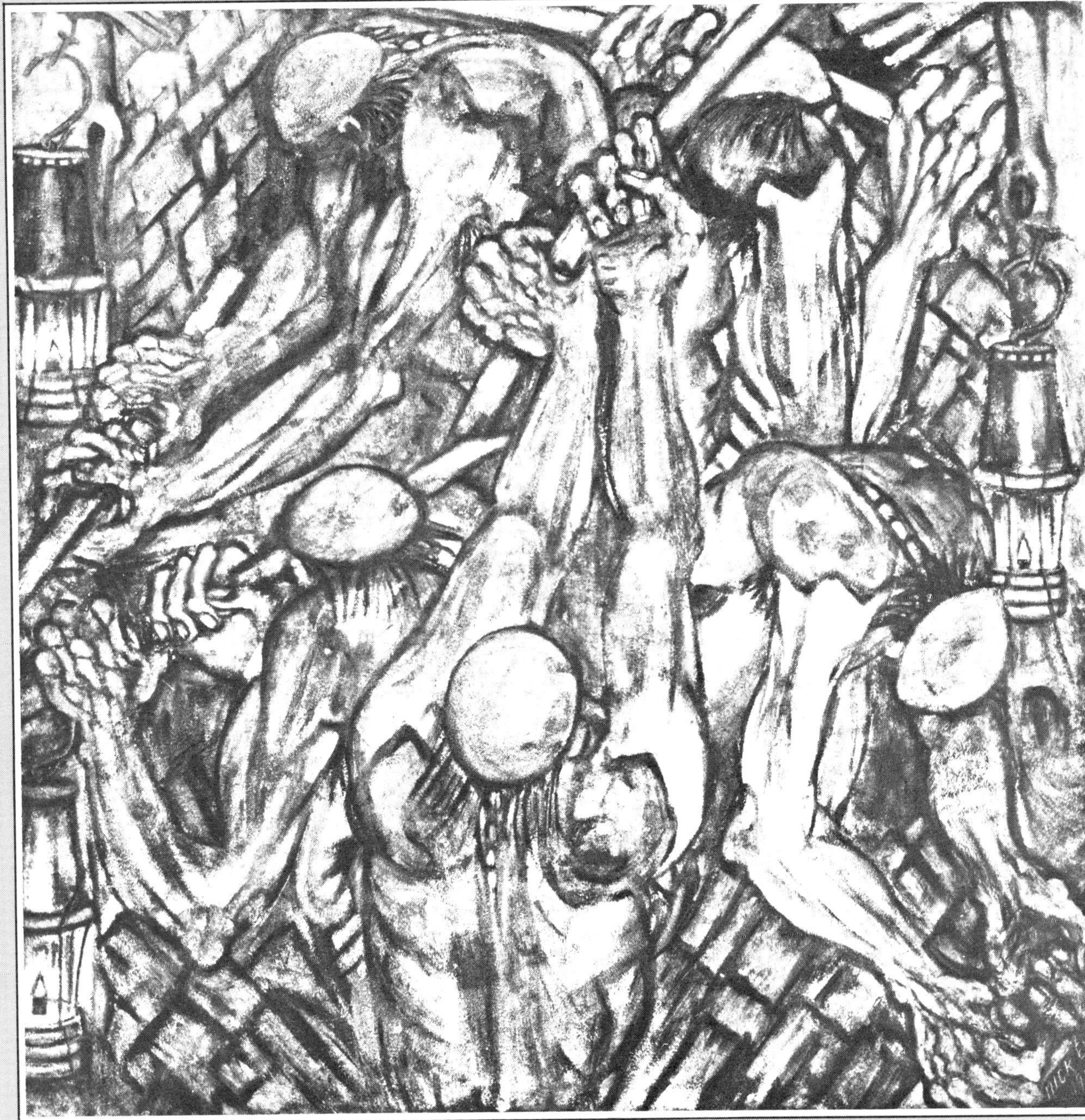

Clawstroffobia

Mae popeth yng Nghymru yn tueddu i ymddangos yn glawstroffobig, yn arbennig yng nghymoedd De Cymru lle rwyf i'n byw. Mae'r mynyddoedd a'r bryniau'n ffurfio sianel ar gyfer tai, trafnidiaeth a diwydiant, ond maent yn agored i'r awyr.

Mae'r ffaith iddo gael ei godi yn y fath amgylchedd cyfyng yn sicr yn dylanwadu ar luniau fy nhad—galwodd rhywun hwy'n glawstroffobig, ond yn atgynhyrchiad cywir, gan nad oes fyth fawr o le o dan ddaear.

Efallai y gall darluniau Nicholas Evans ymddangos yn glawstroffobig i rai. Mae popeth sy'n gysylltiedig â gweithio o dan ddaear yn rhoi'r argraff hon. Mae dynion yn gadael y diwydiant am y rheswm hwn. Allan nhw ddim goddef lleoedd cyfyng; ond, er mor rhyfedd y gall hynny ymddangos, mae rhai fel petai'n well ganddynt y teimlad o glawstroffobia a dychwelant i weithio'n y pwll ar ôl gadael. Rydych chi naill ai'n ei hoffi e neu dydych chi ddim. Dwy ddim yn credu mai'r amgylchiadau yw'r unig ffactor sy'n penderfynu a yw rhywun yn hoffi neu ddim yn hoffi tasg. Mae'n amlwg fod yn rhaid ystyried y cyflog. Faint yw gwerth swydd? Roedd agosatrwydd un gweithiwr at y llall mewn amgylchiadau peryglus, gan wybod y gallai unrhyw beth ddigwydd unrhyw bryd, yn meithrin cwmnïaeth dda.

Roedd gen i ewythr—glöwr, a oedd wastad yn siarad am gael gwaith "yn awyr iach a golau ddydd Duw". Cafodd waith yn adeiladu ffatrïoedd yn ystod y rhyfel. Gyda'r holl law ac eira yn y gaeaf, yr oerfel, y meistri'n anadlu ar ei war cafodd ei ddadrithio'n fuan a gadael awyr iach Duw a dychwelyd i'r pwll glo. Gyda llaw, bu fyw nes ei fod yn 90.

Claustrophobia

Everything in Wales tends to appear claustrophobic especially in the valleys of South Wales where I live. The mountains and hills form a channel for dwellings, transport and industry, but are open to the sky.

The fact that he was brought up in narrow surroundings undoubtedly influences my father's paintings—someone called them claustrophobic, but a true representation, as underground is never spacious.

Nicholas Evans' paintings may seem claustrophobic to some. Everything connected with underground working gives this impression. For this reason men may leave the industry. They cannot tolerate cramped places; although, strange as it may appear, some seem to prefer the feeling of claustrophobia and may return to work in the pit after having left. You either like it or you don't. I do not think that conditions are the only deciding factor for liking or disliking a task. Obviously the wage has to be considered. What is a job worth? The proximity of one worker to another in dangerous conditions, knowing anything could happen at any time, made for good companionship.

I had an uncle—a miner, who always spoke of possible work in "God's fresh air and daylight". He took a job building factories during the war. With much rain and snow in winter, the cold, the bosses breathing down his neck he soon became disenchanted, forsook God's fresh air and returned to the mine. Incidentaly, he lived to be 90.

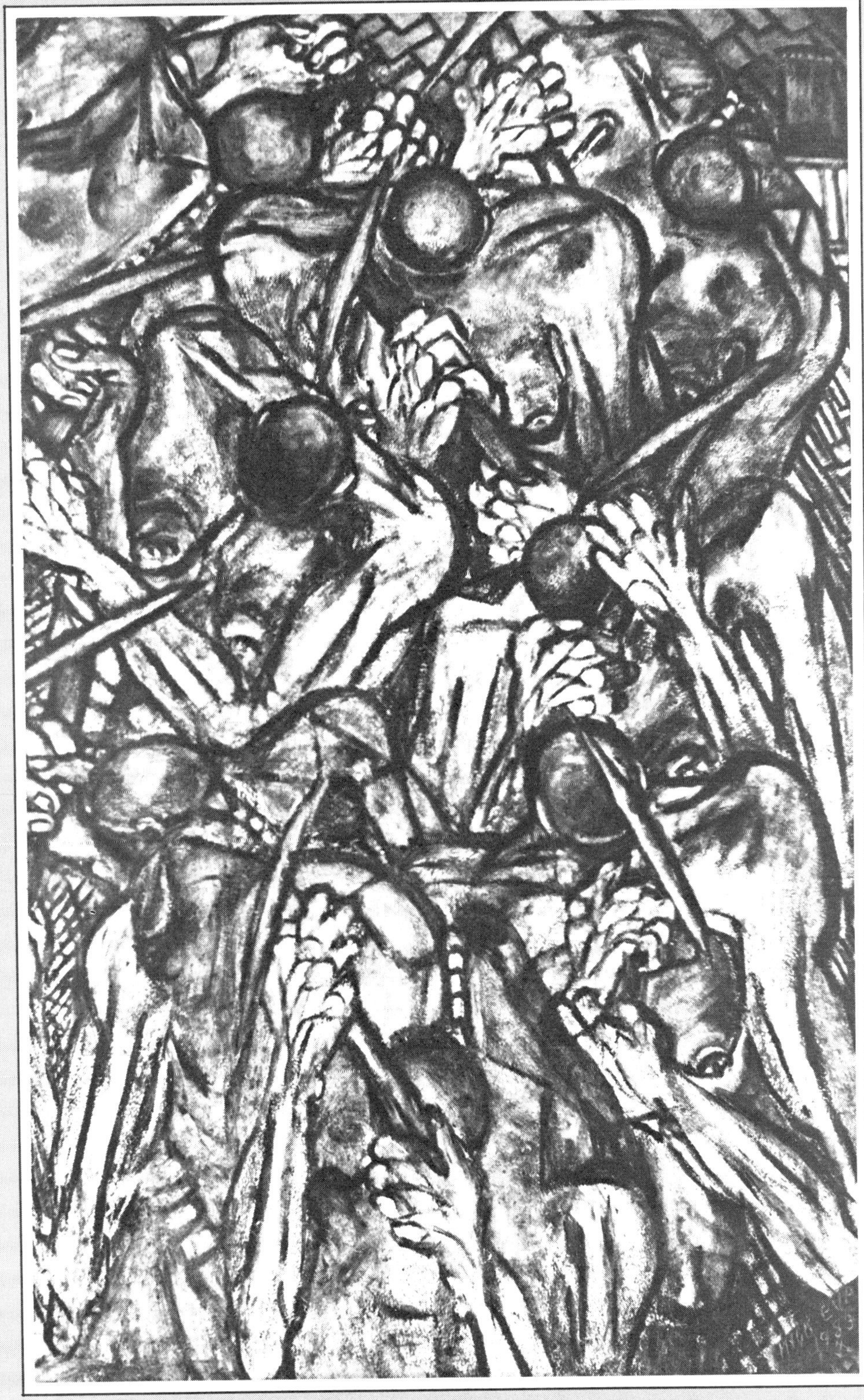

Ffas yn yr 1920au

Mae llawer o ddarluniau Nicholas Evans bron â bod yn haniaethol. Dyw e ddim wedi cynllunio hyn. Rwy'n gofyn iddo fe sut y daeth hyn i fod. Mae e'n dweud, "Rwy wedi fy synnu gymaint â thi, wnes i ddim ond cario ymlaen fel petawn i'n dwdlan, ond rwy'n hapus iawn gyda'r canlyniad". Rwy'n ei adnabod e'n dda, a'i waith, ond dim ond nawr rwy'n dechrau meddwl tybed a all dwdlan syml sydd yn esgor ar y fath luniau fod yn arwydd o'i athrylith brin.

Tybed nad yw'n brofiadol o rywbeth a oedd hefyd yn brofiad i'r hen feistri, rhywbeth y mae pawb yn anelu ato, ond ei fethu'n aml am eu bod nhw'n trïo'n rhy galed?

Hefyd, mae fel petai e'n peintio mewn parau. Mae fel petai'r darlun cyntaf yn anghyflawn heb yr ail ddarlun. Dyw e ddim yn ymwybodol iawn o hyn ar y pryd, ond o gymharu un darlun â'r llall mae'n gallu gweld perthynas rhyngddynt—rhywbeth arall eto sydd heb ei gynllunio.

Rwy'n cofio unwaith, wrth giniawa yn yr Academi Frenhinol, ei fod e'n siarad â ffrind, artist llwyddiannus, a ddywedodd wrth fy nhad gan gyfeirio at un o'i ddarluniau'i hun, "Cefais i lawer o drafferth gyda'r llun yna". Oes raid iddi bob amser fod yn anodd? Dyna pam mae cymaint o artistiaid yn syrthio ar fin y ffordd. Does dim byd gwerthfawr i'w gael heb frwydr, neu o leiaf ymdrech, ac mae hyn yn dangos y fantais sy'n dod o greu mwy nag un darlun ar y tro.

Os wyf i'n gweu neu'n gwnïo a dyw e ddim yn gweithio allan, yn lle'i daflu drwy'r ffenestr rwy'n ei roi i gadw mewn drôr am rai dyddiau. Pan yw fy meddwl i wedi cael gorffwys rwy'n dychwelyd ato ac yn ffeindio bod fy mhroblem wedi'i datrys.

Coalface 1920s

Many of Nicholas Evans' paintings are almost abstract. This he has not planned. I ask him how he came to arrive at such a result. He says, "I am as much surprised as you, I just carried on as if I were doodling but I am very pleased with the result". I am well acquainted with him, and his work, but it is only now I am beginning to wonder if mere doodling resulting in such paintings can be an indication of his rare genius.

Can it be that he strikes a note which was the experience of the old masters, which all seek to achieve, but is often eluded because they try too hard?

Then again, he seems to paint in pairs. It is as if the first painting is incomplete without the second picture. He is not very much aware of this at the time but in comparing one picture with another he can see the relationship. This again is unplanned.

I remember once whilst lunching at the Royal Academy he spoke to a friend, a successful artist, who told my father, referring to certain of his own works, "I had a great deal of difficulty with that picture". Need it always be a struggle? That is why so many artists fall by the wayside. There is nothing worth while without a struggle, or at least effort, and this shows the advantage of creating more than one picture at a time.

If I knit or sew and it does not work out, instead of throwing it through the window I put it away in a drawer for a few days. When in a refreshed frame of mind I return to it and find my problem solved.

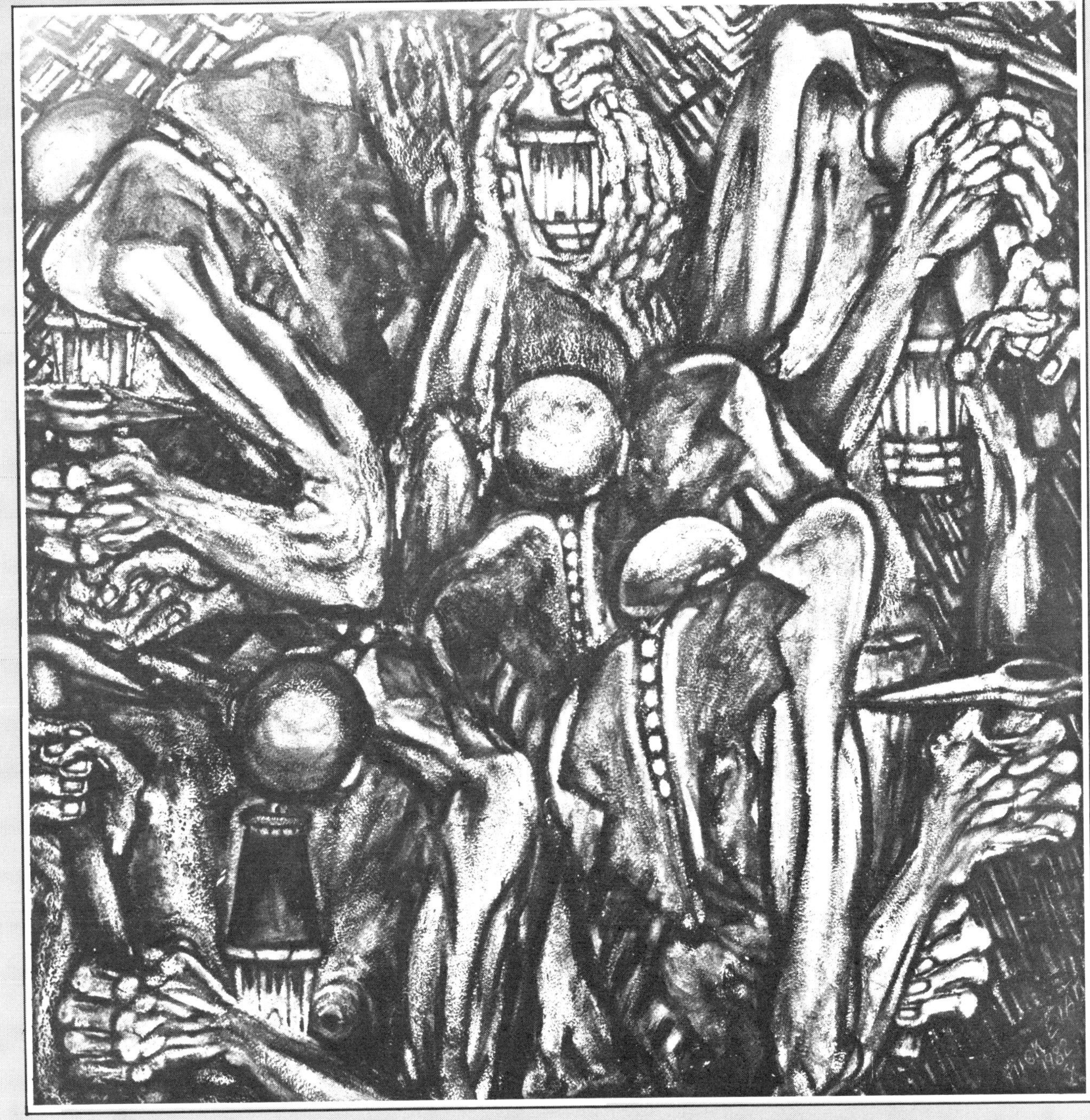

Help Llaw

Roedd y glöwr bob amser yn barod i roi help llaw pan oedd fy nhad yn gweithio dan ddaear ac rwy'n credu'i bod hi'n dal yr un fath ar ôl 50 mlynedd. Câi'r help hwn ei roi heb orfod gofyn amdano. Mewn unrhyw ddiwydiant arall disgwylir i bopeth redeg yn rhwydd, ond ni ellir rhedeg gwaith dan ddaear yn union yn yr un modd. Mae bod glofa'n rhedeg yn esmwyth yn dibynnu ar ewyllys da pob gweithiwr. Mae hyn yn fwy llwyddiannus na goruchwyliaeth law-drom oddi fry, gan ddynion sydd heb fod yn gwybod llawer am yr ochr ymarferol, pan fo pethau'n mynd o le.

Cyfrinach rheolaeth dda a chynhyrchu glo yw peidio ag ymyrryd pan fo popeth yn mynd yn iawn. Dyw brêd aur ddim o unrhyw werth yng nghrombil y ddaear, yr hyn sydd bwysicach yw cael help llaw pan fo'i angen.

Yn y darlun mae'n ymddangos yn beth rhyfedd fod y ceffyl ar bwys y glowyr yn segur tra'u bod hwy yn brwydro'n galed i wthio dram llawn o lo. Mae'n edrych fel petai'r arlunydd wedi colli'i ffordd; ond weithiau byddai'r ceffylau'n cael eu cau i mewn ar ochr anghywir y ddram a dyma beth mae'r dynion yn ceisio'i osgoi yn yr hewlydd cul.

Pryd bynnag y ceid cwymp yn y ffas, âi'r alwad allan, "Odi pawb yn iawn 'na?" Dyna sut gymdeithas oedd yno.

A Helping Hand

The miner was always ready to give a helping hand in my father's working days underground, and I believe it to be the same after 50 years. This help was always given without having to ask. In any other industry everything is expected to run like clockwork but underground working cannot be run in quite the same way. The smooth-working of a colliery depends on the goodwill of each worker. This is more successful than top-heavy supervision by men who know little of the practical side when things go wrong.

The secret of good management and coal production is not to interfere when all is going well. Gold braid is of no use in the depth of the earth, more important is the helping hand in time of need.

In the picture it seems strange that the horse near the miners is idle while they struggle desperately to push a loaded dram of coal. It appears as though the artist has lost his way; but sometimes the horses would be hemmed-in on the wrong side of the dram and this is what the men are seeking to avoid in the narrow roads.

Whenever there was a fall in the coalface the call went out, "Is everyone alright there?" Such was the camaraderie.

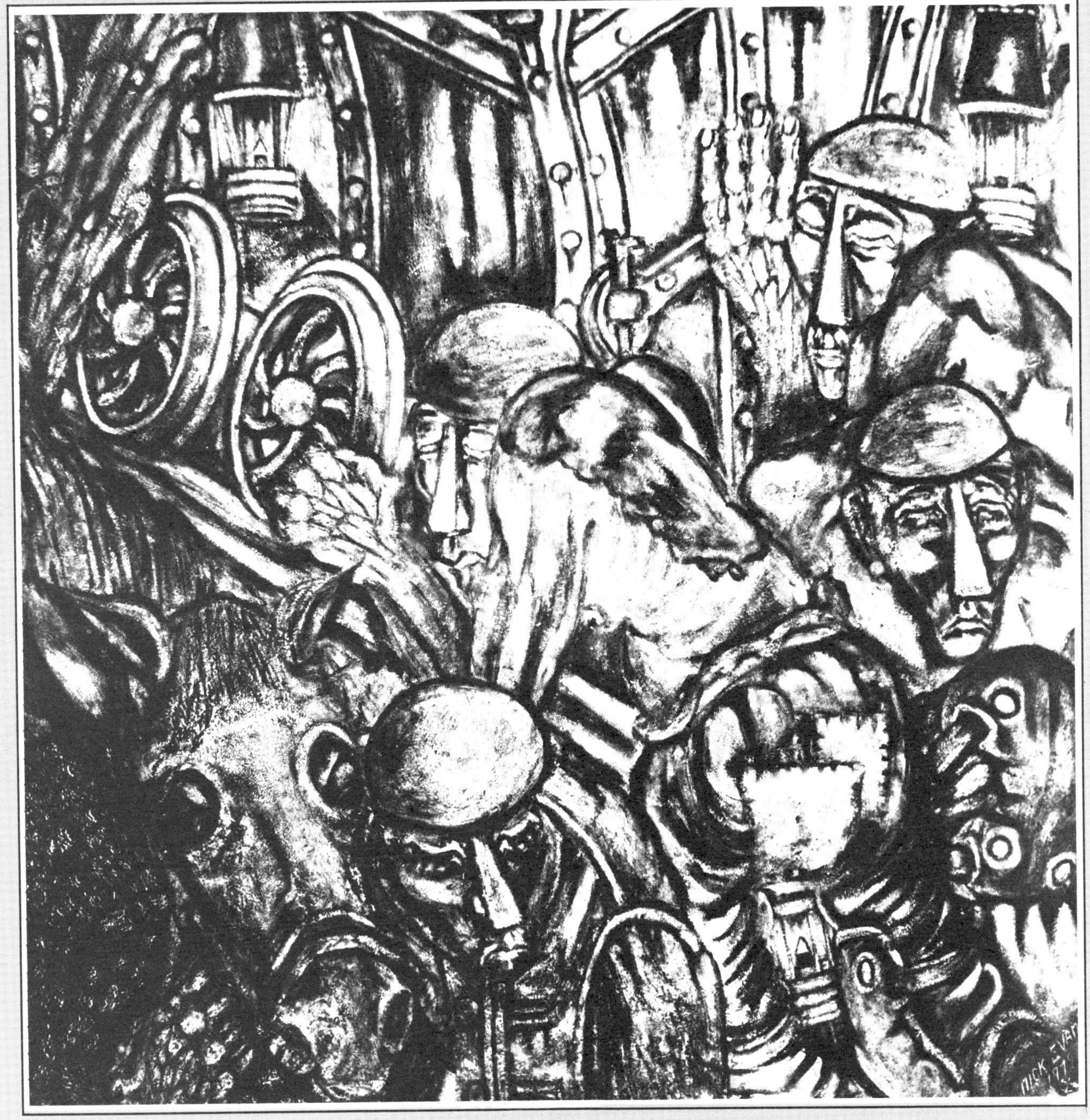

Diffyg Cyfleusterau Elfennol

Heb amheuaeth, bydd darllenwyr sensitif yn fodlon esgusodi'r canlynol. Rwy'n ystyried bod yn rhaid ei gynnwys er mwyn cael cofnod ohono ac i fodloni'r rhai sydd â thrwyn hir.

Droeon fe ddangosodd pobl eu chwilfrydedd am y ffaith nad oedd tai bach i gael o dan ddaear, a'r peryglon i iechyd oedd yn gysylltiedig â bod ddydd ar ôl dydd heb dai bach.

Roedd rhai dynion yn ymwybodol o'r perygl ac yn claddu'r carthion yn y gob. Roeddynt yn drefnus hyd yn oed wrth gael gwared o sbwriel, ac roedd hyn yn rhan o fod yn löwr da. Roeddynt yn ymddwyn fel petai'r pwll cyfan yn dibynnu arnyn nhw, ac yn wir, yr oedd. Dylai pob glöwr ystyried y gallai ef fod yn ddolen wan yn y gadwyn.

Roedd y broblem hon yn un y dylai pob dyn ddelio â hi er mantais iddo'i hun a'i gydweithwyr. Nid problem i'r rheolwyr yw hi, ond un o synnwyr cyffredin a thegwch. Roedd yno hefyd dail merlod. Gwnaeth un ceffyl hi'n arfer rheolaidd i wneud ei fusnes wrth ochr man gwaith un dyn arbennig wrth iddo newid dramiau. Sylwodd y glowyr eraill ar hyn a daeth yn jôc. Fe wnaethon nhw'i sicrhau bod hyn yn arwydd o lwc fawr. Roedd yn rhaid iddynt greu eu hwyl eu hunain hyd yn oed os oedd e'n ymylu ar fod yn gwrs.

Lack of Basic Facilities

No doubt sensitive readers will excuse the following. I consider its inclusion necessary for the record and to appease the inquisitive.

People have often been curious about the non-existence of underground toilets and the related health hazards, day after day and having no sanitation.

Some men knew of the dangers and would bury any waste in the gob. They were methodical even to the disposal of their rubbish, this contributed to being a good miner. They conducted themselves as though the entire mine depended upon them, and indeed it did. It should occur to every miner that he could be a weak link in the chain.

This problem was one with which every man should deal to the advantage of himself and his workmates. It is not a problem for management, but one of common sense and decency. There was also the waste from the ponies. One horse made a regular habit of relieving himself alongside the workplace of one particular man as he was changing drams. This was noticed by his fellow miners and became a joke. They assured him that it was an omen of immense luck. They had to make their own fun even if it bordered on coarseness.

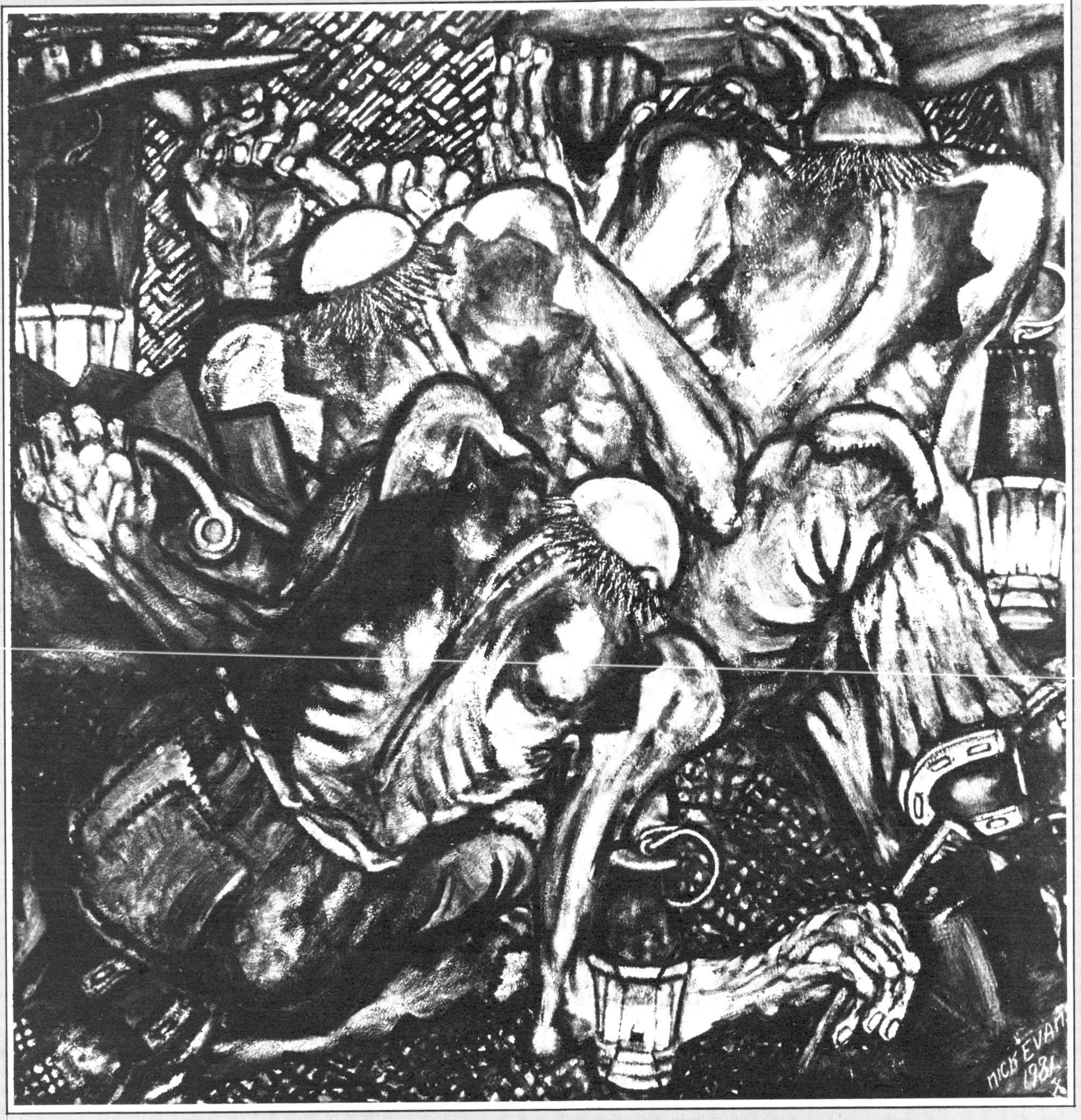
NICK EVAN
1981

Rhannu Cinio a Chyfrinachau

Pan oedd y ddram wedi'i llanw a'r glowyr yn disgwyl am yr halier byddai fel arfer yn amser am bryd a sgwrs.

Mae'n amhosibl byw neu weithio ar bwys rhywun heb ddarganfod rhywbeth amdano. Wrth gwrs dyma beth sy'n gweithio o'r ddwy ochr. Roedd y sgwrs fel arfer yn troi o gylch merched, chwaraeon, penawdau'r dydd, neu hwyliau'r dynion a'r amser o'r dydd. Os oedd y glöwr yn ddyn da byddai cyngor cadarn yn cael ei roi i'r bachgen ifanc.

Gellir cymharu deallusrwydd y glöwr cyffredin gydag unrhyw weithiwr arall. Mae natur y gwaith yn gofyn am ddynion profiadol sy'n gallu addasu'u hunain i wahanol amgylchiadau, a does dim dwywaith am eu dewrder. Byddwn yn eu gosod yn rheng flaen gweithwyr Prydain heddiw.

Mae'r diwydiant hwn yn lefelwr mawr; does dim ffugio neu wisgo mwgwd. Ychydig sy'n medru dal pwysau'r gwaith heb fradychu rhyw nam ar eu cymeriad.

Caiff llawer o ddynion barch wrth gerdded y dref am iddynt ei ennill drwy ymarfer disgyblaeth a bod yn ddioddefgar tuag at eraill.

Roedd 'na ddyn nad oedd neb yn ei barchu na hyd yn oed yn ei hoffi; roedd e'n sarrug, yn flin ac yn eithaf annymunol, ond ar un achlysur yn un o'n pyllau ni, pan gafodd cydweithiwr ei ddal o dan gwymp, fe arhosodd gydag ef heb boeni am ei ddiogelwch ei hun. Fe'i cysurodd ef a chynnal peth o'r gwaith pren pan oedd y to yn dal i 'weithio'. (Bydd glowyr yn deall hyn.)

O ganlyniad fe ddaeth yn arwr, ac o'r amser hwnnw ymlaen cafodd ei dderbyn a'i barchu, wedi ennill ei le yn y gymdeithas.

Sharing Lunch and Confidences

When the dram had been filled and the haulier was awaited it usually coincided with mealtime and a chat.

It is impossible to live or work near to someone and not discover something about him. Of course this is mutual. The conversation usually centred around women, sport, the headlines of the day, or the mood of the men and the moment of the day. If the miner was a good man sound advice would be given to the boy.

The intelligence of the average miner can compare with any other worker. The nature of the work demands men of experience and adaptability, and their bravery can never be questioned. I would rank them among the foremost British workers today.

This industry is a leveller; there is no pretence or the wearing of a mask. Few are able to bear the pressure of the work without betraying some flaw in their character.

Many men are respected as they walk the town because they have won it by the discipline they have exercised over themselves and their toleration of others.

There was a man no-one respected or even liked, he was sullen, niggardly and generally disagreeable, but on one occasion in one of our pits when a fellow workman was trapped under a fall he remained with him regardless of his own safety. He comforted him and supported some of the timber while the top was still 'working'. (Miners will understand this.)

As a result he became a hero and from that time was accepted and respected having won his place in society.

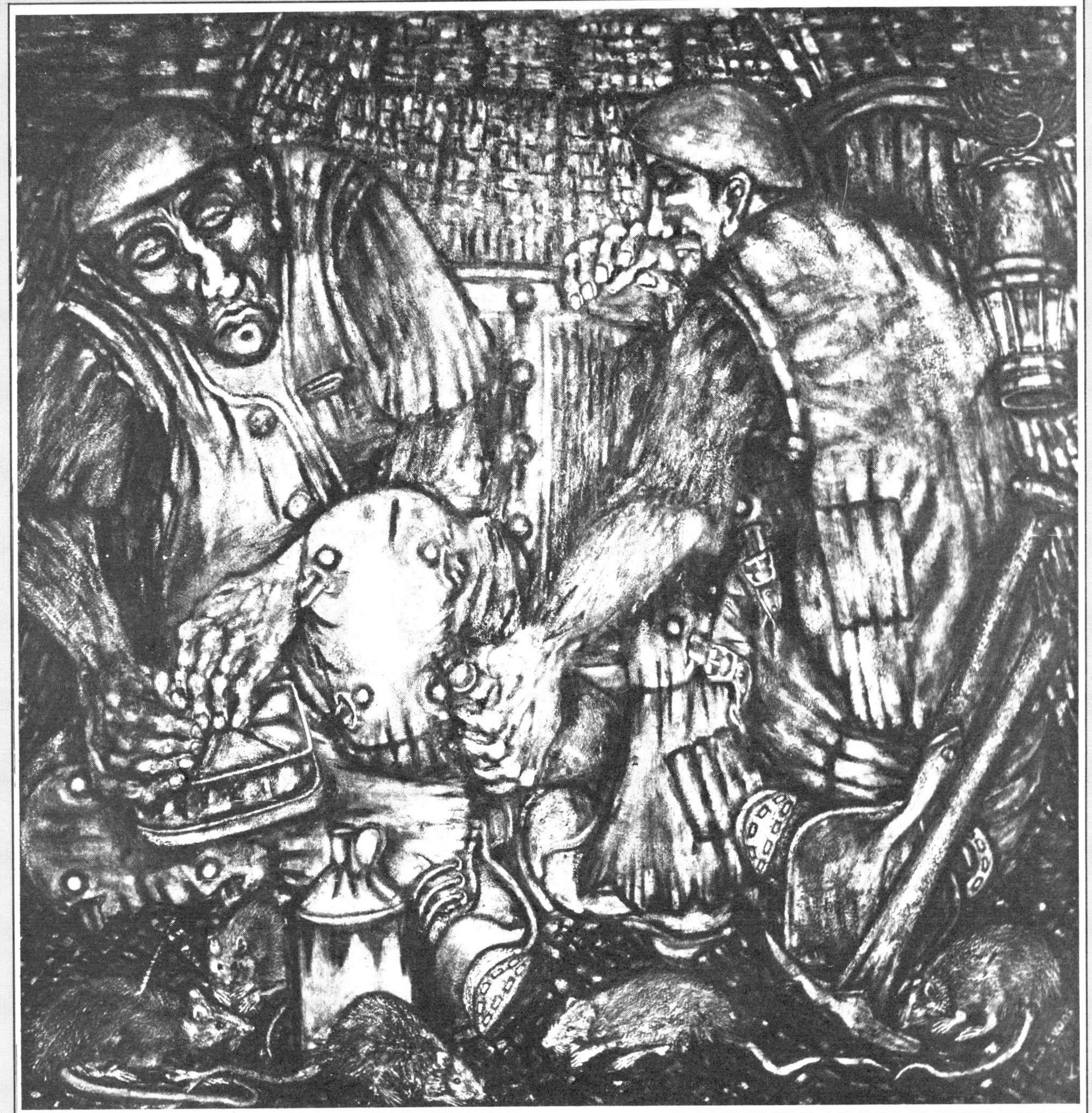

Noddfa

Yr enw a roid ar drên o ddramiau oedd 'siwrnai'. Câi'r siwrnai ei stopio ar ddechrau'r shifft i adael i'r dynion fynd i'w mannau gwaith, neu i'w gadael ar ddiwedd y dydd. Roedd lleoedd diogel o'r enw manols yn cael eu darparu ar gyfer dynion a gâi eu dal ar yr hewl fawr pan oedd y siwrnai yn gweithio.

Câi'r mannau diogel hyn eu gwyngalchu i'w gwneud yn amlwg yn y golau gwael ac roeddynt ar hyd y prif hewlydd i gyd. Doedd dim caniatâd i gadw unrhyw offer ynddyn nhw ac ni châi unrhyw rwystrau fel ceblau, pibelli awyr dan bwysedd neu bibelli dŵr fyth eu rhoi o'u blaen. Roeddynt bob amser yn glir o sbwriel.

Ar ôl mynd i mewn i'r noddfa yn y manol y peth cyntaf i'w wneud oedd gwneud eich hun mor fach ac anymwthiol ag y gallech. Roedden nhw'n pentyrru i mewn yn debyg i hadau pomgranad (fe wnes lwyddo o drwch y blewyn i osgoi'r gair 'sardîns'), pawb wedi'u pacio'n dynn, eu cotiau wedi'u dal yn dynn gan y dynion y tu mewn, dim byd yn hofran yn y llif gwynt oedd yn cael ei greu gan y siwrnai ar ei thaith. Ar ôl i'r siwrnai daranu heibio roedd yna saib am rai eiliadau nes i raff y gwt setlo i safle normal neu fel arall fe achosai ddamwain ofnadwy, gan hyd yn oed dorri braich neu goes, neu ladd dyn. Mae'n ymddangos fel petai yno sawl rhaff gwt ond dim ond un rhaff sydd yn neidio o gwmpas cyn ffeindio'i safle rhedeg yn y shêf uwch eu pennau.

Mae fy nhad yn cofio iddyn nhw un diwrnod, allan o chwilfrydedd, geisio gweld sawl dyn oedd wedi mynd i mewn i fanol arbennig. Wedi cyfrif roedd hi'n syndod y nifer oedd wedi cysgodi yn ei ddyfnder ar adeg o angen y diwrnod cynt. Y casgliad oedd fod cynifer o ddynion wedi osgoi perygl oherwydd bod llaw Duw yn eu cadw.

A Place of Refuge

A train of drams was called 'the journey'. The journey was stopped at the beginning of the shift to allow men to go to their place of work, or to leave at the close of the day. For men caught on the main road when the journey was working safety places were provided called manholes.

These places of refuge were white-washed to make them clearly recognisable in the bad light and were all along the main roads. No tools were allowed to be kept in them and no obstruction such as cables, compressed air or water pipes were ever placed at the entrance. They were always clear of rubbish.

On entering the manhole refuge the first thing was to make oneself as small and unobtrusive as possible. They crowded in and were like pomegranate seeds (I narrowly avoided the word 'sardines'), all packed together, coats held tightly by the men inside, nothing floating in the air flow created by the travelling journey. After the journey had thundered on its way there was a few seconds' pause for the tail rope to settle in a normal position otherwise it could cause a dreadful accident even to severing a limb or killing a man. The tail rope appears to be several but is in fact the one rope lashing about before finding its running position in the sheave above their heads.

My father remembers, one day, they tried out of curiosity to ascertain how many men had entered a certain manhole. At the count it was amazing the number who had sheltered in its depths in time of need on the previous day. The conclusion was that so many men had escaped danger due to the preserving hand of God.

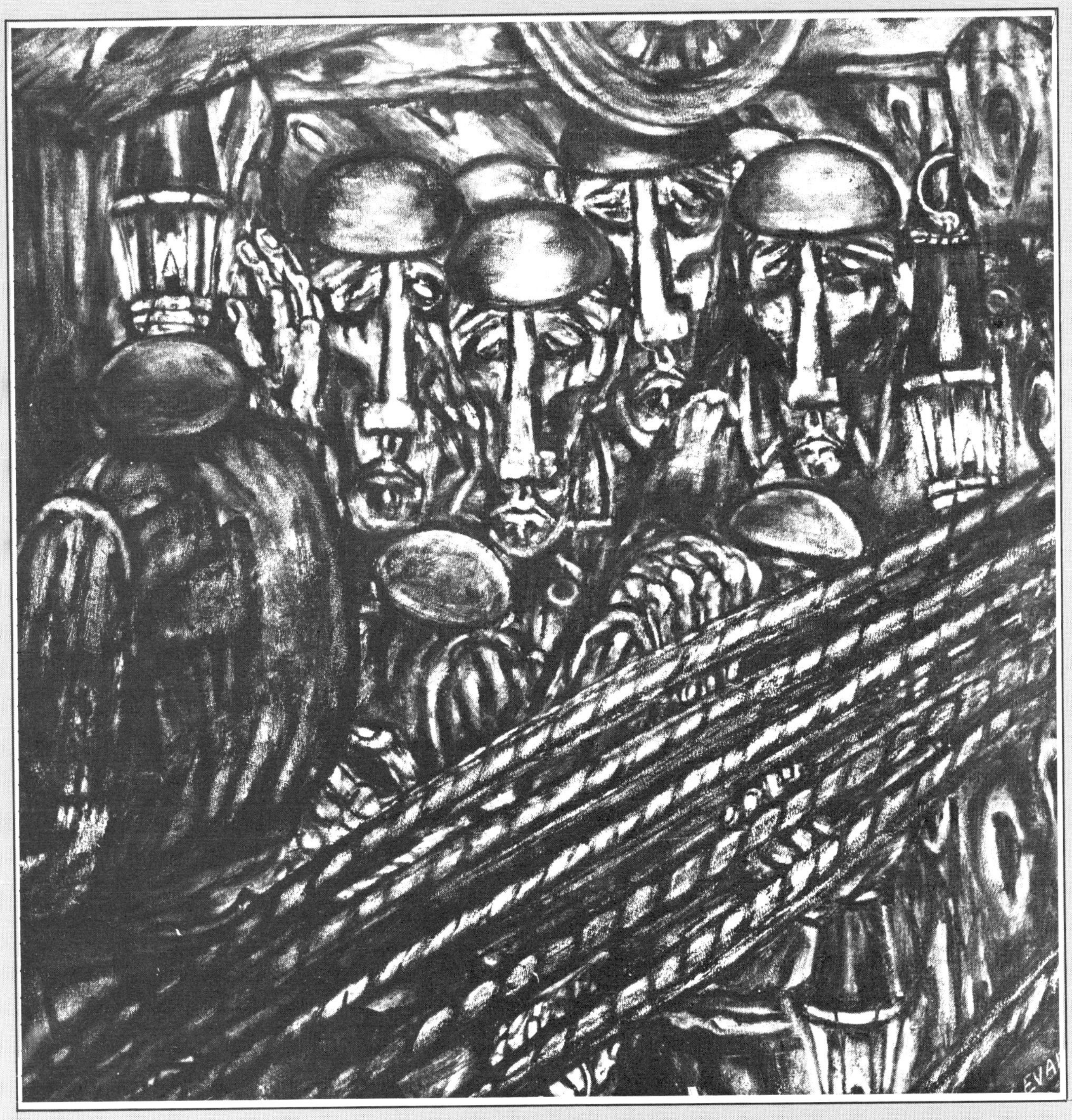

Y Graith Las

Roedd yr hen lowyr yn falch o'u marciau glas. Gweithiai fy nhad mewn siop farbwr fel woblwr. Pan oedd yn ifanc iawn. Roedd hi'n syndod, meddai wrthyf, faint o ddynion oedd â chreithiau glas. Mae'n debyg nad oedd neb yn meddwl glanhau'r clwyf yn iawn. Roedd rhai wedi'u creithio mor wael, nes ei fod e'n arfer meddwl, yn yr oedran tyner hwnnw, mai nhw oedd y bois garw.

Pan oedd glöwr wedi ymgolli yn ei waith byddai chwys a gwaed yn ymgymysgu. Yn aml ni fyddai'n sylweddoli maint ei glwyfau.

Pan oedd fy nhad yn fachgen bach cofiai ddynion a oedd wedi'u creithio'n ddrwg gan danau dan ddaear, rhai yn ddall ac yn gwisgo sbectol dywyll, a'u hwynebau wedi'u creithio gan lo; golygfa dorcalonnus ac un a oedd yn dychryn plant.

Mae'n siŵr fod dyfodiad helmed ddiogelwch y glöwr wedi lleihau'n sylweddol nifer y damweiniau difrifol i'r pen.

Ymddengys bod y glöwr modern yn poeni am ei ymddangosiad, a da o beth yw hynny. Mae'n mynd i'r gwaith mewn dillad glân ac yn dychwelyd ar ôl cael bath—ac yn ei gar, nid yn cerdded y mynyddoedd fel ei ragflaenwyr.

The Blue Scar

The old miners were proud of their blue marks. My father worked in a barber's shop as a lather boy when very young. It was surprising, he tells me, how many men had blue scars. It seems there was no thought of cleaning out the wound properly. Some were so badly scarred, at that young age he used to think that they must have been the tough guys.

When a miner was engrossed in his work perspiration and blood mingled. He often did not realise the extent of his injuries.

When my father was a small boy he remembers men who were badly scarred by underground fires, some were blind, wearing dark glasses, and their faces were pitted with coal; a heartbreaking sight and one that frightened children.

Undoubtedly the arrival of the miner's safety helmet has greatly minimised the number of serious head injuries.

The modern miner seems to care for his appearance, and rightly so. He goes to work in clean clothes and returns after having bathed—and in his car, not trudging the mountains as his predecessors used to do.

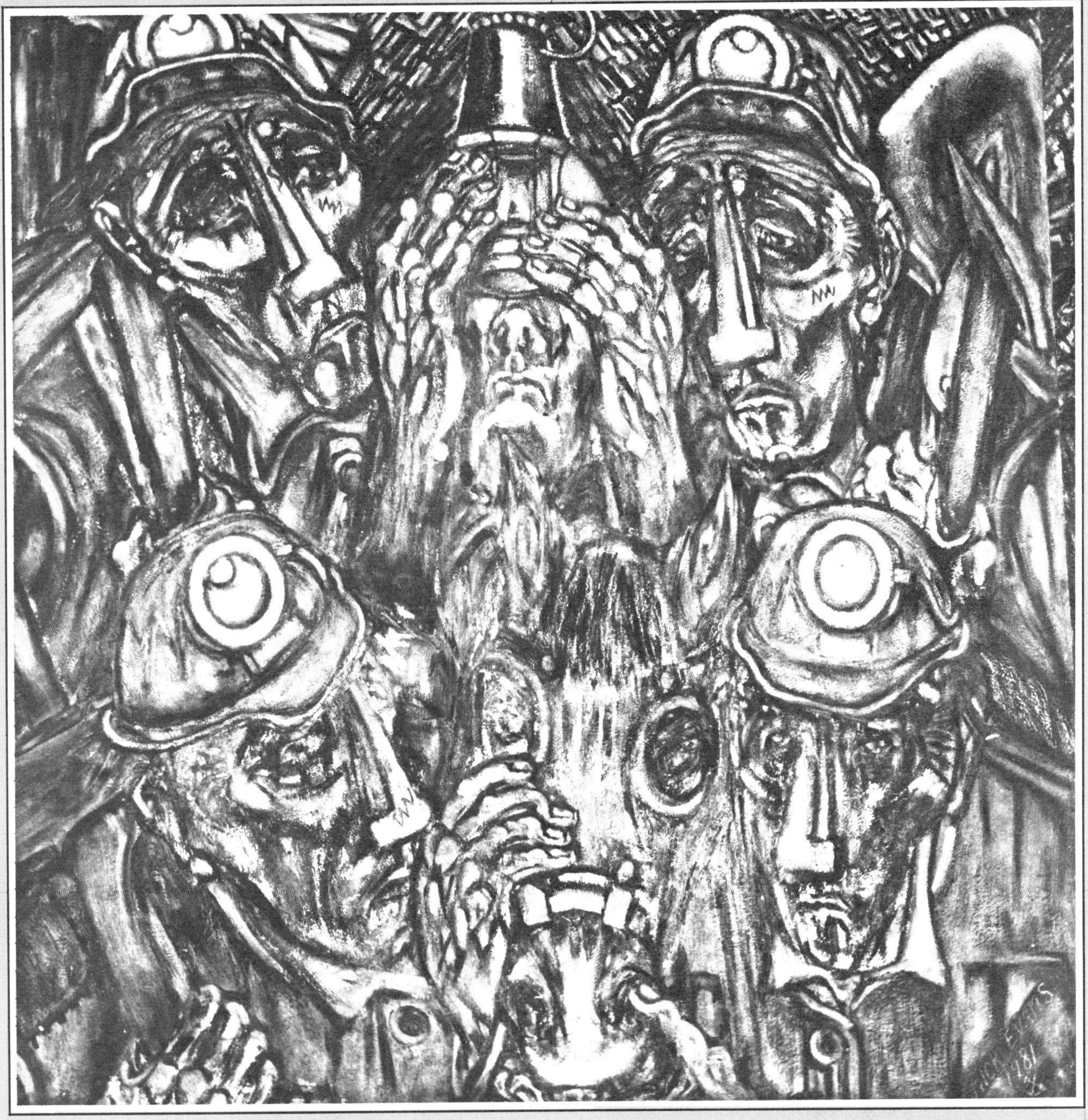

Y Bocs Cwrlo

Byddai cynorthwy-ydd y colier yn teithio i fyny ac i lawr y ffas gyda sgŵp fawr, sef y bocs cwrlo. Câi'r bocs cwrlo'i ddefnyddio i gario'r glo o'r ffas i'r ddram. Mewn rhai rhannau o Brydain câi dram ei galw yn 'dwb' neu 'tram'.

Câi'r bocsys cwrlo hyn o ddur eu llanw â llaw. Doedd rhaw ddim yn cael ei chaniatáu oherwydd wrth lanw â llaw roedd modd dewis y glo i fesur, ac felly wncud i ffwrdd â llanw'r glo allan â cherrig. Wedyn byddai'r glo mân i gyd a'r cerrig yn cael ei rofio i'r lle a elwid yn "gob" neu'n "wast".

Roedd bocsys cwrlo rhai dynion o'r maint mwyaf posib, ond câi mwy nag un bocs cwrlo'i ddefnyddio. Weithiau byddai'r glöwr ei hun yn llanw'r bocsys os oedd y glo wedi crynhoi, ond y cynorthwy-ydd fyddai'n gwneud y llusgo a'r gwthio—yn aml ddau focs ar y tro.

Câi'r dramiau'u cyflenwi yn ôl trefn yn fanwl. Ni fyddai'r un glöwr yn colli'i dro, gan y golygai hynny golli cyflog. Roedd colli cyflog i löwr, ar wahân i'r golled amlwg o fethu â prynu pethau, yn cael ei hystyried fel colli wyneb.

The Curling Box

The collier's helper travelled up and down the coalface with a large scoop known as a curling box. The curling box was used to transport the coal from the coalface into the dram. In some parts of Britain a dram was called a "tub" or "tram".

These steel curling boxes were filled by hand. The shovel was not permitted as by hand-filling the coal could be selected to a measure, thereby eliminating the filling-out of stones with the coal. All small coal with stones was then shovelled behind into the place called "the gob" or "waste".

The curling boxes with some men were of the largest possible size, but more than one curling box was used. Sometimes the miner himself would fill the boxes if the coal had accumulated, but the helper did the dragging and pushing—often two boxes at a time.

The drams were supplied in strict rotation. No miner would miss his turn, which would have resulted in a wage drop. To a miner, a drop in wages, apart from the obvious loss of buying power, was considered a loss of prestige.

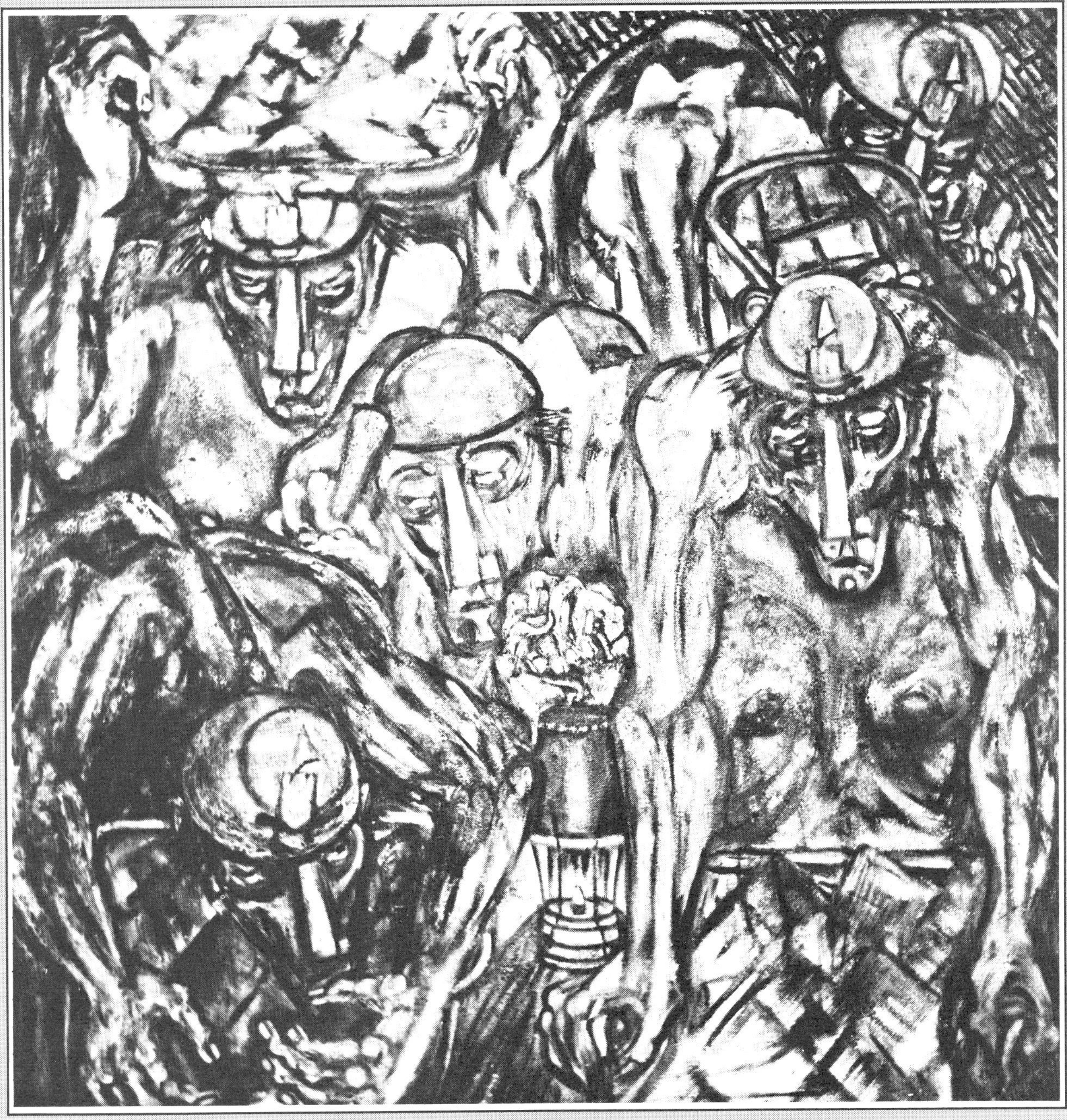

Llanw Dramiau

Roedd gofyn gonestrwydd llwyr wrth lanw dramiau. Câi cnepynnau ȯ lo eu cadw i un ochr a'u defnyddio i orffen y ddram. Byddai rhai crots yn defnyddio'r cnepynnau hyn i bontio tu mewn i'r ddram. Nid golwg y ddram oedd yn bwysig, ond beth oedd ynddi. Y pwyswr ar yr wyneb oedd â'r gair olaf.

Roedd yno ddau bwyswr; byddai un yn pwyso ar ran y rheolwyr a'r llall ar ran y glöwr. Roedd yn rhaid i'w llyfrau nhw gytuno.

Pan oedd y ddram yn llawn câi'r cnepynnau'u defnyddio fel wal yn union ar yr ymyl. Byddai'r wal o lo ar ddram lawn tua dwy droedfedd o uchder a phwysai tuag i mewn. Yn y ffordd hon byddai'r glöwr yn ennill llwyth dram bob dwy neu dair dram.

Ni châi'r dyn ei dalu am lo mân; byddai hwnnw'n disgyn drwy ridyll ar ben y pwll yn ystod y pwyso er budd i'r rheolwr. Dim ond am y glo oedd o'r maint angenrheidiol y câi ef ei dalu.

Wrth iddo weithio byddai'r glöwr yn taflu'r glo mân i'r wast y tu ôl iddo. Gallai hyn achosi tanau gob a fyddai'n llosgi am flynyddoedd mewn rhai pyllau. Yr unig ffordd i atal y llosgi estynedig hwn oedd drwy ei selio i ffwrdd.

Dram Filling

The filling of the drams required perfect honesty. Lumps of coal were put on the side and kept for finishing off the dram. Some lads would use these lumps for bridging the interior of the dram. It was not the appearance of the dram which mattered, but what it contained. The check weighers on the surface had the last word.

There were two check weighers; one weighed on behalf of management, and the other for the miner. Their book-keeping had to correspond.

When the dram was filled the lumps were used as a wall right on the rim. The wall of coal on a full dram would be about two feet high leaning towards the inside. In this way the miner would gain a dram load in every two or three drams.

The man was not paid for small coal, this fell through a grid at the mine top during weighing to the benefit of management, he was only paid for coal up to the required size.

As he worked the miner threw the small coal into the waste behind him. This could cause gob fires which would burn for years in some pits. The only way to prevent this prolonged burning was to seal them off.

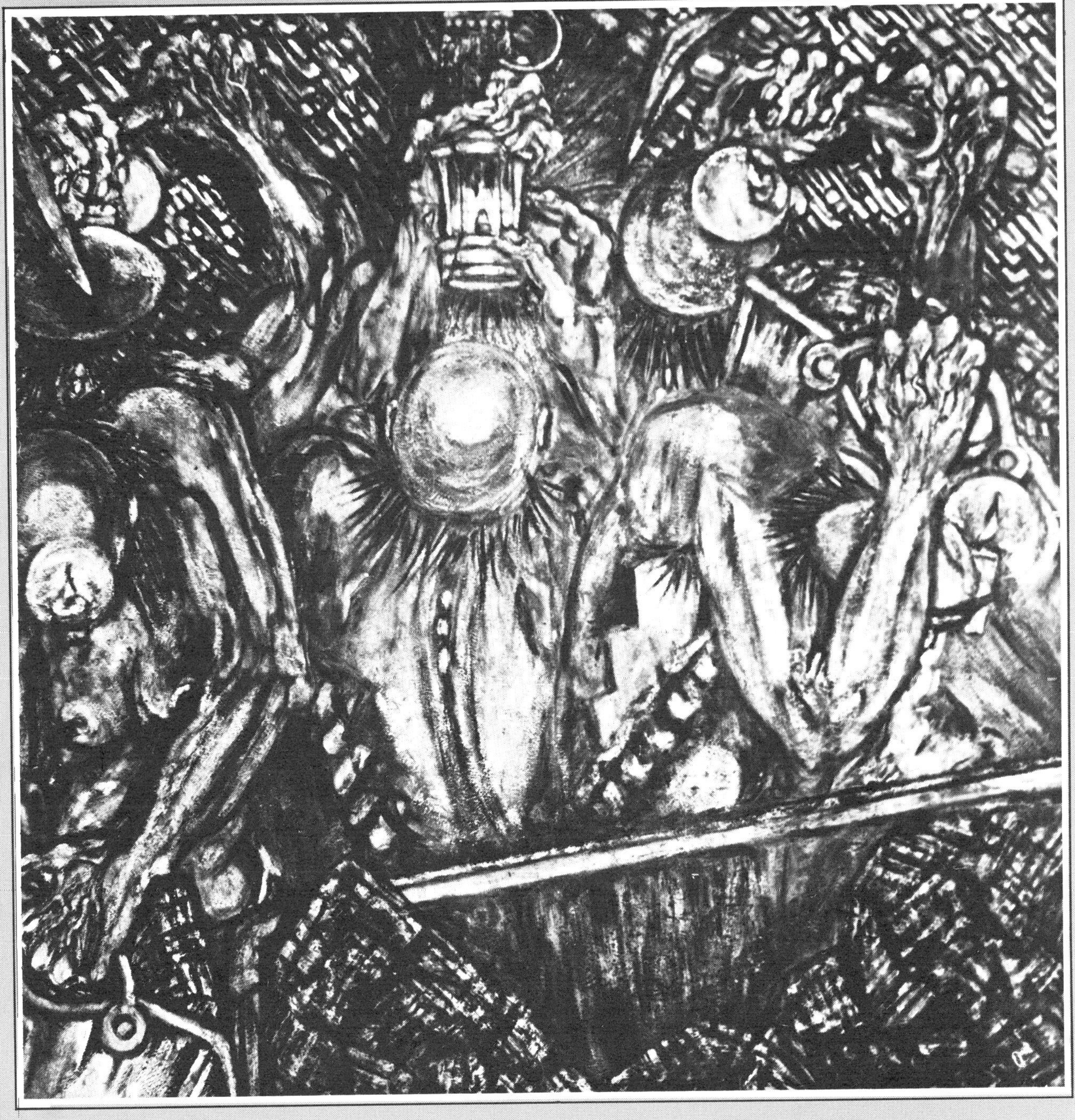

Amser Bwyd

Byddai dynion a cheffylau'n bwyta'u pryd gyda'i gilydd, mor agos ag oedd modd at yr un adeg bob dydd, a wastad yn yr un lle—y partin dwbwl. Roedd pawb yn edrych ymlaen at y toriad a mabwysiadwyd trefn arbennig a glynu wrthi. Pan dorrid ar hyn byddai pethau fel petaent yn mynd o chwith. Doedd dim byd tebyg i'r Ddeddf Ffatrïoedd yn bod lle mae'n rhaid i weithiwr adael ei fan gwaith amser cinio er mwyn cael hoe; doedd yno unman i fynd iddo beth bynnag.

Byddai dyn oedd yn trin ceffylau yn greulon allan o waith yn fuan. Roedd ei gymeriad yn mynd o'i flaen, o dafarn i dafarn, ac o bwll i bwll. Gyda'r ceffyl y mae fy nghydymdeimlad i i gyd. Dywedir bod gan y ceffyl hinsawdd sefydlog, bod ganddo'i fwyd a gofal meddygol, ond i mi doedd hyn ddim yn ddigon; allai hynny byth wneud iawn am golli'i ryddid, yr awel o fryniau Cymru, a chael rhedeg gyda merlod eraill. Doedden nhw ddim o dan y ddaear o ddewis a doedd ganddyn nhw ddim rheolaeth dros eu dyfodol. Addasent i'r gwaith ond roedd yn amlwg fod eu hysbryd wedi'i dorri, eu pennau'n isel a'u bod wedi colli'u hurddas.

Yn aml byddai ceffyl yn gweithio shifft ddwbwl heb orffwys. Gwyddom am geffylau'n pwyso yn erbyn y dyn am gynhaliaeth, gan ei wasgu yn erbyn yr ochr, wrth iddo (y ceffyl) gysgu ar ei draed. Fyddai'r ceffylau a âi dan ddaear byth yn gweld golau dydd eto, ac eithrio yn ystod streic hir, neu dim ond ar ddiwrnod eu marw y deuent i fyny. Does dim byd mwy bendigedig na dyn a cheffyl yn cydweithio. Roedd yno rai ceffylau nad oeddynt yn fodlon gweithio gyda rhai dynion, byddent yn anodd i'w trin drwy'r dydd, ond yr wythnos ddilynol gyda'u partner arferol byddent yn gweithio'n dda. Gallai caredigrwydd a siâr o ginio'r glöwr wneud gwyrthiau. Mae arnom ddyled fawr i deyrnas yr anifeiliaid.

Mealtime

Men and horses ate their meal together, as near as possible to the same time every day, and always in the same place—the double parting. All anticipated the break and a routine was adopted and adhered to. When this was broken things seemed to go wrong. There was no equivalent to the Factories Act where a worker has to leave his place of work lunchtime for a break; there was nowhere to go, anyway.

A man who treated a horse cruelly was soon out of a job. His character preceded him, from public house to public house, and from pit to pit. The horse has all my sympathy. It is said of the horse, he always had the same climatic conditions, his food and medical attention, but to me this was not enough; it could never compensate for his freedom, the breezes from the Welsh hills, the green grass, and running with other ponies. They were not underground by choice and had no control over their destiny. They adapted to the work but it was apparent they had a broken spirit, bowed head and loss of dignity.

Often a horse would work a double shift without rest. It is known for a horse to lean upon a man for support, squeezing him into the side, as he (the horse) would be sleeping on his feet. The horses taken down the shaft mine never saw daylight again except during a protracted strike, or only came up the day they died. There is nothing more wonderful than man and horse working in partnership. There were some horses who would not work with certain men, they would prove difficult all day, but the next week with their usual partner they worked well. Kindness and a share of the miner's lunch could work wonders. We owe the animal kingdom a great deal.

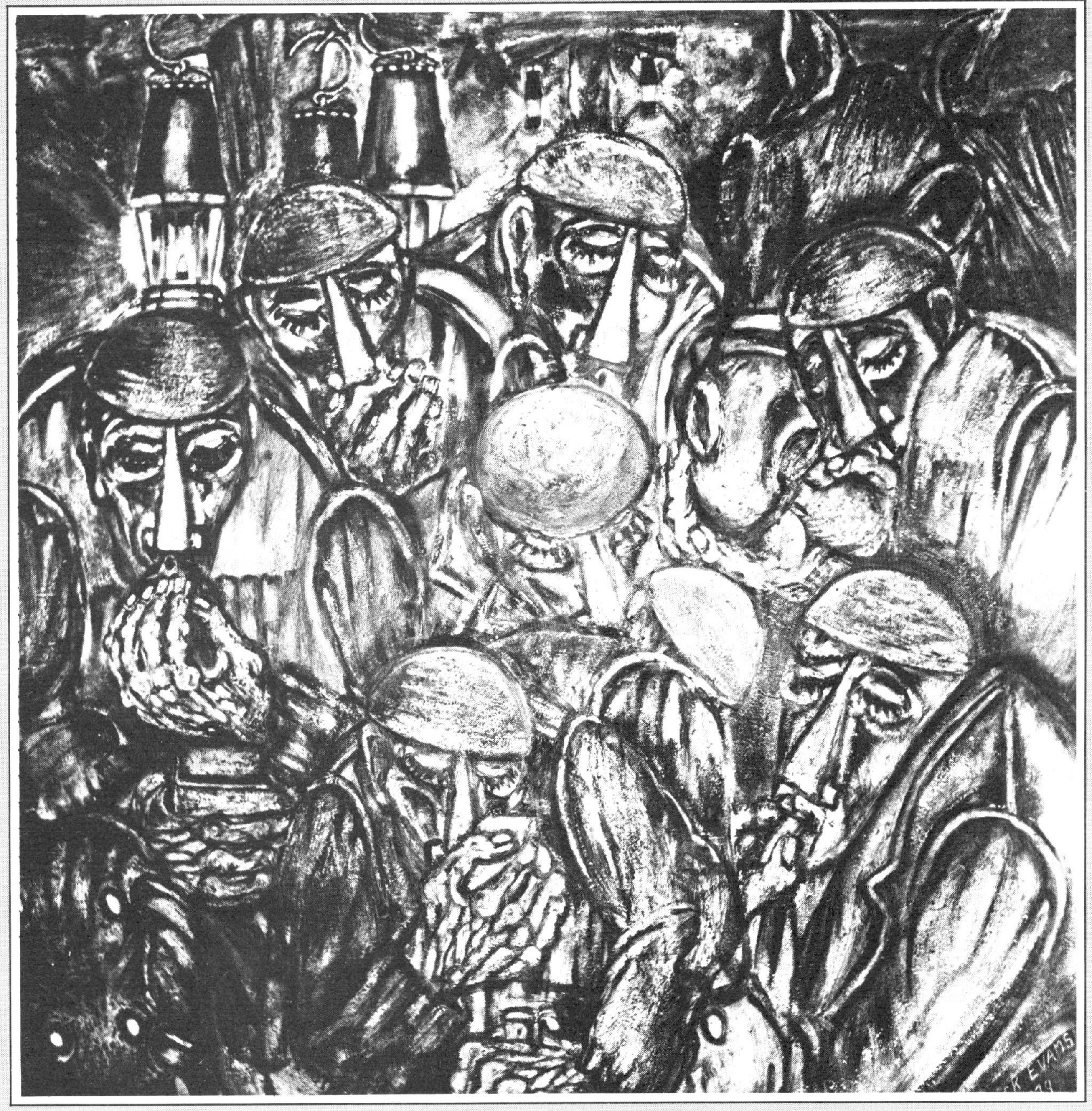

Y Twll Dŵr

Roedd y twll dŵr yn ymyl y partin dwbwl. Ni châi'r ceffylau yfed dŵr y pwll; roedd yn frwnt ac wedi'i lygru.

Roedd yn rhaid i ddŵr yfed y dynion a'r merlod fod yn ffres bob dydd; câi'i gymryd i lawr mewn barilau. Fodd bynnag, os nad oedd y pwll yn ddwfn câi'r dŵr ei gario drwy bibelli. Dyma beth fyddem ni'n ei alw'n 'ddŵr tap' ac roedd yn addas i ddynion ei yfed. Yn aml byddai rhai o'r glowyr yn llanw'u jacs yfed gyda dŵr o'r stablau.

Roedd yn amlwg fod y ceffylau'n dwlu ar y dŵr yn y twll dŵr (y faril). Roedd yn rhoi cyfle iddynt gwrdd â'i gilydd a golchi'u cegau a fyddai'n dwym ac yn sych gyda'r dwst glo. Efallai'i fod yn eu hatgoffa o ddyddiau hapusach, cyn iddynt gael eu gorfodi i'r pyllau, pan oeddynt yn rhydd i yfed o nentydd y mynydd.

Nid dim ond y glöwr druan oedd yn dioddef o silicosis a pneumoconiosis, llwch ar yr ysgyfaint. Roedd yr holl geffylau y cyfarfu'r arlunydd â hwy yn fyr eu hanadl. Mae'n cofio gweld rhywbeth tebyg i bêl ganon tua maint grawnffrwyth yn Amgueddfa Castell Cyfarthfa—roedd wedi cael ei gymryd o ysgyfaint merlyn pwll ac roedd yn cael ei arddangos gyda'r gwrthrychau eraill o'r pyllau.

Saith deg o flynyddoedd yn ôl pan oedd maes glo De Cymru'n cynhyrchu 56 miliwn tunnell o lo y flwyddyn, roedd yna 200,000 o ferlod yn y pyllau. Wrth imi ysgrifennu hyn heddiw dim ond dau sydd ar ôl—un ym mhob pen i'r maes glo—yng Nghynheidre gerllaw Llanelli, ac ym Mlaenserchan, gerllaw Pontypŵl.

The Water Hole

The water hole was near the double parting. The horses were not permitted to drink the mine water; it was dirty and polluted.

The drinking water for men and ponies had to be fresh each day; it was taken down in barrels. If, however, the mine was not deep the water was conveyed by pipes. It was what we call 'tap water', and was suitable for human consumption. Often, some of the miners would fill their drinking jacks with water from the stables.

It was obvious that the horses loved the water in the water hole (barrel). It gave them the opportunity of meeting each other and of washing out their mouths, warm and dry from coal dust. It may have reminded them of happier days, before they were press-ganged into the mines, when they were free to drink from the mountain streams.

Not only the poor miner suffered from silicosis and pneumoconiosis, dust on the lungs. All the horses the artist encountered were noticeably short of breath. In Cyfarthfa Castle Museum he recalls seeing what appeared to be a cannon ball the size of a grapefruit—it had been taken from the lung of a pit pony and was on display with other mining relics.

Seventy years ago, when the South Wales coalfield was producing a mighty 56 million tons a year, there were 20,000 pit ponies. At the time of writing there are just two left—one at each end of the coalfield—at Cynheidre, near Llanelli, and Blaenserchan, near Pontypool.

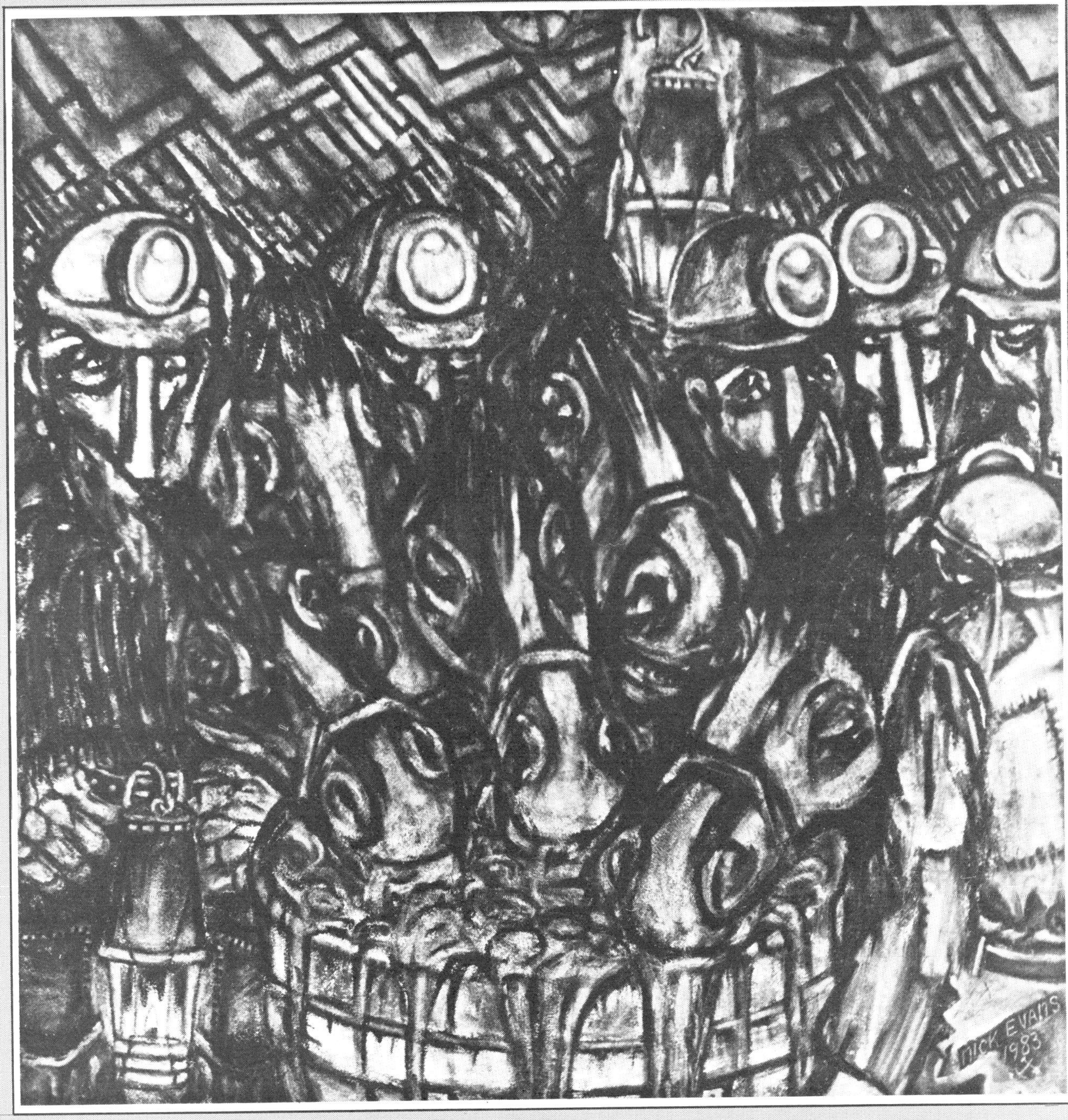
nick Evans
1983

Dydd Gŵyl Ddewi

Mae'r Cymry'n falch o'u nawddsant—Dewi.

Rai nosweithiau cyn Mawrth y 1af mae paratoadau brwd yn cael eu gwneud gartref. Yn yr hen ddyddiau byddai carpiau chwaer hŷn yn cael eu torri i lawr i wneud gwisg Gymreig, gan drïo gwneud i'r het ffitio (hon oedd yr eitem fwyaf anodd. A allen nhw gael hyd i gardbord a defnydd du addas i'w guddio?) Câi caneuon Cymraeg a Saesneg eu hymarfer ar gyfer gŵyl yr ysgol. Ceir gwyliau o'r ysgol brynhawn dydd Gŵyl Ddewi bob amser.

O'r diwedd câi'r "hen ddyn" ei ddal yn hyn i gyd. Canai gydag eraill yn y ffas rai o'r caneuon a ddysgodd yn yr ysgol, eu llygaid yn llanw â dagrau oedd yn gwneud iddynt edrych hyd yn oed yn loywach yn y gwyll.

Ar ôl dod i fyny i olau dydd ysbeiliai Wil Ebeneser ei alotment ei hun am res o gennin, un iddo'i hun a'r lleill i'w rhannu gyda'i ffrindiau—doedd yr un Ŵyl Ddewi'n gyflawn heb genhinen neu genhinen Bedr.

Yn y llun mae rhai o'r glowyr yn gwisgo cenhinen, mae gan un neu ddau genhinen Bedr. Peintiwyd y llun arbennig hwn ym mhresenoldeb criw camera teledu i ddangos techneg Nicholas Evans. Dyw hynny'n menu dim arno, a gallai beintio yn sgwâr y dref, petai raid. Mae e'n gallu cau allan bethau ymylol.

Gofynnais i Dad o ble daeth y cennin Pedr yn y llun. Dywedodd iddynt ddod i'r golwg wrth iddo ddwdlan. Lawer gwaith nid yw'n siŵr o ble daeth rhai ffigurau i'w fwrdd neu'i ganfas. Mae e'n aml fel petai'n meddwl am rywbeth, mae e'n llawn gwybodaeth am y rhan fwyaf o bynciau, ac weithiau pan fo'n peintio mae e filltiroedd i ffwrdd.

St David's Day

Welsh people are proud of their patron saint—David.

A few nights before 1st March excited preparations are in progress at home. In the old days it was the cutting down of an older sister's rags for a Welsh costume, trying to make the hat fit (this proved to be the most difficult item. Could they find suitable cardboard and black material to cover it?) Welsh and English songs were practised for the school festival. The afternoon of St David's day is always a holiday from school.

Finally the "old man" got caught up in all this. He sang in the coalface with others some of the songs he knew at school, their eyes becoming tear-filled which made them appear brighter even in the gloom.

Coming up to the daylight Will Ebenezer plundered his own allotment for a row of leeks, one for himself and the others to be shared with his friends—no St David's day was complete without a leek or daffodil.

In the picture some of the miners are wearing a leek, one or two have a daffodil. This particular picture was painted in the presence of a TV camera crew to demonstrate Nicholas Evans' technique. He is not inhibited and could paint in the Square down town, if necessary. He is able to shut out distractions.

I asked my Dad where the daffodils in the painting came from. He said they became apparent as he was doodling. Many times he is not sure where certain figures come from on his board or canvas. He is often preoccupied, is a mine of information on most subjects (no pun intended), and whilst painting is sometimes miles away.

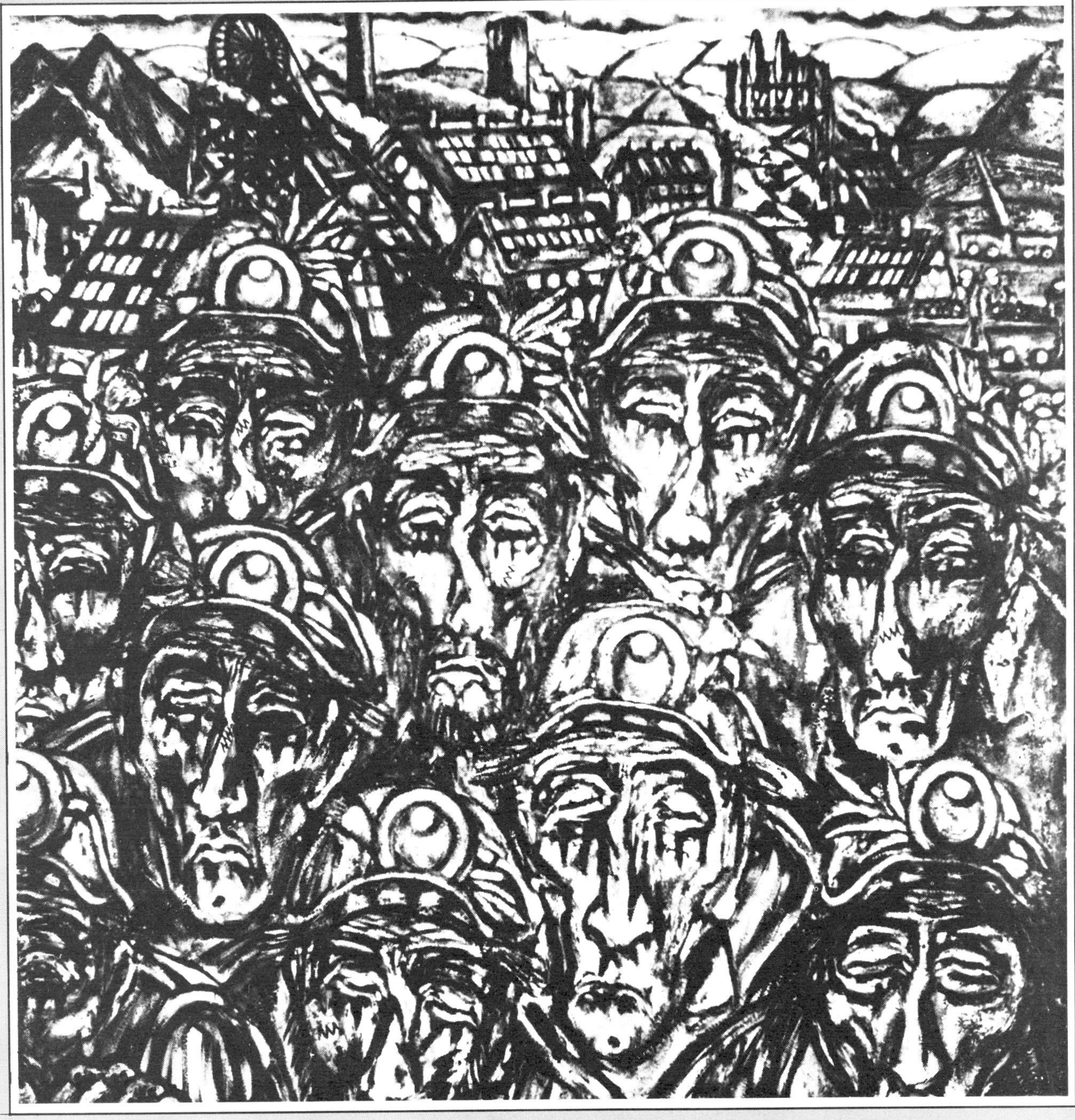

Dyna'r Arfer

Roedd cefn heb ei olchi'n nodwedd o'r glöwr Cymreig (ac nid ef yn unig) gan fod yna gred gyffredin y byddai ei olchi'n rhy aml yn ei wanhau. Câi'r gred hon ei harddel yn gadarn hyd yn oed mewn rhannau eraill o feysydd glo Prydain.

Y ffordd i ddelio â chefn brwnt oedd ei rwbio'n galed â lliain bras, gan ofalu osgoi'r briwiau a'r cleisiau. Mae fy nhad yn cofio fel y câi'r lliain ei wneud, fel arfer, o sach siwgwr oedd yn meddalu o gael ei ferwi a'i ddefnyddio'n gyson. Ar gyfer batho bydden nhw'n defnyddio sebon rhad di-bersawr. Y dywediad oedd "Os ydych chi'n dlawd fe allwch chi fod yn lân", hefyd "Glendid sy nesaf at dduwioldeb" —gosodiad dadleuol.

Un tro cafodd yr arlunydd ei geryddu'n llym mewn llythyr oddi wrth hen ŵr nad oedd yn cytuno mai yn anaml y golchai'r glowyr eu cefnau. Dywedai'r llythyr "Sut feiddiwch chi fychanu'r glowyr?" Yn rhyfedd iawn roedd y dyn wedi gweithio yn yr un pwll â nhad ac ar yr un pryd, er nad oeddynt yn adnabod ei gilydd.

Drwy gyd-ddigwyddiad, ychydig ar ôl i'r llythyr angharedig gyrraedd, roedd yna lythyr mewn papur Cenedlaethol fel petai'n ateb yr ohebiaeth a dderbyniodd fy nhad. Roedd yr erthygl bapur newydd yn dweud mai'n anfynych y byddai bechgyn y Rhondda a âi'n danwyr ar yr hen longau ager oedd yn hwylio o Gaerdydd yn golchi'u cefnau. Mae hen arferion yn gyndyn o ildio'u lle.

It Was the Custom

The unwashed back was typical of the Welsh coalminer (but not exclusive to him) as there was a widespread belief that too much washing weakened it. This idea was firmly held even in some other parts of the British coalfield.

The method of dealing with the unwashed back was to rub it hard with a coarse towel, carefully avoiding any bruises and cuts. My father remembers that the towel was usually made from a sugar sack which became softer with constant use and boiling. For bathing they used cheap, unperfumed soap. The saying was "If you are poor you can be clean", also, "Cleanliness is next to godliness" —a disputable statement.

One time the artist was badly rebuked in a letter from an old gent who did not agree that the miners infrequently washed their backs. The letter read, "How dare you put down the miners?" Strangely enough the man had worked in the same pit as my father and at the same time although they were unknown to each other.

By coincidence, a few days after the rude letter arrived there was a letter in a National newspaper as if in reply to the correspondence received by my father. This newspaper article stated that Rhondda boys who became stokers on the old steamships that sailed from Cardiff rarely washed their backs. Old habits die hard.

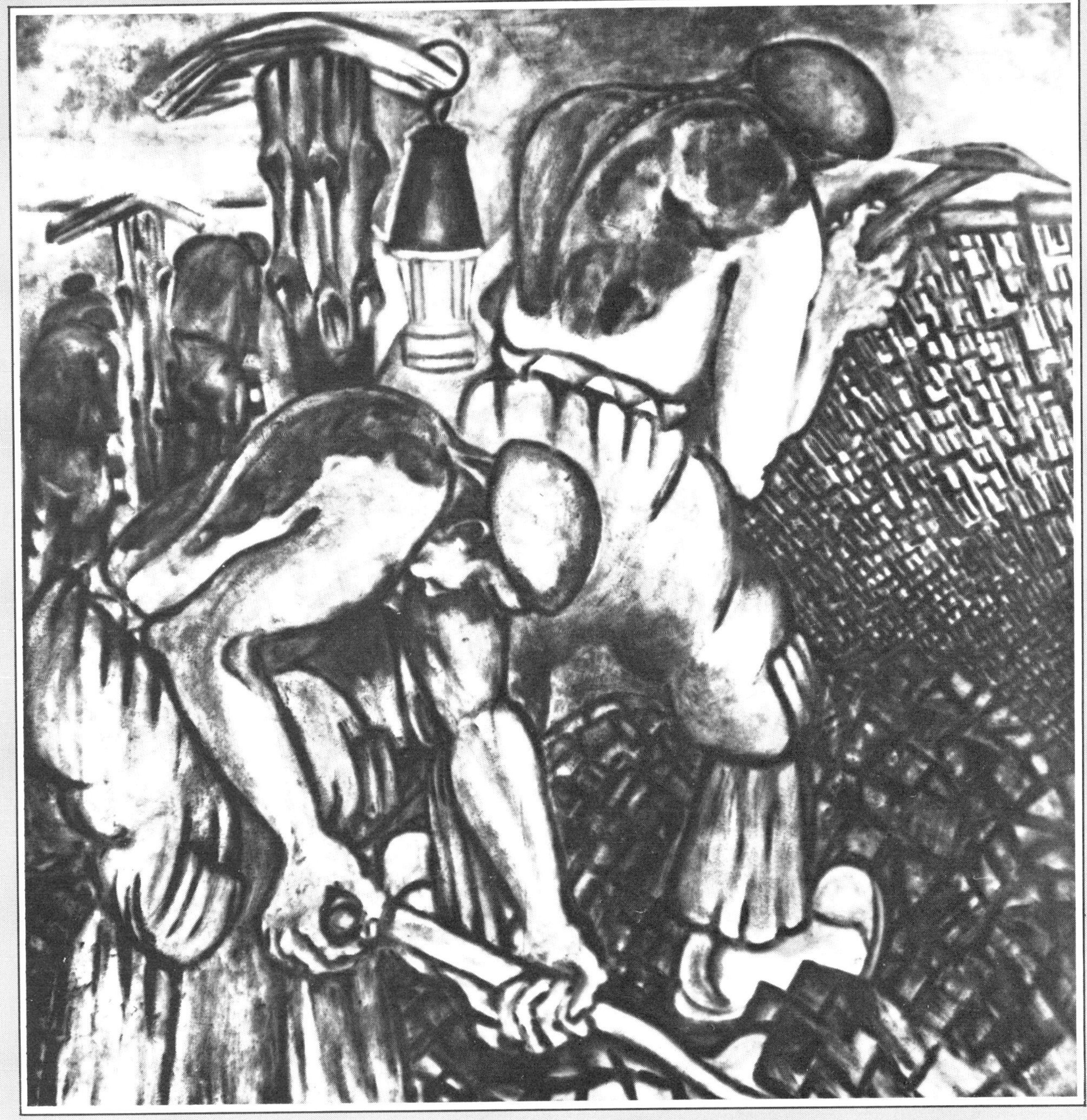

Amser Bath

Roeddynt yn cael bath gartref; doedd dim baddon ar ben y pwll. Câi'r twb neu'r badell dun ei llanw'n syth â dŵr berw o dân agored. Lle ceid llawer o blant byddai damweiniau'n digwydd weithiau.

Lle roedd mwy nag un yn batho, a hynny oedd fwyaf arferol, bydden nhw'n cymryd eu tro i ymolch, o'r wast i fyny yn gyntaf, wedyn yr hanner gwaelod. Ni châi'r cefn ei olchi o gwbl ond adeg gwyliau neu ar achlysuron arbennig. Roedden nhw'n credu fod ymolch yn aml yn gwanhau'r rhan hon o'r corff. Câi'r gred hon ei harddel yn gyffredin, felly mae llawer o'r darluniau'n dangos glowyr gyda chefnau du patrymog—fel adenydd ystlum.

Doedd dim preifatrwydd. Roedd y drws ffrynt bob amser ar agor yn yr haf. Gallai unrhyw un gerdded i mewn unrhyw bryd. Mae sôn am ddyn yn rhedeg i mewn i dŷ a phlismon ar ei ôl, rhedeg yn syth drwodd ac allan dros wal yr ardd.

Byddai'r plant yn eistedd o amgylch yn edrych ar 'jymnasteg' eu tad neu'u brawd yn ymolch gyda sebon a chlwtyn. Weithiau byddai cymdogion yno hefyd gan eu bod i gyd yn cael eu hystyried yn berthnasau, modrybedd ac ewythredd, gan y plant.

Lle roedd 'na lawer o blant roedd hi'n arfer rhoi bath iddyn nhw ar ôl y dynion. Roedd y plant yn dwlu ar hyn, ac roedd yna gred gadarn fod 'dŵr coliers' fel y câi ei alw, yn dda ar gyfer y croen. O edrych yn ôl mae'n amlwg i mi fod dŵr y coliers mor boblogaidd oherwydd ei fod yn atal mam oedd eisoes â gormod o waith rhag berwi llond bath arall o ddŵr!

Bathtime

They bathed at home, there were no pithead baths. The tub or tin pan was filled direct with boiling water from an open fire. Where there were many children accidents sometimes occurred.

When there was more than one bathing, and this was more usual, they washed in turn, top first, then bottom half. The back was never washed except on holidays or special occasions. They believed that frequent washing weakened this part of the anatomy. The belief was generally held, hence many of the paintings show miners with black patterned backs—like bats' wings.

There was no privacy. The front door was always open in summer. Anyone could walk in at any time. It has been known for a man to run into a house, followed by a policeman, run right through, and out, over the garden wall.

The children sat around watching the 'gymnastics' of their father or brother washing with the soap and flannel. Sometimes next door neighbours hovered as all were regarded as relations, aunts and uncles by the children.

It was the custom where there were many children to bathe them after the men. The children loved it, and the strong belief was that 'colliers' water' as they called it, was good for the complexion. With hindsight, it is clear to me that colliers' water was so popular to prevent the already overworked mother from boiling another bathful!

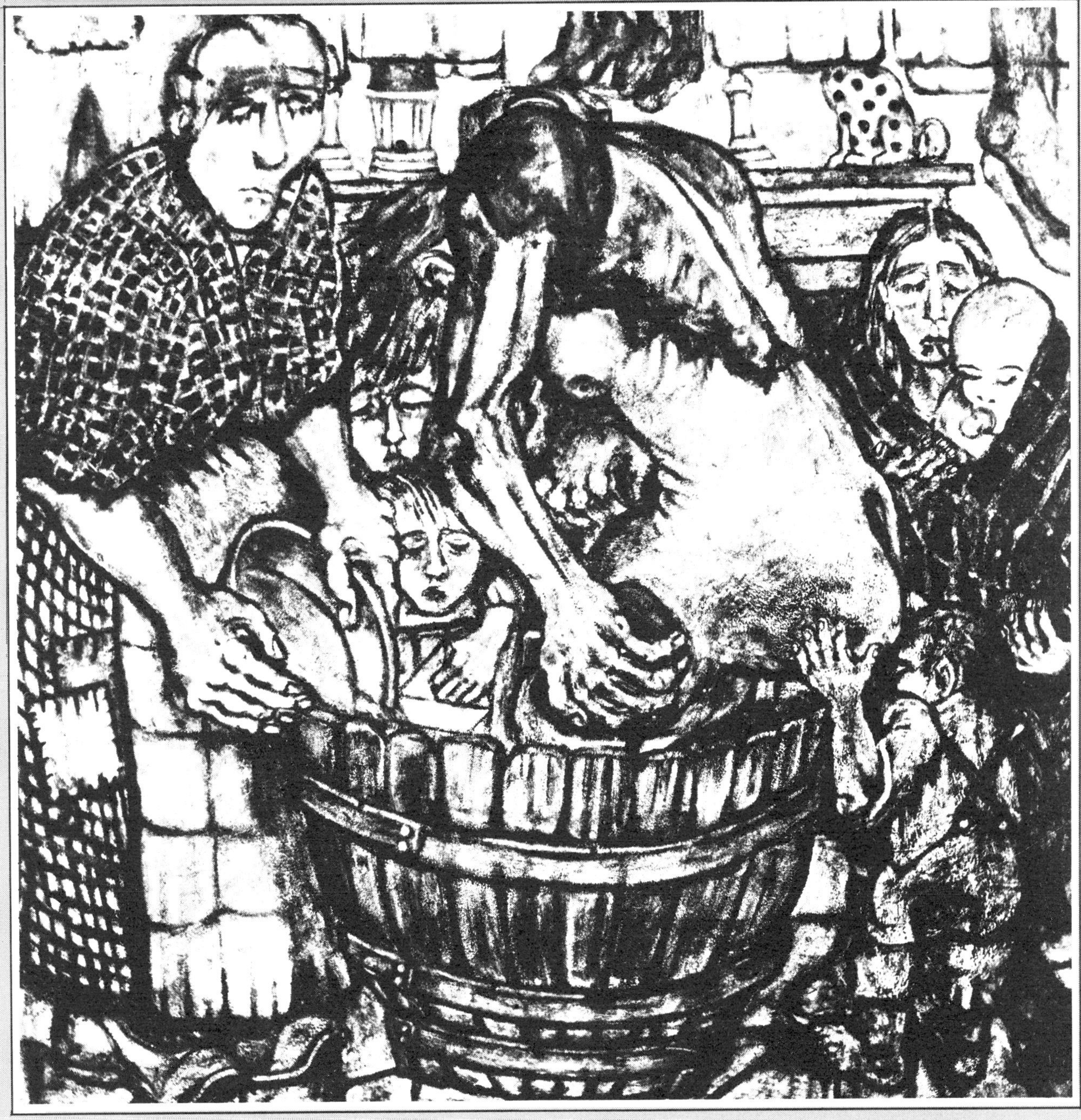

Diwrnod Pae

Fe hoffai pawb ddiwrnod pae. Mae'r gweithiwr yn deilwng o'i gyflog. Byddai llawer yn cael eu siomi pan aent am eu harian; 'Mae hwn a hwn wedi anghofio'i roi yn ei lyfr' oedd yr un hen stori bob diwrnod pae. Os digwyddai hyn yn rhy aml a bod dyn yn cwyno câi ei ystyried fel rhywun oedd yn creu trwbwl.

Roedd rhai dynion yn byw mewn tŷ oedd yn eiddo i'r Cwmni. Fe gollent eu cartrefi'n ogystal â'u gwaith petaen nhw'n dechrau gweiddi ynghylch eu hawliau.

Roedd yna bob amser blismon, weithiau dau, y tu allan i'r swyddfa ar ddiwrnod pae fel petaen nhw'n disgwyl trwbwl—dynion mawr mewn gwisgoedd swyddogol a botymau disglair, a'u helmedau'n gwneud iddyn nhw edrych yn dalach fyth. Roedd eu presenoldeb fel petai'n awgrymu—"Gwyliwch sut ych chi'n ymddwyn".

Doedd gan Nicholas Evans ddim cwyn yn erbyn heddlu'r gwaith. Roedden nhw'n ceisio'u gorau i gadw pawb yn hapus. Roedd sôn fod un plismon yn edrych y ffordd arall petai dyn yn cario plocyn o bren adre pan nad oedd hi hyd yn oed yn 'ddiwrnod plocyn'.

Yn aml byddai'r hewlydd mawr yn arwain i ben y pyllau. Byddai llawer o wragedd, gyda babi mewn siôl, yn codi pae eu gwŷr os oedd eu dynion yn dost neu'n gweithio shifft arall.

Roedd hyn mewn byd gwahanol i'r dyddiau pan gaent eu talu â thocynnau i'w cyfnewid yn siop y Cwmni. Rwy'n amau a oedd y bobl hŷn erioed wedi gweld darn o aur yn dwyn y ddelw frenhinol.

Pay Day

Everyone loved pay day. The labourer is worthy of his hire. Many would be disappointed when they went for the money; 'So-and-so had forgotton to put it in his book' was the same old tale to some every pay day. If this happened too frequently and a man complained he was considered a troublemaker.

Certain men lived in a house owned by the Company. They would lose their homes in addition to their jobs if they began to shout about their rights.

There was always a policeman, sometimes two, outside the office on pay day as if they expected trouble—big men in shiny buttoned uniforms, made to look even taller by their helmets. Their presence seemed to suggest—"Watch your step".

Nicholas Evans had no complaint against the colliery police. They seemed intent on keeping everyone happy. One policeman was known to look the other way if a man carried home a block of wood when it was not even a 'block day'.

Often main roads led to the pit tops. Many wives, with baby in a shawl, would collect their husband's pay, their men being ill or on another shift.

This is a far cry from the earlier days when they were paid in tokens to exchange at the Company store. I doubt whether the older people had ever seen a gold coin bearing the royal image.

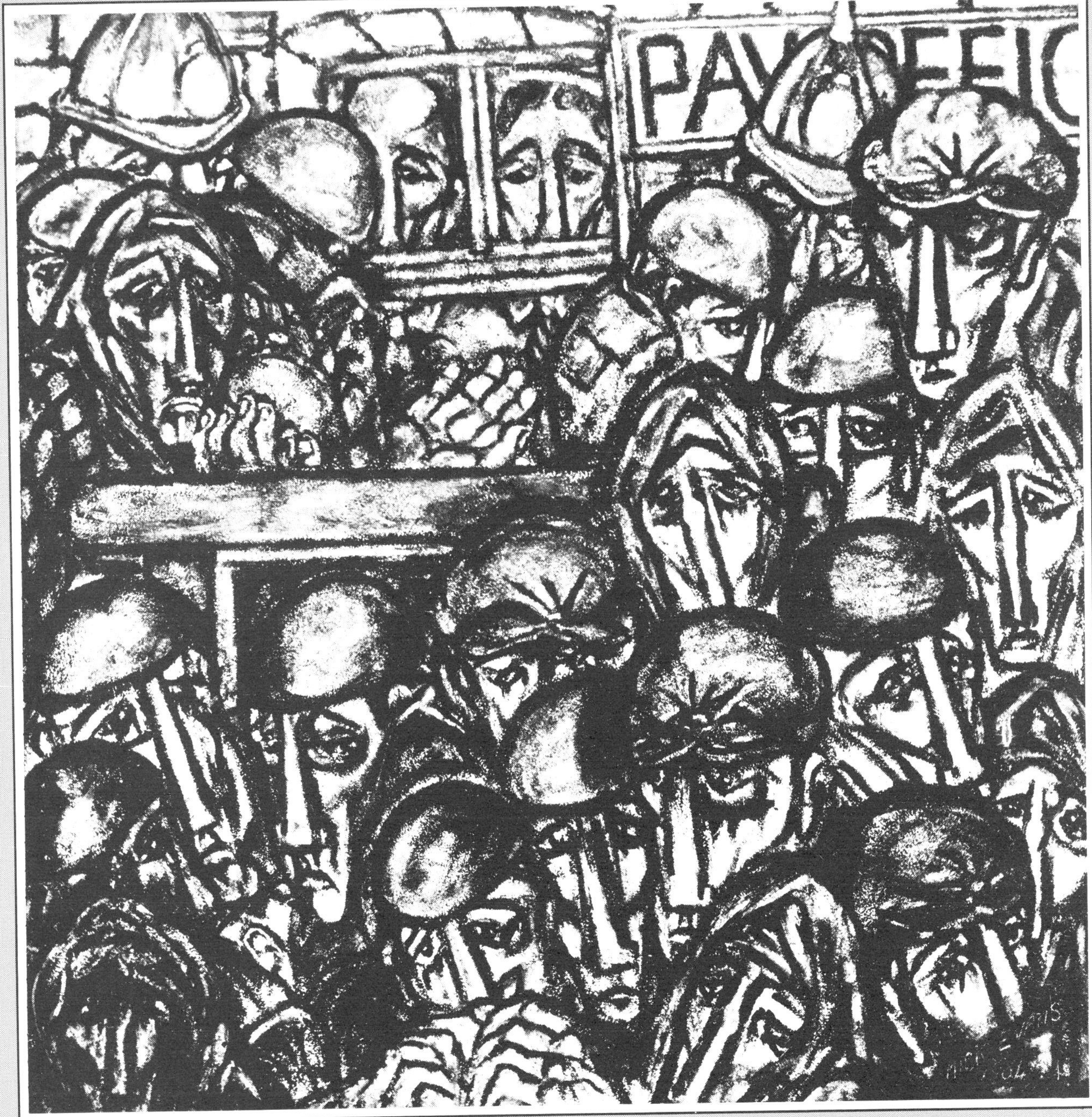
PAY

Y Trap

Tafarn oedd y Trap lle byddai dynion a menywod yn ymgasglu. Man cyfarfod i bob math o gymeriadau.

Câi llawer o'r gwaith dan ddaear ei is-gontracto a byddai'r contractwyr hyn yn talu'r dynion unwaith bob pythefnos. Y Trap oedd y lle a ddewiswyd i wneud y talu, rhoi gwaith a phrynu diod i'w gilydd. Roedd tafarndai ar agor drwy'r dydd bryd hynny. Byddai'r dynion yn clirio hen gownt y pythefnos cynt ac yn meddwi.

Byddai'r menywod yn erfyn ar eu gŵyr i ddod adre cyn i'w cyflog gael ei wastraffu i gyd. Dyma'r rheswm am yr enw 'Y Trap'. Mae'r stori hon yn wir ac fe'i dyfynnir mewn hanes lleol.

Roedd ei leoliad yn ddelfrydol fel man cyfarfod gan ei fod mewn ardal oedd ar y ffordd rhwng eu gwaith a'u cartrefi.

Yn ddiweddarach cafodd y Trap ei droi'n syrjeri doctor a chafodd ei ddefnyddio felly am lawer o flynyddoedd. Ar foreau Sul roedd yn fan cyfarfod i ddynion ambiwlans oedd yn dysgu cymorth cyntaf.

Mae'r arlunydd yn cofio, yn syrjeri'r Trap, cael tynnu'i ddannedd heb fod wedi cael pigiad. Roedden nhw'n wydn yn y dyddiau hynny!

Cafodd y Trap, a fu hefyd ar un adeg yn Siop Dryc, ei ddymchwel ar ddechrau 1986.

The Trap

The Trap was a public house where men and women would congregate. A meeting place for all kinds of characters.

Much of the work underground was sub-contracted and these Contractors paid the men once a fortnight. The Trap was the place chosen for the payout, giving of jobs, and the treating of one another to a drink. Public houses were then open all day. Men cleared the slate of the previous fortnight's debt and got drunk.

The women implored their husbands to come home before their wages would be dissipated. Hence the name 'The Trap'. This story is true and is quoted in local history.

It was ideally suited for a meeting place being situated in an area en route to and from their work.

The Trap was later converted into a doctor's surgery and was used as such for many years. On Sunday mornings it was the meeting place for ambulance men who were being instructed in first aid.

At the Trap surgery the artist remembers, when a boy, having teeth extracted without an injection. They were tough in those days!

The Trap, which was at one time also a Truck Shop, was demolished at the beginning of 1986.

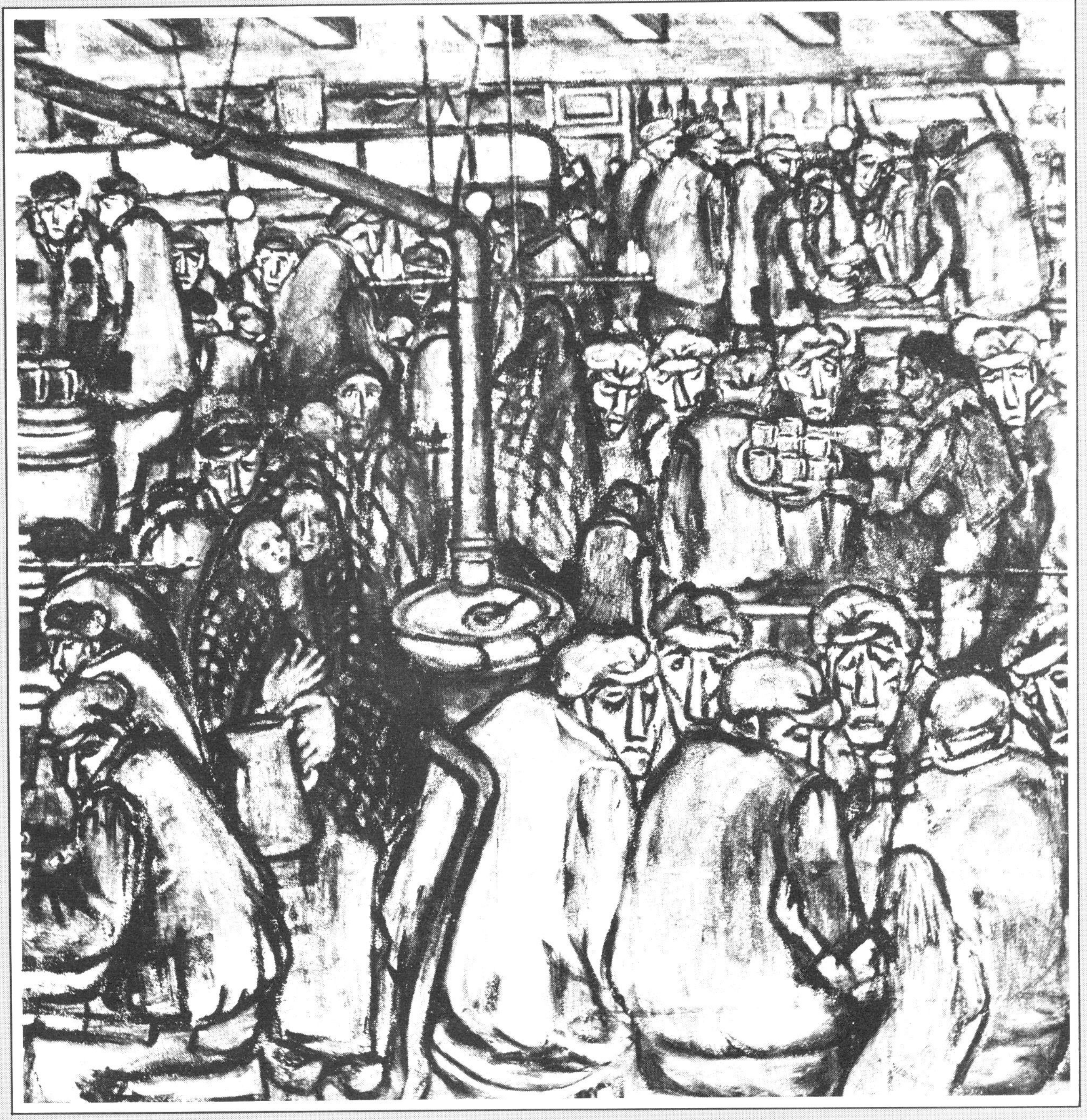

Diwedd Shifft

Wrth ddisgyn i'r pwll mae'n rhaid i'r llygaid ymgyfarwyddo â'r tywyllwch; yn wir mae'r person cyfan yn tiwnio i amgylchfyd newydd o weld, clywed ac anadlu. Dydyn ni sydd ddim yn y gyfrinach ddim yn sylweddoli hyn gan na fuom erioed yn y sefyllfa honno. Rwy'n deall gan fy nhad fod y glöwr, wrth ddod i'r wyneb yn dilyn storm eira a'r eira'n dal golau'r haul, yn cael ei ddallu dros dro gan y disgleirdeb gwyn. Mae hyn wrth gwrs yn wir, ond i raddau llai, pan geir heulwen yn unig. Dwy ddim yn gwybod sut all unrhyw un sydd â golwg ddiffygiol oherwydd iddo fod yn y pwll, addasu.

Digwyddodd nifer o ddamweiniau oherwydd brwdfrydedd y dynion i adael y cerbyd a'i gyffiniau a brysio i ddal trên y glowyr adre cyn iddyn nhw 'ffeindio'u traed' yn iawn ar ôl dod i'r wyneb. Mae pawb yn hapus i gyrraedd adref ar ôl diwrnod caled o waith. Ni chymeradwyir gwthio a chwarae o gwmpas. Mae'r glöwr aeddfed yn rhagweld perygl; mae'n gweithio yn ôl patrwm arbennig ac nis ceir yn brin; mae ei barhad yn dibynnu ar hynny.

End of Shift

When descending the mine the eyes must become accustomed to the darkness, in fact the whole person becomes tuned in to the new environment, seeing, hearing, breathing. Such things, we, the uninitiated do not realise not having been in the situation. I learn from my father that on coming to the surface following a snowstorm, and the snow being bathed in sunlight, the miner is temporarily blinded by the dazzling whiteness. This also applies, of course, but to a lesser degree, when there is just sunlight. I do not know how anyone with eyesight defective through coal mining can adjust.

Many accidents have occurred due to the eagerness of the men to leave the carriage and its surroundings in an urgent attempt to catch the miners' train home before really 'finding their feet' on surfacing. Everyone is happy to get home after a hard day's work. Jostling and horseplay are greatly discouraged. The mature miner anticipates dangers, he works to a pattern and is not found wanting, his survival depends on it.

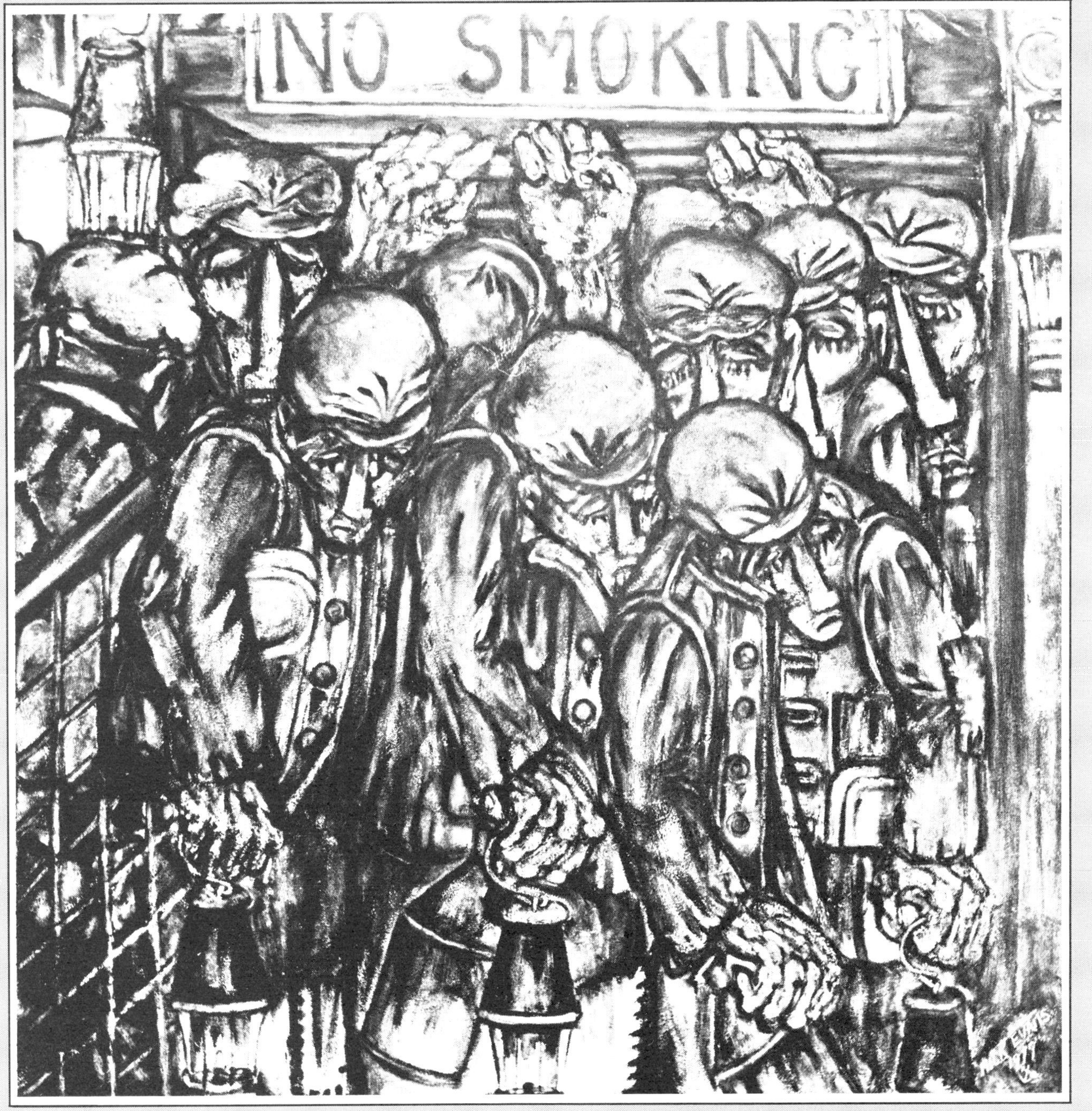
NO SMOKING

Trychineb

'Yng Ngorffennaf, 1845 bu ffrwydrad yng Nglofa Dyffryn Uchaf pan laddwyd 29 person; yn Awst 1849 bu tanchwa yng Nglofa Lletysiencyn lle collwyd 52 o fywydau. Cafodd 27 glöwr a laddwyd yn yr ail ffrwydrad eu claddu ar y 12fed o Awst, 1849 ym Mynwent St Ioan, Aberdâr. Ymhlith y rhai a laddwyd roedd chwe bachgen, un yn 10 oed, dau yn un ar ddeg a dau yn bedair ar ddeg.'

Rwy'n ysgrifennu hyn gan ein bod yn byw yn agos i ble digwyddodd y trychinebau hyn ac rwy newydd fod yn darllen amdanyn nhw. Mae trychinebau glofaol Cymru sydd wedi'u cofnodi, a'r bywydau a gollwyd yn sgîl hynny ymhlith y gwaethaf yn y byd.

Roedd bob amser yn rhyddhad i'r wraig a'r plant glywed sŵn traed y dyn a'i lais cyfarwydd wrth iddo ddod lan ale'r ardd. O leiaf roedd e'n ddiogel tan drannoeth.

Pan ddyfeisiwyd lamp Davy tybiwyd bod draig ofnadwy'r pyllau glo wedi'i lladd am byth, ond o dro i dro mae'n dal i godi'i hen ben hyll. Ers cyflwyno'r lamp o dan ddaear mae ffrwydradau wedi digwydd yn achlysurol gyda llawer mwy o golli bywydau nag yn yr hen ddyddiau.

Mae hi'n ffaith fod mwy o nwy mewn rhai pyllau na'i gilydd, mae hyn ar wahân i awyru gwael. Sut felly oedd y fath ddamweiniau'n digwydd? Chawn ni fyth wybod.

Mae'r llun olaf ond un yn y llyfr hwn ("Llwch i'r llwch") yn rhoi rhyw syniad i'r darllenydd o olygfa gladdu ym Mynwent St Ioan.

Disaster

'In July, 1845 there was an explosion at the Upper Duffryn Colliery in which 29 persons lost their lives; in August 1849 an explosion took place at the Llettyshenkin Colliery where 52 lives were lost. 27 miners, victims of the latter explosion were buried on 12th August, 1849 in St John's Churchyard, Aberdare. Among those killed were six boys, one aged 10, two eleven and two of fourteen.'

I write this as we are living in the vicinity where these disasters occurred and I have just been reading about them. Recorded Welsh colliery disasters and the resultant loss of lives rank with the worst in the world.

The wife and children were always relieved to hear the man's footsteps and familiar voice as he came up the garden path. At least he was safe until tomorrow.

With the coming of the Davy lamp it was assumed that the terrible dragon of mining had been slain for ever, but occasionally it rears its ugly head. Since the introduction of the lamp underground explosions have occurred from time to time with far greater loss of life than in the old days.

It is a fact that some pits have more gas than others, this is apart from bad ventilation. Then how did such accidents occur? We shall never know.

The penultimate picture in this book ("Ashes to ashes") gives the reader an idea of the burial scene at St John's Churchyard.

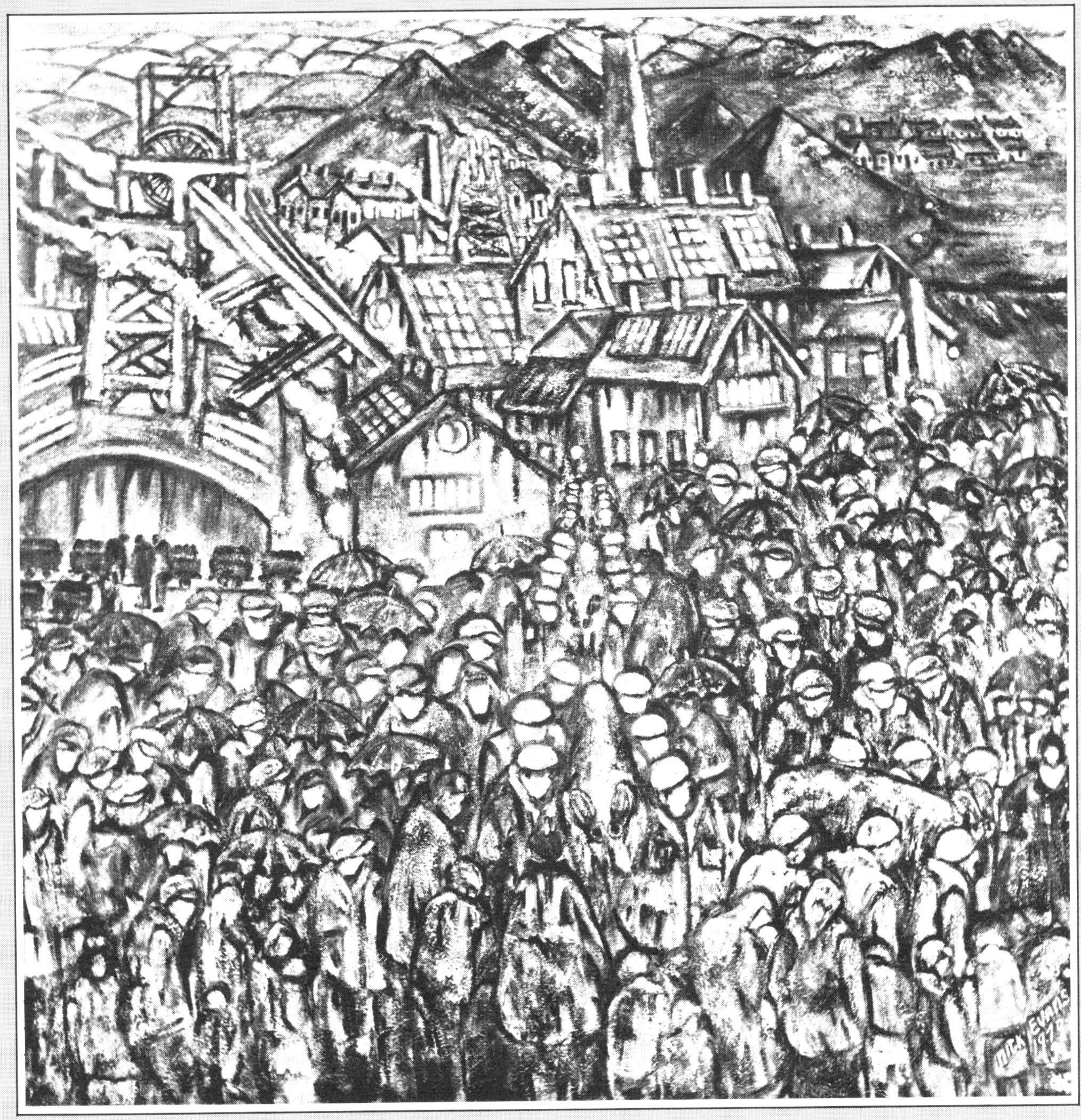
NICK EVANS

Beth Allwn Ni Ei Ddweud?

Ni all yr un darlun gan arlunydd, pa mor ddawnus bynnag y bo, ddisgrifio'r tristwch sydd yn dilyn ffrwydrad mewn lle cyfyng, ac ni fyddai'n dymuno gwneud hynny ychwaith. Gall yr olygfa o'n blaen oglais ein dychymyg. Rwy'n falch fod damwain ar y fath raddfa â hon yn cael ei dangos yn unig mewn glasddu ac nid yn y lliwiau gwaedlyd arferol.

Un peth yw edrych ar atgynhyrchiad annigonol o'r olygfa, peth arall yw edrych ar nid yn unig dalcen glo, ond ardal gyfan, neu fel sydd wedi digwydd yn rhy aml o'r hanner, y pwll cyfan yn mynd ar dân. Eto er gwaethaf tân, dŵr a mwg, gwyddom fod rhai wedi byw. Caiff gobaith ei gadw ynghynn gan y sicrwydd fod help ar y ffordd.

Does neb wedi gwneud yn well hyd yn oed ar faes y gad na dynion diogelwch y pwll a fu farw'n ddewr. Caiff y dynion hyn eu dewis a'u dysgu'n ofalus. Mae'r rhain, fel y gwŷr ambiwlans, ar alwad ddydd a nos yn gwasanaethu grŵp o byllau.

Ar ben damweiniau erchyll o'r fath un o'r peryglon mwyaf i weithio glo yw'r llwch. Mae gan bob dyn hawl i awyr iach, ond o dan ddaear mae'r awyr wedi'i lygru gan yr union fwyn y mae'n ceisio'i ennill. Does yr un pwll yn rhydd o lwch; mae'i bresenoldeb yn anorfod.

Roedd afiechydon a gâi eu hachosi gan lwch yn cael eu galw yn yr hen ddyddiau yn 'asma'r colier' ond gwyddys bellach mai silicosis a pneumoconiosis ydynt.

Yn ystod cyfnod fy nhad o dan ddaear rhan o'i waith oedd tyllu'r graig gan ddefnyddio dril Flopmann a oedd yn injan flast. Driliau gau a ddefnyddiai. Pan ballai'r blast byddai'n chwythu drwy'r dril gau gan ollwng llwch i wyneb y tyllwr. Doedden nhw ddim yn gwisgo mygydau bryd hynny. Yna daethpwyd â llwch carreg i mewn i niwtraleiddio pŵer ffrwydrol y llwch glo. Câi'r llwch hwn ei ddosbarthu pryd bynnag y rhedai trên o ddramiau. Roedd llai o berygl llwch yn y pyllau oedd yn nes i'r wyneb ond roedd ganddyn nhw broblem gyda dŵr a lleithder oedd yn peryglu iechyd y glöwr—gwynegon ac arthritis.

What Can We Say?

No picture by any artist, however gifted, can describe the sorrow following an explosion in narrow confines, neither would he care to. The scene before us may serve to stimulate our imagination. I am relieved that an accident of this extent is shown only in blue/black and not the usual gory colour.

To look at an inadequate representation of the scene is one thing but the actual happening is not only a stall, but a whole district, or as has occurred only too often, the whole pit going up in flames. Yet in spite of fire, water and gas it has been known for some to survive. Hope is kept alive by the knowledge that help is forthcoming.

The mine safety men who died of valour have never been surpassed, even on the battlefield. These men are hand picked and trained. They, like the ambulance men, are on call day and night serving a group of mines.

In addition to such tragic accidents one of the greatest dangers in coalmining is dust. Every man is entitled to fresh air. but underground the air is polluted by the very mineral he seeks to win. There is no mine free of dust, its presence is inevitable.

Diseases caused by dust were known in the old days as 'colliers' asthma', which are since recognised as silicosis and pneumoconiosis.

During my father's time underground, part of his work entailed boring holes in rock using a Flopmann drill which was a blast engine. The drills which he used were hollow. When the blast exhausted it blew through the hollow drill thus depositing dust into the driller's face. They wore no masks in those days. Then, stonedust was introduced to neutralise the explosive power of the coal dust. This dust was distributed whenever a train of trams ran. Mines nearer the surface had this dust hazard to a lesser degree but had problems with water and dampness which constituted danger to the miners' health—rheumatism and arthritis.

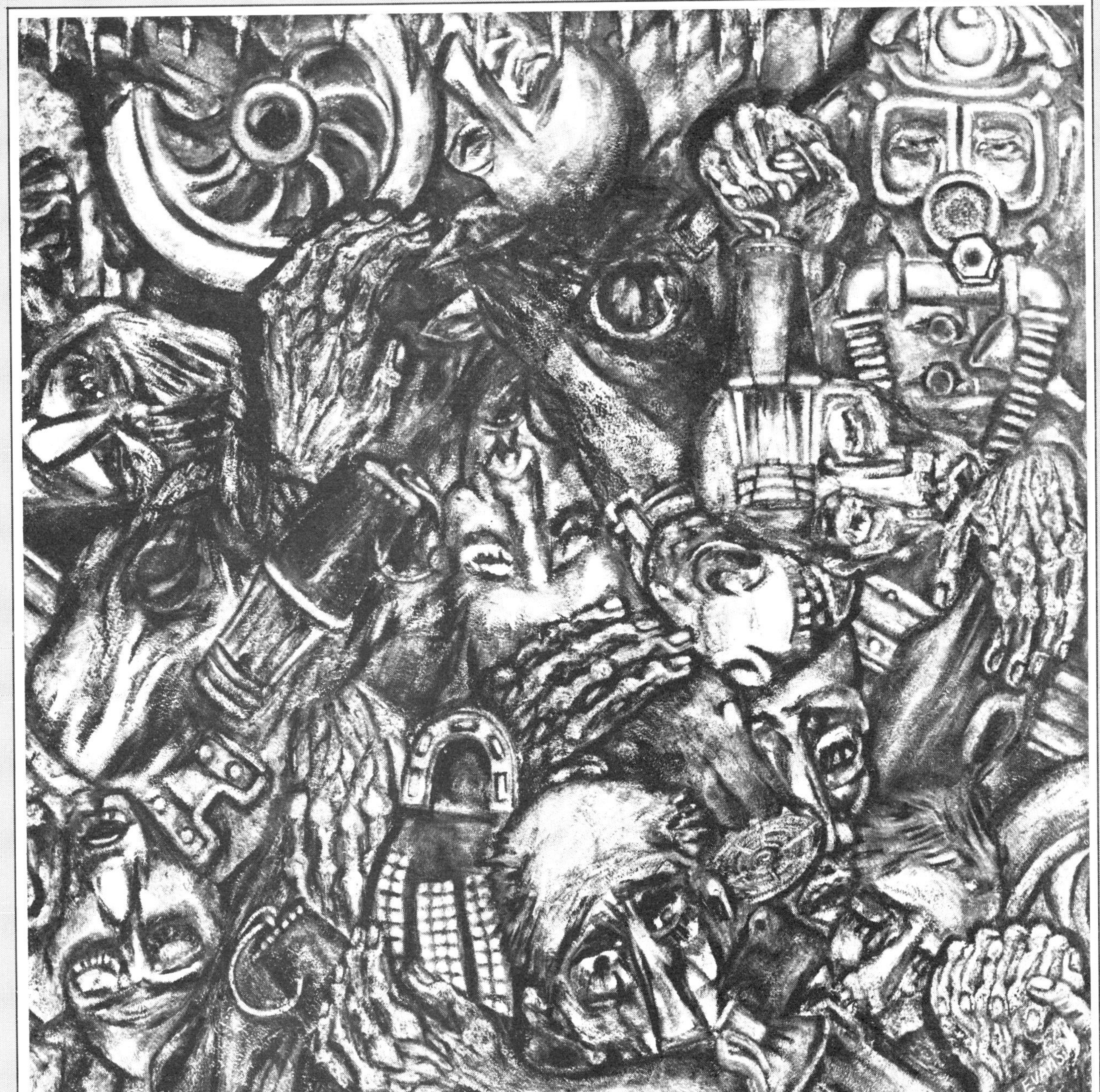
EVANS

Dynion Cymorth Cyntaf

Ym mhob glofa y mae yna ddynion ambiwlans hyfforddedig. Anogir dynion i gymryd diddordeb mewn cymorth cyntaf ac mae hynny'n bwysig yn y rhan fwyaf o ddiwydiannau. Pan fo dyn yn chwilio am waith, mae'r ffaith ei fod yn ddyn ambiwlans yn cael ei gymryd i ystyriaeth, a gall droi'r fantol o'i blaid.

Mae dynion ambiwlans yn rhan o dîm ac mae'n rhaid iddynt fod yn gyfarwydd â'r dulliau modern. Mae pawb yn y pwll yn eu hadnabod ac maent yn fawr eu parch.

Bu rhai yn ymwneud â chymorth cyntaf ers 20 neu 30 mlynedd ac yn ymhyfrydu mewn dysgu dynion iau. Ffurf uchel ar wasanaeth yw hon lle mae dynion, nid yn unig yn hel gwybodaeth iddynt eu hunain er mwyn helpu'u cyd-ddyn, ond hefyd yn ei chyfrannu i eraill.

Mae timau dynion ambiwlans y gwaith yn aml yn dod ar draws damweiniau difrifol iawn oherwydd natur y diwydiant. Mae'r dynion cymorth cyntaf yn gweithio o dan oruchwyliaeth y cynghorwyr meddygol sy'n darlithio iddynt; ac maent yn cynnal arddangosfeydd sydd yn dangos eu cynnydd.

Flynyddoedd yn ôl roedd 'na lawer o ddynion ambiwlans a fyddai mae'n siŵr, petaent wedi cael cyfle i gael addysg dda ac wedi'u sianelu i'r cyfeiriad cywir, wedi mynd yn feddygon, gymaint oedd eu diddordeb yn y gwaith.

Mor aml mae gweithwyr sydd wedi'u clwyfo wedi bod yn ddiolchgar fod cydweithiwr hyddysg mewn sgiliau ambiwlans wedi cyrraedd ar unwaith.

First Aid Men

There are trained ambulance men in every colliery. Men are encouraged to take an interest in first aid which is necessary in most industries. When a man seeks work, if he is an ambulance man it is taken into consideration and can balance the employer's decision in his favour.

Ambulance men form a team and keep up to date with modern methods. They are well-known in the colliery and are held in high esteem.

Some have been involved in first aid for 20 or 30 years and take pleasure in training younger men. This is a high form of service, not only to acquire knowledge for themselves for the purpose of helping their fellow men, but to impart it to others.

The colliery ambulance teams often encounter very serious accidents due to the nature of the industry. The first aid men work under the surveillance of the medical advisers who lecture to them; and hold exhibitions showing their advancement.

Years ago there were many ambulance men who, had they had the opportunity of a good education, and been channelled in the right direction, undoubtedly would have become doctors, so great was their interest in the work.

How often injured men have been grateful for the immediate arrival of a fellow workman trained in ambulance skills.

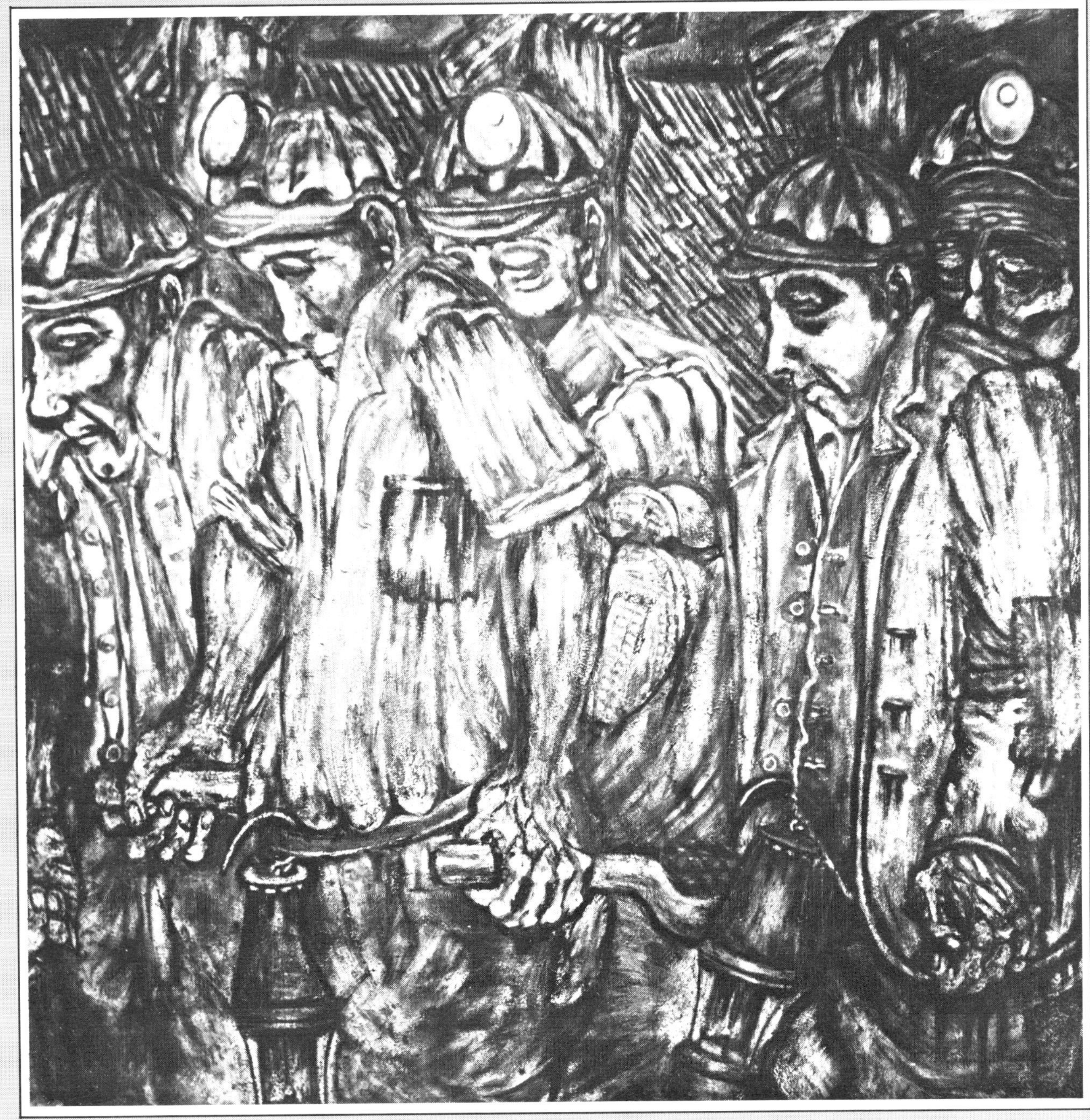

Dod â Joey Adref

Mae'r gŵr ifanc hwn, Joey, yn cael ei gludo adref ar ôl damwain.

Lle roedd yr hewl yn garegog a garw defnyddid ceffyl. Dyma oedd yr arfer yn y pwll drifft arbennig hwn. Bu farw ar ôl tridiau; roedd ef ac eraill wedi bod mewn tanchwa. Roedd y glowyr i gyd yn defnyddio fflam noeth.

Cafodd y meirw'u cario adref gyda chantorion yn canu emynau angladdol adnabyddus yn mynd o'u blaenau. Byddai pobl yn sefyll ar stepen eu drws ac yn edrych yn y gobaith na fyddai'r orymdaith yn aros wrth eu drws, achos roedd eu dynion nhw hefyd yn y pyllau. Câi'r plant eu dwyn i fyny yn yr awyrgylch hon; doedd e ddim yn beth da.

Yn aml ni châi dynion eraill yn y pwll glywed am ddamwain angheuol ar y pryd gan y byddai'r holl lowyr yn rhoi'u hoffer i lawr a cherdded allan. Os felly, fyddai dim cynhyrchu rhagor o lo y diwrnod hwnnw.

Mae'r arlunydd yn cofio darllen ym mhapur yr hwyr am berson a laddwyd yn y lofa y diwrnod hwnnw, yn y pwll lle roedd e'n gweithio. Yr oedd hi'n arfer ganddynt guddio'r corff mewn lle o'r neilltu tan ddiwedd y shifft.

Pan oedd fy nhad yn ifanc iawn, byddai'n cymryd Joey, testun y llun hwn, gydag e pan fyddai'n mynd o gwmpas y cymoedd yn pregethu'r Efengyl, ac yn wir ef a brynodd Feibl cyntaf (ac mae'n debyg unig Feibl) Joey, oedd wedi'i harddu â phrintiadau o ddarluniau gan Harold Copping.

Bringing Home Joey

This young man, Joey, is being taken home after an accident.

Where the road was rocky and rough they used a horse. That was the method of this particular drift mine. After three days he died; he and others had been in an explosion. All the miners used naked lights.

The dead were carried home led by singers rendering well-known funeral hymns. People would stand on their doorsteps and watch hoping the procession would not stop at their door because they, too, had their men in the pits. The children were brought up in this atmosphere; it was not good.

Often the other men in the mine were not told of a fatal accident at the time as all the miners would down tools and walk out. Thus the mining of coal would be lost for that day.

The artist remembers reading in the evening paper of a person killed in the mine that day, in the pit where he worked. It was the custom to hide the body in an obscure place until the end of the shift.

My father, when very young, would take Joey, the subject of the picture, with him when he went about the valleys preaching the Gospel, and in fact he bought Joey's first (and probably only) Bible which was enriched with prints of pictures by Harold Copping.

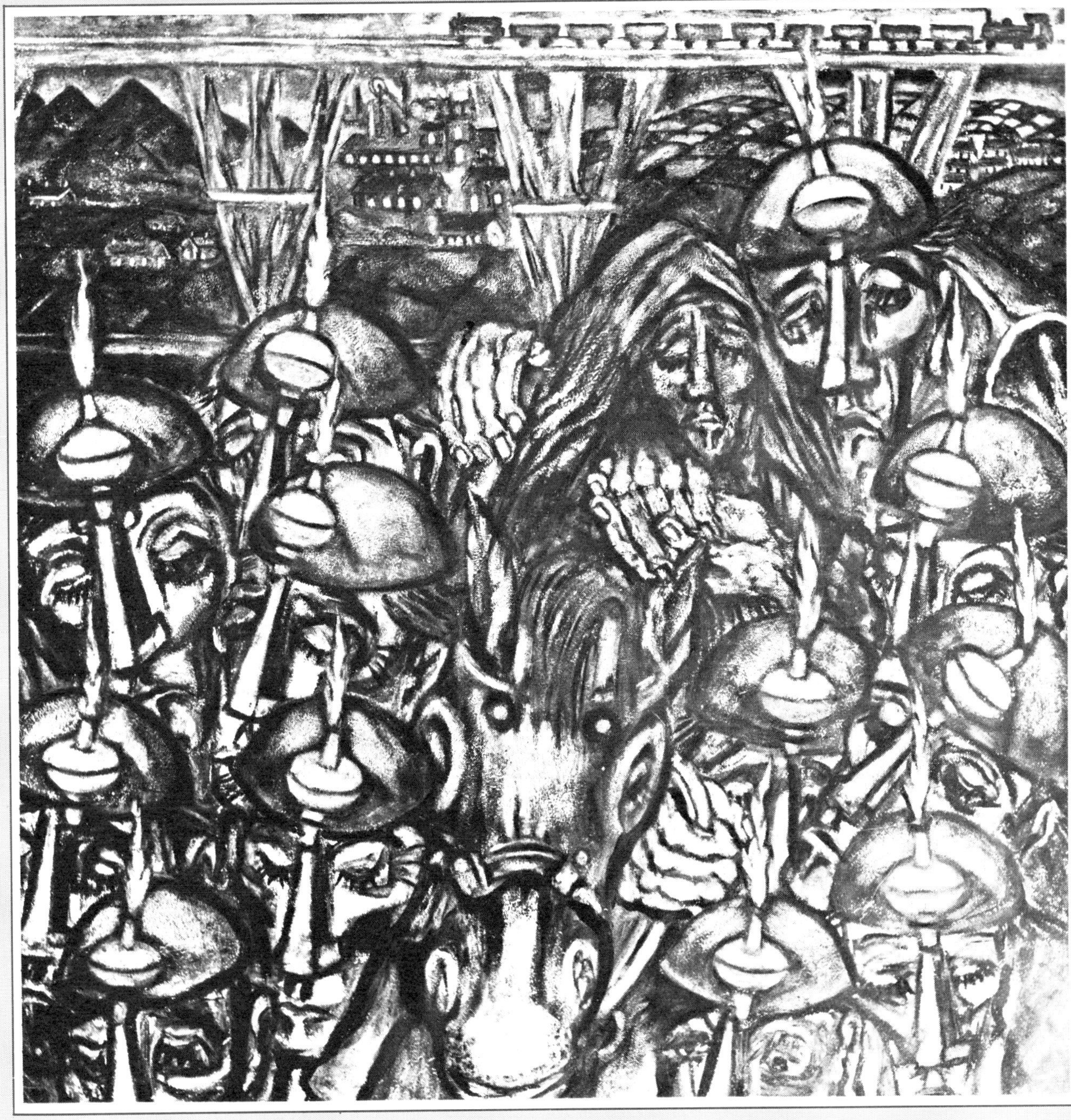

Gwylnos

Gyda'r awgrym lleiaf o drychineb yn y pwll, byddai holl drigolion y pentref yn rhedeg i ben y pwll yn y gobaith o fod o gymorth. Tosturi oedd yn eu cyffroi a deuent fel yr oeddynt, dim amser i wisgo'n smart neu newid eu ffedog, dim ond taflu siôl neu'r gorchudd agosaf dros eu hysgwddau. Byddent yn aros drwy gydol y dydd gan ddisgwyl newyddion am eu hanwyliaid, a chan deimlo bod eu presenoldeb mewn rhyw ffordd yn helpu'r achubwyr. Nid chwilfrydedd segur oedd hyn, roedd hi'n sefyllfa llawer rhy ddifrifol, ond byddent yn aros am oriau ac yn rhan o'r ddrama. Byddai'r bobl iau yn aros drwy'r nos. Câi un capel bach ei ddefnyddio ar gyfer gweddïo a chysuro ac un arall ar gyfer y cyrff a ddygid i'r wyneb.

Rwy'n clywed gan fy nhad fod rhai o'r ffilmiau fel "*How green was my valley*" wedi dal yr olygfa hon yn dda iawn.

Roedd y pentrefwyr oedd yn disgwyl ar ben y pwll yn teimlo hefyd eu bod nhw gyda'u gwylnos yn helpu i gadw cannwyll gobaith ynghynn. Roedd y tristwch mawr yn uno'r dorf, a fydden nhw byth yn anghofio.

Yn dilyn damwain mewn pwll glo yn Knockshinnock rhoddwyd y gorau i chwilio am dri ar ddeg o'r dynion oedd ar goll oherwydd bod gymaint o amser wedi mynd heibio. Roedden nhw eisoes wedi darganfod cant ac un ar bymtheg o ddynion yn fyw. Lawer iawn yn ddiweddarach canfuwyd oddi wrth dystiolaeth ysgrifenedig ar rai o'r tri ar ddeg dyn coll, eu bod wedi byw am nifer o ddyddiau wedi i'r penderfyniad i roi'r gorau i'r ymdrech i'w hachub gael ei gymryd.

Y wers yma yw: peidiwch byth ag anobeithio.

Vigil

At the first sign of a pit disaster all the village people ran to the pithead in the hope of rendering assistance. They were moved with compassion and came as they were, no time to dress up or change their apron but draped a shawl or nearest covering over their shoulders.

They would remain all day awaiting news of their loved ones, and feeling that their presence was in some way helping the rescuers. This was not idle curiosity, it was far too serious, but they would stay for hours and were part of the drama. The younger people remained all night. One little chapel would be used for prayer and comforting, another for the bodies brought to the surface.

I learn from my father that some of the films like "How green was my valley" captured the scene very well.

The waiting villagers also felt that by their vigil they were helping to keep the thread of hope alive. The great sorrow united the crowd, and they would never forget.

Following a pit accident at Knockshinnoch the search for thirteen of the missing men was discontinued as a result of the time lapse. They had already found one hundred and sixteen survivors. Much later it was discovered from written evidence on some of the thirteen lost men that they had survived many days after the decision to abandon the rescue had been made.

The lesson here is: never abandon hope.

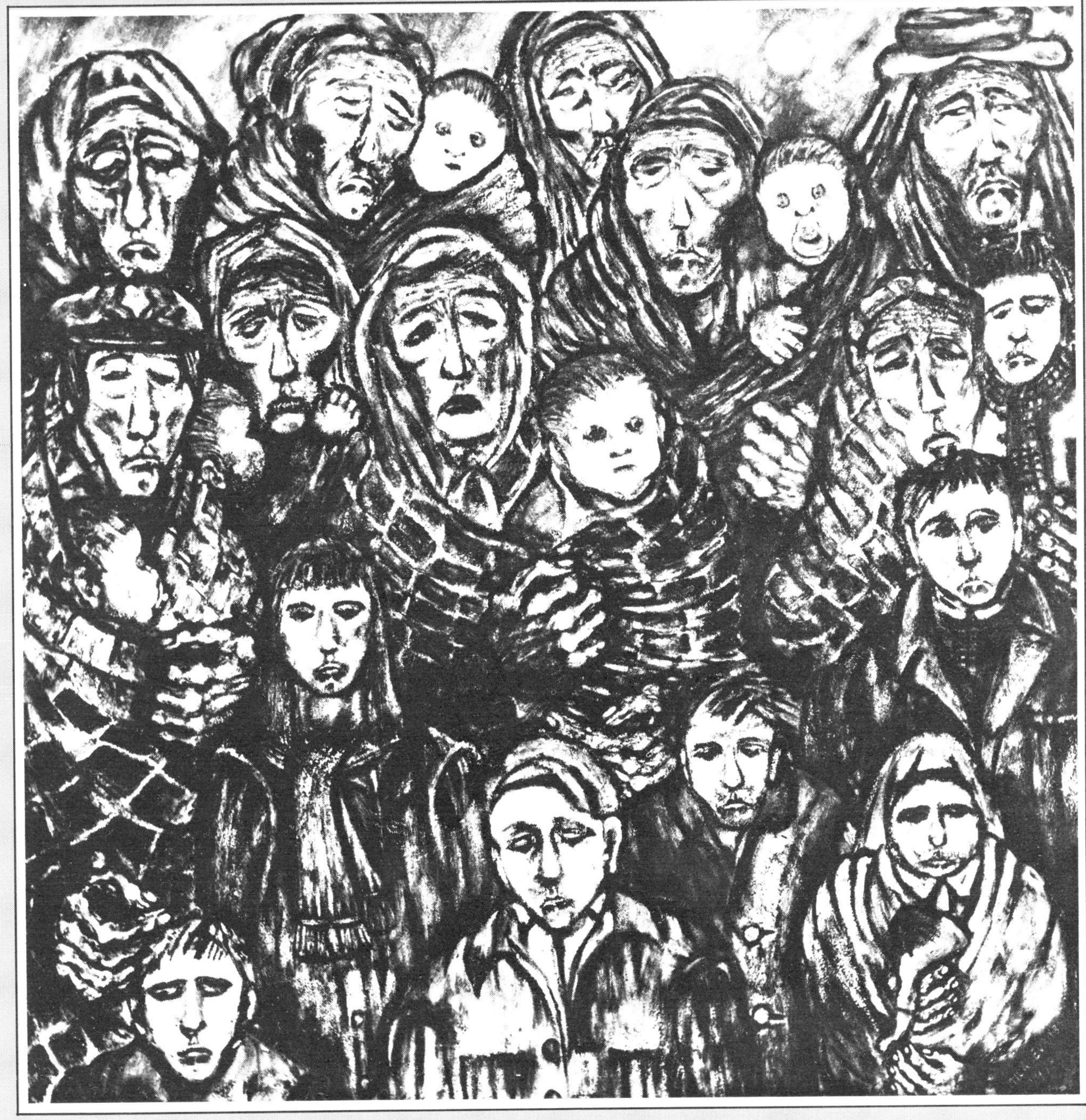

Llifeiriant Du

Er i Gymru brofi sawl trychineb drwy'i phrif ddiwydiant, y diwydiant glo, mae un a achoswyd yn anuniongyrchol ganddo sy'n neidio'n syth i'r cof.

Diwrnod gwlyb, oer oedd yr 21ain o Hydref, 1966 pan ddaeth y neges ar y radio fod plant a rhai oedolion wedi cael eu lladd mewn damwain yn Aberfan. Dangosodd cyfrifiad diweddarach i'r golled fod yn 116 o blant ac yn 28 o oedolion.

Llithrodd tomen lo, slyri gan mwyaf, a llwyr orchuddio Ysgol Fabanod a Chynradd Pantglas a rhai tai cyfagos. Doedd dim llawer ers i'r plant gyrraedd; roedd hi'n 9.30 a.m. ac roeddent yng ngwers gyntaf y bore. Roedd y prynhawn i fod yn ŵyl. Cafodd y pentref cyfan, ac yn wir y byd, ei syfrdanu gan y newyddion.

Collodd rhai teuluoedd fwy nag un plentyn yn y drychineb hon. Galarodd y pentref gan i'r rhan fwyaf o'r plant o dan tua 10 oed gael eu colli.

Brysiodd cannoedd o ddynion o'r cymoedd, gan gynnwys fy mrawd Peter, i'r safle, llawer gydag offer symud pridd, eraill yn defnyddio rhofiau, neu hyd yn oed eu dwylo mewn ymgais wallgof i ryddhau'r rhai oedd wedi'u dal. Roedd rhan o'r olygfa dorcalonnus yn dangos esgid fach fan hyn, neu gap fan draw, yn y llanast. Wnaiff Cymru byth anghofio

Roedd y menywod fel arfer yn cynnal y dynion, yn gwneud hynny a allent gan ddarparu brechdanau, te a chawl, cyfraniad gwerthfawr ac angenrheidiol i'r gwaith achub.

Mae'r llun hwn a oedd yn destun poster ar gyfer arddangosfa fawr yr arlunydd yn Coventry, yn dangos heddwas gyda phlentyn ffodus a ddaeth allan yn fyw, ac a lwyddodd yn ei thro gyda greddf famol gynnar i achub ei dol fach a welir yn cael ei dal yn dynn yn ei llaw fechan.

Black Avalanche

Although Wales has experienced many tragedies through its main industry, coal mining, one caused indirectly through this springs readily to mind.

It was a wet, cold day on 21st October, 1966 when the message came on the radio that children and some adults had been killed in an Aberfan accident. A later count revealed the loss to be 116 children and 28 adults.

A coal tip, chiefly slurry, avalanched and completely engulfed Pantglas Infants' and Junior School and some nearby houses. The children had not long arrived; it was 9.30 a.m. and they were in their first lesson that morning. The afternoon was to have been a holiday. The whole village, and indeed the world, was stunned by the news.

Some families lost more than one child in this disaster. The village mourned as most of the children under the age of about 10 were lost.

Hundreds of men from the valleys, including my brother, Peter, hurried to the site, many with earth-moving equipment, others using shovels, or even their hands in a frantic attempt to release the victims. Part of the heart-rending scene showed a little shoe here, or a cap there, in the debris. Wales will never forget.

The women, as usual, supported the men, doing what they could by supplying sandwiches, tea and soup, an invaluable and essential contribution to the rescue work.

This picture, which was the subject of a poster for the artist's major exhibition at Coventry, shows a policeman with a fortunate survivor, who managed, in turn, with early maternal instinct, to rescue her little doll, seen clutched in her tiny hand.

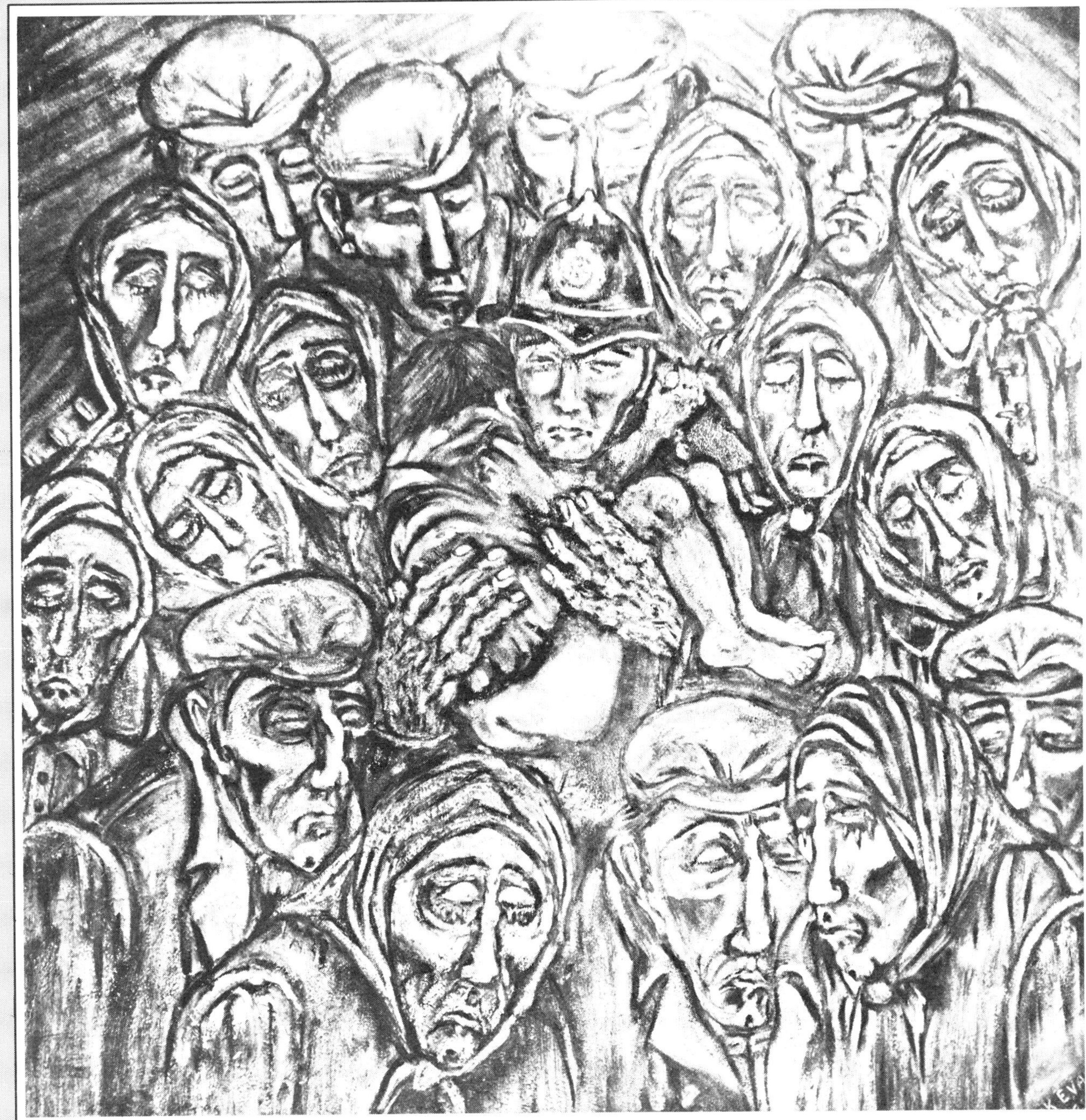

Y Cwlwm Olaf

Mae cau'r pwll yn beth difrifol iawn i gymdeithas, ac rwy wedi sylwi ar hyn hyd yn oed yn ystod f'oes i fy hun. Wrth gwrs, dyw'r fath beth ddim yn digwydd yn sydyn. Yn ystod y misoedd cynt mae 'na lawer o sibrydion a llawer o anesmwythyd. Does neb yn gwybod ffynhonnell y straeon hyn ond mae pawb fel petaent yn argyhoeddedig o'u gwirionedd, ac os bu i hwn a hwn ddweud hynny, mae'n rhaid ei fod yn wir. Mae hyn i gyd yn cael ei frodio a'i ymestyn o'i ailadrodd yn fynych.

Efallai fod sibrydion fel hyn yn dod o ryw ffynhonnell wybodus ac wedi cael eu pasio mlaen fel llinell gyntaf yr ymosodiad i gyflyru'r dynion fydd yn cael eu heffeithio. Gall dynion gael eu cyflyru i unrhyw beth.

Yn sydyn mae cwmwl yn disgyn a gwyll yn llanw'r cwm cul. Caiff dynion eu dadrithio ac maent yn blino. Mae rhai teuluoedd ifainc yn pacio a mynd "tra bo pethau'n dal yn eitha". Dyw'r siopwyr ddim yn rhoi hen gownt bellach, ac mae'r pydredd yn cael gafael cyffredinol ar bethau.

Mae maint y cynnyrch glo yn disgyn yn frawychus ac mae'r rheolwyr yn pwyntio bys at hyn i gyfiawnhau'r sïon pan ddylai gael effaith gwbl groes i brofi bod yr awdurdodau'n anghywir.

The Last Bond

The closing of a colliery is very serious for the community, and I have noticed this even during my own lifetime. Of course, such a happening does not take place suddenly. During the preceding months there are many rumours and much unrest. No-one knows the source of these stories but everyone seems convinced of their authenticity and that if so-and-so said it, it must be true. This is all embroidered and embellished with frequent repetition.

It may be that rumours of this type find their origin in a knowledgeable source and have been passed along as a first line of attack to condition the men concerned. Man can be conditioned to anything.

The cloud suddenly descends and gloom fills the narrow valley. The men become disillusioned and tired. Some young families pack up and go 'while the going is good'. The shopkeepers no longer give 'tick' (credit) and the rot generally sets in.

The output of coal alarmingly drops and this is pointed out by management to justify the rumour whereas it should create the opposite effect, proving those in authority to be wrong.

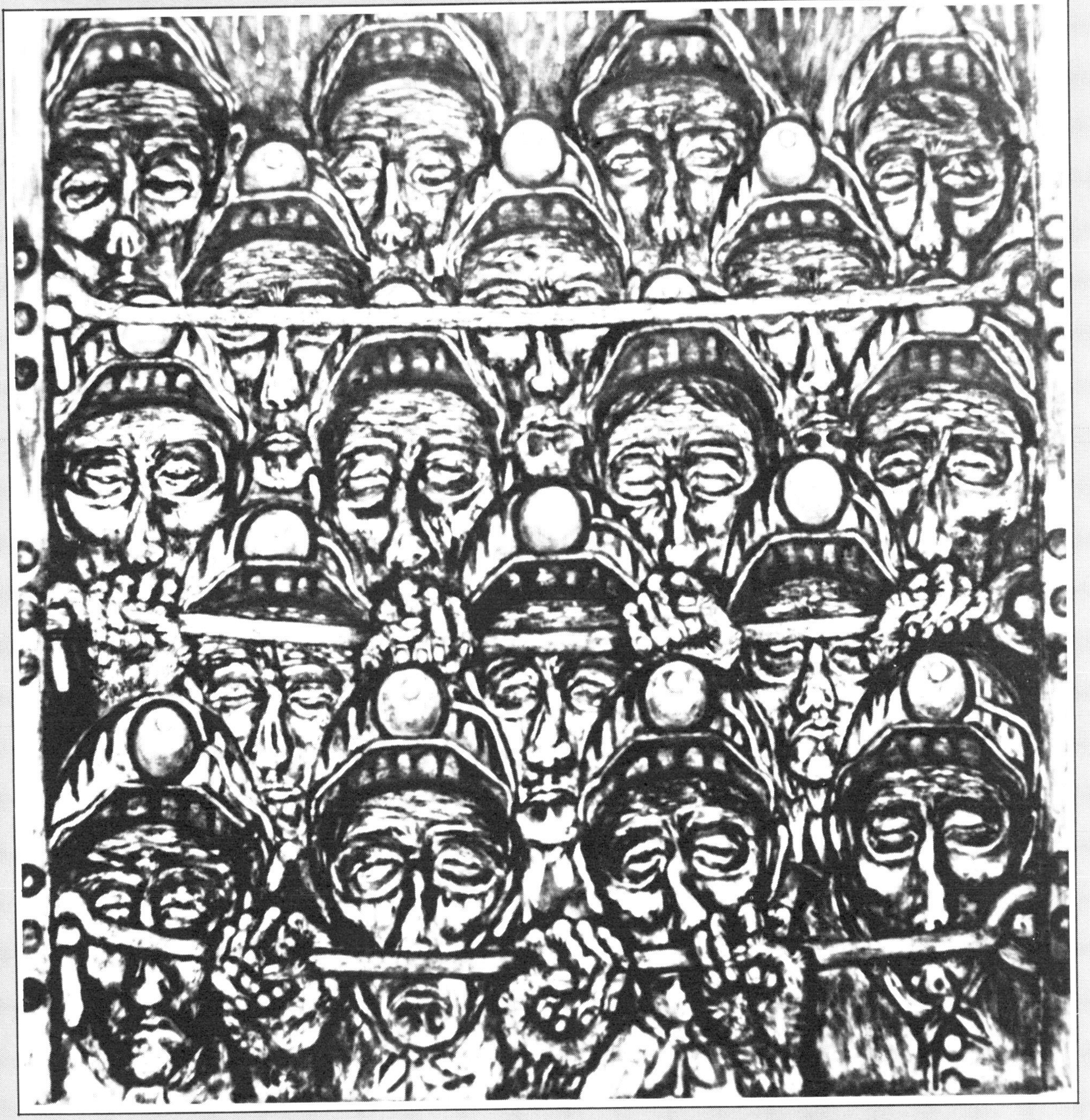

Profi'r Twyll

Yn ystod streic hir byddai'r ceffylau mewn pyllau dwfn yn cael dod i fyny i'r wyneb. Dychmygwch eu cyffro! Câi'r dasg anodd hon ei gwneud yn y nos; byddai gwneud hynny yn y dydd yn drysu'r ceffylau. Cofiwch, doedden nhw ddim wedi gweld golau dydd ers blynyddoedd ac mae'r hinsawdd yn wahanol iawn i'r hyn ydyw dan ddaear.

Yr alwad fyddai: "Maen nhw'n dod â'r ceffylau lan". Wrth glywed sŵn eu carnau ar gerrig y stryd byddai pobl yn sefyll ar stepen y drws, a'r plant yn cael golygfa dda o ffenest y llofft, ac yn ei mwynhau. Roedd hi fel petai'r syrcas wedi dod i'r dref.

Weithiau fe fydden nhw'n dod â nhw lan i geisio profi'r ochr arall. Glowyr allan yn gyntaf, yna'r dynion diogelwch, a'r ceffylau'n dilyn—rheolwyr a gweithwyr yn defnyddio'u cyfrwystra yn erbyn ei gilydd.

Ar fore Sul byddai tadau a phlant yn ymweld â'r ceffylau yn y cae, gyda'r plentyn ifancaf ar ysgwyddau'i dad—mae fel petai'r ffurf ddynol yn addas at hynny. Byddai'r plant yn talu teyrnged drwy ddod â darnau o fara a danteithion i'r merlod. Ar amser o'r fath rwy'n cofio cael rhybudd i ddal fy llaw allan yn wastad "rhag ofn iddo gymryd dy fysedd di bant". Doedd dim angen dweud ddwywaith!

Byddai rhai o'r ceffylau oedd wedi'u gollwng yn rhydd yn llawn *joie de vivre* yn rholio drosodd ac yn chwarae fel ŵyn. Byddai eraill yn sefyll ar eu pennau'u hunain o dan goeden, yn cysgodi ac roedd eu distawrwydd stiff fel petai'n gweiddi: "Mae hyn wedi dod yn rhy ddiweddar i ni".

Dywed fy nhad wrthyf mai un o wefrau mwyaf ei fywyd oedd anwylo wyneb ceffyl oedd wedi ymateb i alwad ei enw—agosatrwydd rhwng dyn ac anifail.

Calling the Bluff

During a long, protracted strike the horses in deep mines were brought to the surface. Imagine their excitement! This difficult operation was done at night; to do so in the daylight would lead to confusion. Remember, they had not seen daylight for years and climatic conditions are very different from those underground.

The cry would be: "They are bringing up the horses". At the sound of their hooves on the cobbled street people would stand on their doorsteps, the children having a great vantage point from the bedroom windows, and enjoying it. It was as if the circus had come to town.

Sometimes they were brought up as a bluff. Miners out first, then safety men, followed by the horses—management and workers using their wits against each other.

On Sunday morning fathers and children would visit the horses in the field, the youngest child being astride his father's shoulders—the human form seems suited for that. The children paid homage by producing pieces of bread and titbits for the ponies. At such a time I remember being admonished to extend my flat palm "in case he takes your fingers off". There was no need to be told twice!

Some of the emancipated horses, full of joie de vivre, *would roll over and play like lambs. Others would be standing alone under the trees, sheltering, and their stiff silence seemed to cry: "This has come too late for us".*

My father told me that one of the greatest thrills of his life was to pat the face of a horse who had responded to the call of his name—affinity between man and creature.

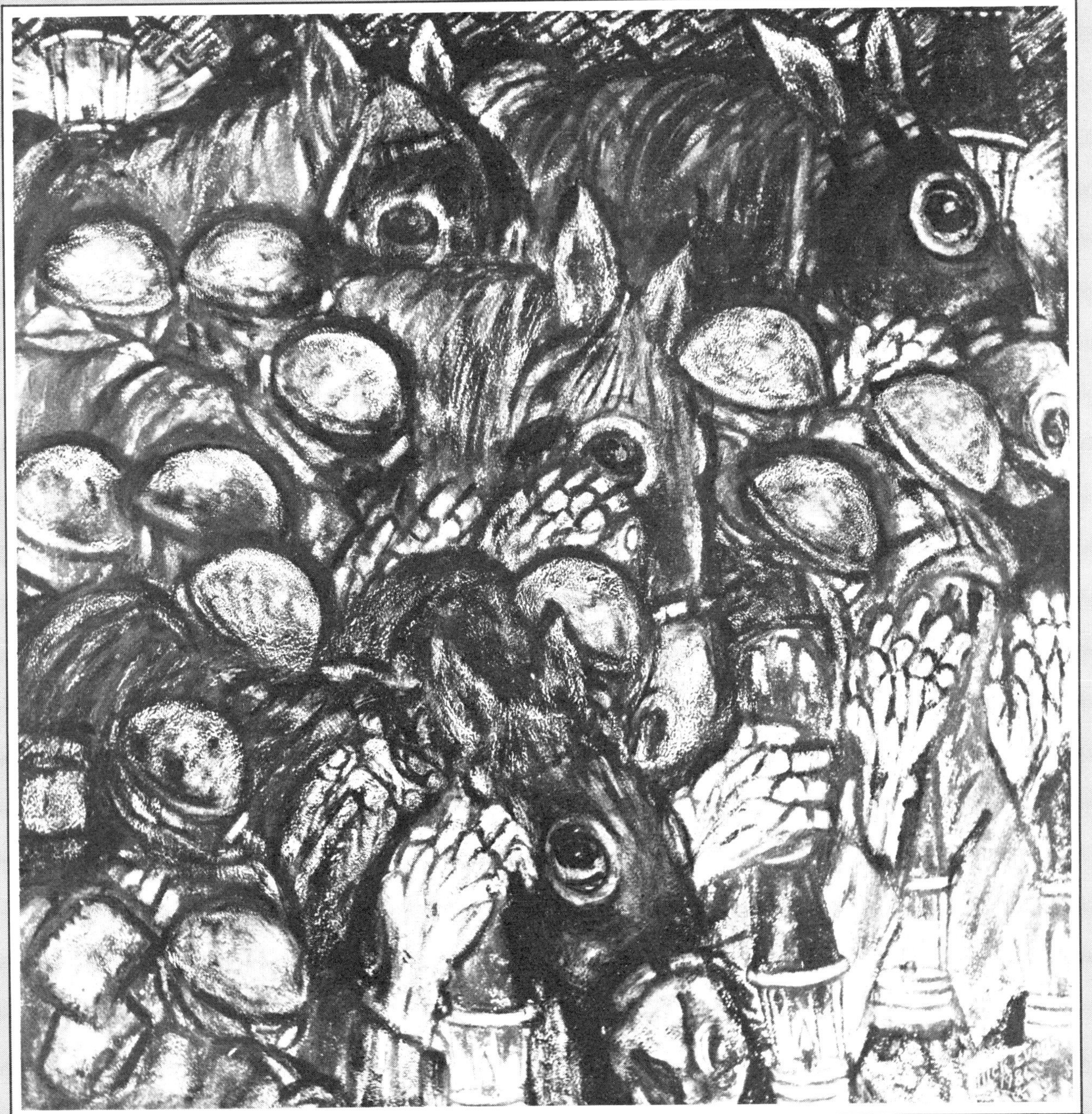

Y Protestwyr

Roedd cau pwll yn golygu diwedd cymdeithas. Gall gweithio mewn pwll lle bu'ch tad a'ch tad-cu o'ch blaen, ac yna glywed ei fod yn gorfod cau, fod yn ddechrau gofidiau.

All dim unrhyw faint o dâl diweithdra wneud iawn am y golled. Gall edrych fel petai'n esmwytho'r sefyllfa am ychydig amser, ond beth wedyn?

Roedd 'na amser pan oedd yna tua 25 pwll a lefeli dydd yn ac o gwmpas Cwm Dâr. Does dim un ar ôl.

Mae'n wir na allwn ni gymryd glo allan o'r ddaear yn ddi-ben-draw, ond rwy wedi clywed fod miliynau o dunelli ar ôl yn y cymoedd a'r bryniau, wedi'i roi o'r neilltu ar gyfer y dyfodol, a bod modd ei ennill drwy ddefnyddio peiriannau modern.

Roedd cau pyllau'n golygu bod siopau'n cau a masnachwyr yn symud i ffwrdd. Byddai'r safon byw yn gostwng a'r tlawd yn mynd yn dlotach. Roedd hynny'n effeithio ar ein Heglwysi a'n Capeli hefyd.

Y gri yw "symudwch i ffwrdd!", ond i ble all dyn fynd? Pwy sydd eisiau glöwr heb unrhyw grefft arall ac sydd yn dechrau tynnu mlaen, yn rhy hen i ddysgu crefft newydd?

The Protestors

The closure of a pit means the death of a community. To be working in a colliery where one's grandfather and father worked before, and to be told it must close can be the beginning of misery.

No amount of redundancy money can cover the loss. It may appear to ease the situation for a very short time, but what then?

There was a time when there were about 25 pits and day levels in and around the Aberdare valley. Not one remains.

True, we cannot take coal out of the ground indefinitely, but I have been told that there are millions of tonnes left in the valleys and hills, put into cold storage for the future, and with the use of modern machinery can be won.

Closure of the pits meant that shops closed and traders moved out. The standard of living fell, the poor became poorer. Even that had an effect on our Churches and Chapels.

The word is "move out!", but where can he go? Who wants a miner not skilled in any other craft and getting on in years, too old to learn a new trade?

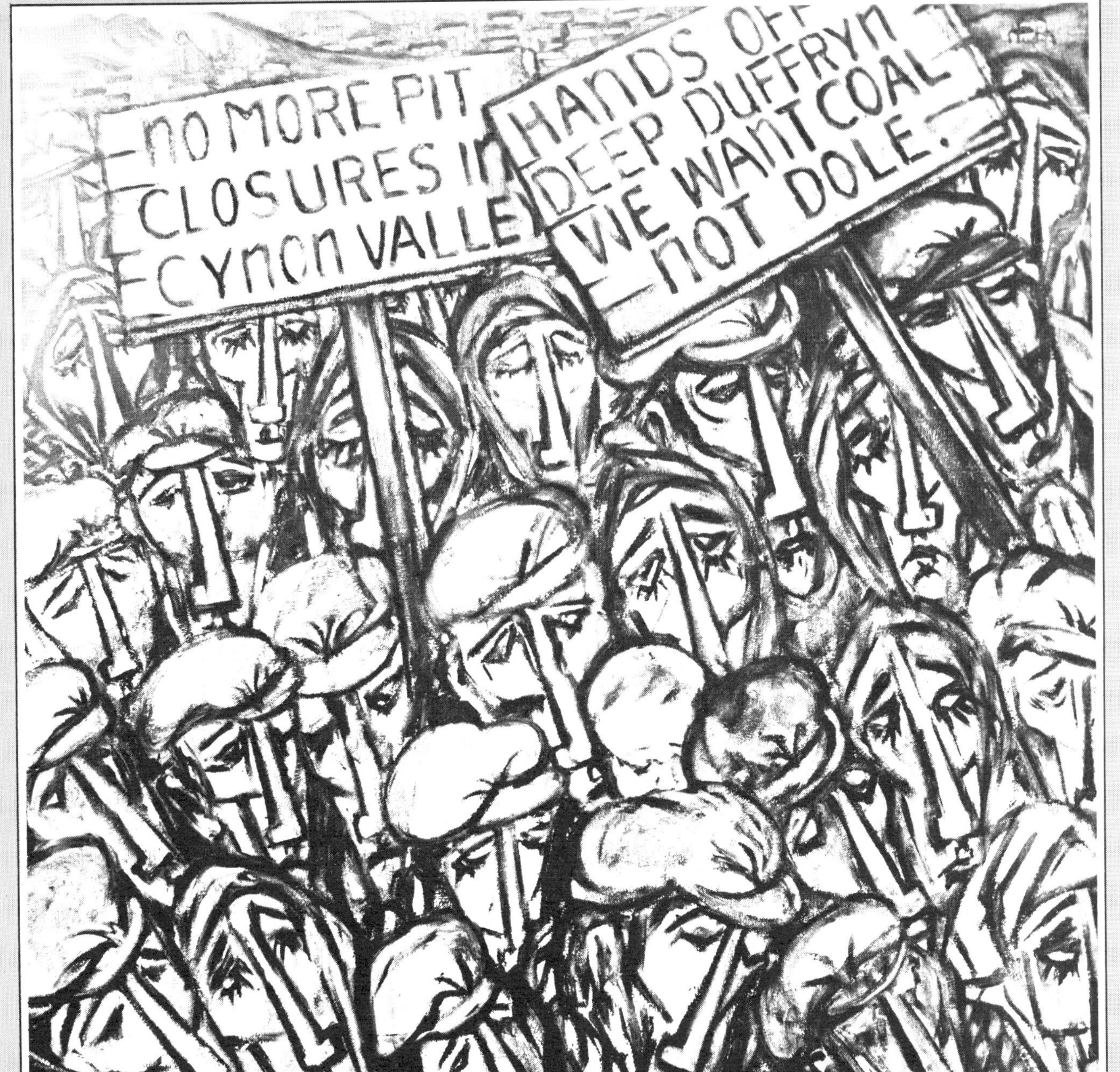
NO MORE PIT
CLOSURES IN
CYNON VALLEY
HANDS OFF
DEEP DUFFRYN
WE WANT COAL
NOT DOLE.

Pigo Glo yn ystod y Streiciau

Roedd cartrefi'r glowyr yn oer a drafftog. Byddai llawer, gyda'u teuluoedd, yn ymweld â'r tip i chwilio am ddarnau o lo yn ystod streiciau. Roedd rhai wedi mynd dros y safleoedd hyn drwodd a thro yn ystod streiciau blaenorol. Bach iawn oedd y wobr am gymaint o lafur. Roedd hyd yn oed hen ddarnau o bren, unrhyw beth a losgai, yn dderbyniol.

Doedd yna ddim unrhyw ffordd arall o wresogi ar y pryd. Wedyn y daeth nwy a thrydan. Rwy'n siarad am y tai ar ein pwys ni a'r tŷ lle roedd fy nhad yn byw.

Byddai mamau, tadau a phlant i gyd yn mynd i bigo glo gan gymryd cinio prin gyda nhw. Byddai pob math ar 'gerbyd' yn cael ei ddefnyddio, unrhyw beth ag olwynion—hen bramiau, cadeiriau babi a hyd yn oed feiciau.

Roedd angen i'r tywydd fod yn garedig ond fe aent beth bynnag oedd y tywydd, am fod yn rhaid mynd. Roedd y plant yn mwynhau'r profiad, fel y bydd plant, roedd yn beth newydd iddynt hwy ac roeddynt yn teimlo'u bod wedi tyfu lan ac yn ddefnyddiol.

Ar safle addawol byddai'r dynion yn llafurio drwy'r nos ac yn gweithio ar batrwm shifft gyda'u cymdogion. Ar amser fel hwn byddai goleuadau ar hyd y tipiau, fel pryfed tân anferth, wrth i lampau'r glowyr gyfrannu at yr ymchwil.

Petaen nhw'n ffeindio lle da ac yn cael hwyl gyda'r pigo fe fydden nhw'n gwerthu bag neu ddau am swllt (5c) i rywun yn eu stryd, gan eu galluogi felly i ennill mesur o wres ac ychydig o fwyd am y dydd.

Coal Picking During Strikes

The miners' homes were cold and draughty. Many, with their families, visited the slag tip to grub for scraps of coal during strikes. These sites had been dug over, and over again during previous strikes. They yielded up but a small return for much labour. Even old pieces of wood, anything that would burn, were acceptable.

There was no other form of heating at that time. Gas and electricity came later. I write of the homes in our vicinity and the home in which my father lived.

Mothers, fathers and children all went coal-picking taking a frugal lunch. All types of 'vehicles' were brought into use, anything with wheels—old prams, pushchairs, and even bicycles.

The weather needed to be kind but they went regardless of weather, out of necessity. As is usual with children, they enjoyed the experience, it was a novelty and they felt grown up and useful.

At a promising site the men would toil all night and work it on a shift basis with their neighbours. At such a time the tips would be studded with lights, like giant glow-worms, as the miners' lamps contributed to the quest.

Should they find a good place and hit 'the big time' with the picking they would sell a bag or two for 1/- (5p) to someone in their street, thus enabling them to have gained a measure of heat and a little food for the day.

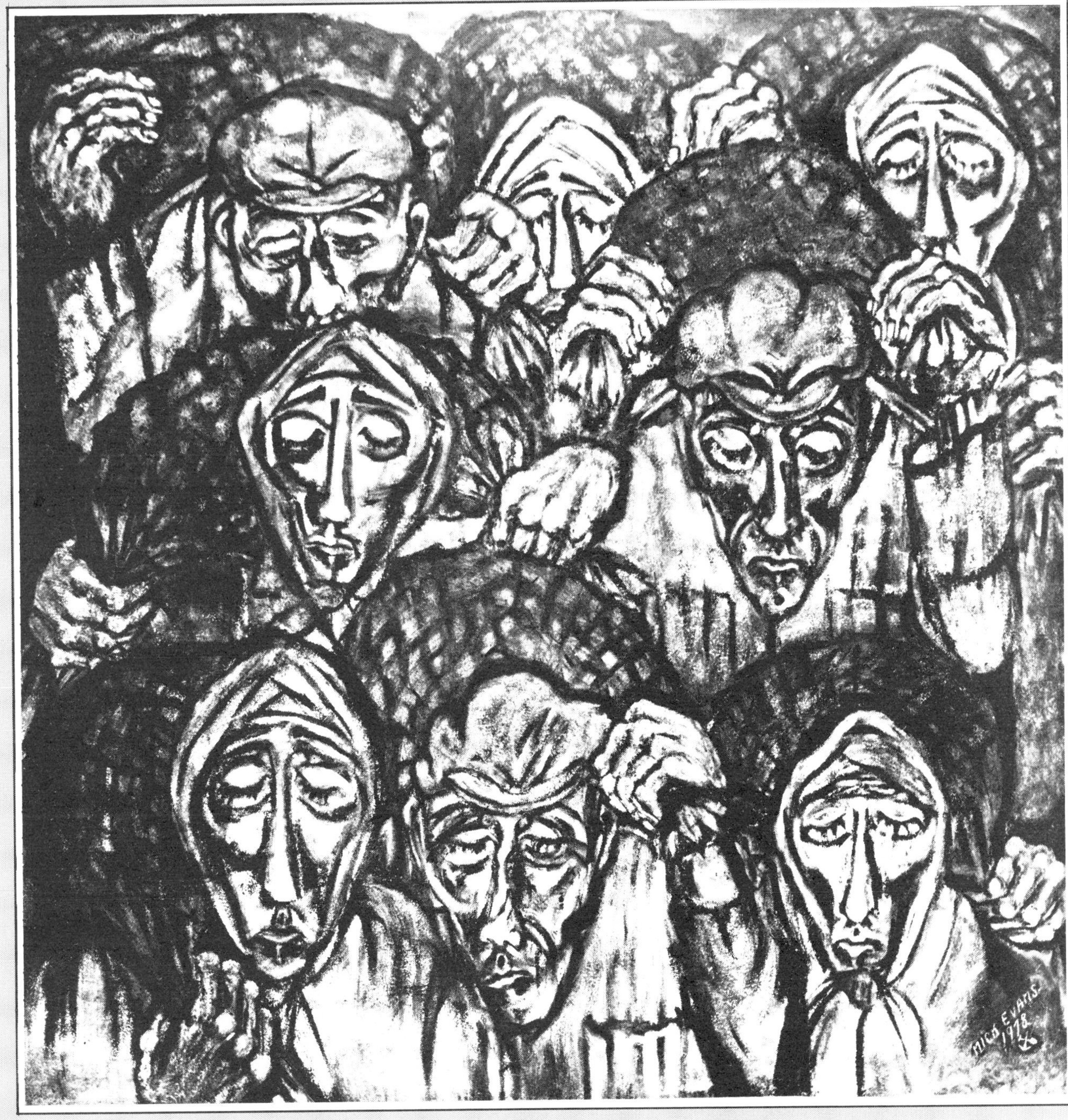
Mica Evans
1978

Trueni Segurdod

Roedd cael ei hun yn sydyn ar y domen sgrap ac yntau'n ddyn iach, yn grefftwr yn ei waith arbennig ef yn y pwll, yn torri ysbryd dyn.

Does dim yn waeth i falchder rhywun na gorfod mynd yn benisel i ofyn am gymorth. Peth trist yn wir yw gweld teulu'n cael ei effeithio fel hyn, ond os yw cymdeithas heb waith mae pawb yn teimlo'r effaith.

Yna roedd 'na unigolion wnaeth sefyll dros eu hawliau, a hawliau eraill. Roeddynt yn ddynion â nod arnynt, ac roedd yn rhaid iddynt adael y tŷ oedd yn gartref iddynt a'u ffrindiau oherwydd yr erlid a fu arnynt.

Pan ymddeolodd Nicholas Evans o'r Rheilffordd mae'n sôn pa mor ffodus y bu i gael ei hun yng nghwmni hen lowyr yn ystod ei droeon yn y Parc. Daethant yn ffrindiau agos ac roedd mor hapus pan oedd Sheba ac yntau'n medru cerdded o amgylch gyda nhw.

Nhw oedd yr ysbrydoliaeth ar gyfer ei luniau. Cawn ein taro o hyd gan argraffiadau, gallwn elwa ohonynt i gyd. Fe wnaethon nhw helpu hefyd i ddwyn i gof rai o'r golygfeydd yn y pwll. Dywed wrthyf iddo eistedd yno yn eu mysg "fel sbwng" (mae e mor ddramatig) ac er ei fwyn ef byddent yn cymedroli'u hiaith.

Ar un achlysur, ar ôl treulio'r prynhawn cyfan yn siarad am grefydd, sylweddolodd 'nhad nad oedd erioed wedi siarad â'r fath gynulleidfa. Roedd rhai ar fin marw, yn aeddfed i dröedigaeth. Dywedodd un wrtho "Dwy ddim wedi bod yn y Capel ers blynyddoedd". Atebodd fy nhad, "Fe fuoch chi heddiw". Mae'r Gair yn dweud, "Ble bynnag mae dau neu dri wedi'u casglu ynghyd yn fy enw i, yno yr ydwyf i yn y canol". Gall hyd yn oed yr awyr agored fod yn dir cysegredig.

Teimlai Dad ei fod yn 'un o'r bois'; dyna beth oedd y frawdoliaeth yn ei galw'i hun. Arwydd o ail blentyndod?

The Misery of Idleness

It was very demoralising for a healthy man, skilled at his particular work in the mine to suddenly find himself on the scrap heap.

Nothing is worse for one's pride than to go, cap in hand, and ask for assistance. Sad, indeed for a family to be thus affected; and not only here and there, but if a community is out of work everyone is involved.

Then there were individuals who stood up for their rights, and for those of others. They were marked men and had to leave their existing home, and friends owing to victimisation.

When Nicholas Evans finished work on the Railway he says how fortunate he was to find himself in the company of the old miners during his walks in the Park. They became close friends and he was so happy when he and Sheba were able to walk around with them.

It is they who were the inspiration for his paintings. We are bombarded by impressions all the time, it is grist to the mill. They also helped to recall some of the mining scenes. He tells me he sat among them "like a sponge" (he is so dramatic) and for his sake they would moderate their language.

On one occasion, after spending a whole afternoon talking of religion, my father realised he had never spoken to such a congregation. Some were almost dying, ripe for conversion. One told him "I have not been to Chapel for years". My father replied, "You have today". The Word says, "Where two or three are gathered together in my name there am I in the midst". Even the open air can be holy ground.

Dad felt he was one of 'the boys'; that's what this fraternity called themselves. Shades of second childhood?

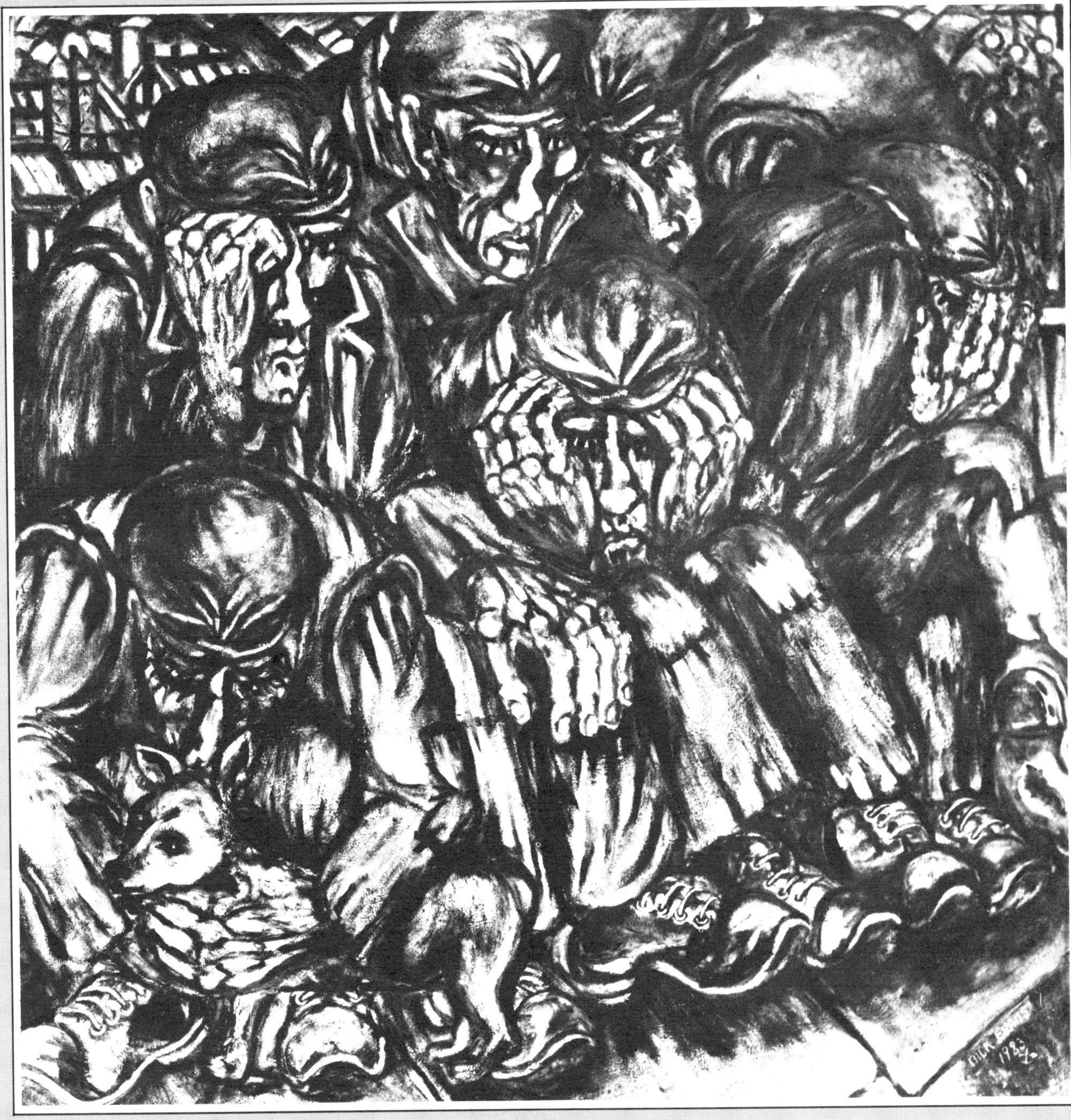

Cân Anobaith

Roedd hyn yn nodweddiadol o dyrrau bach o gantorion dros ddinas Llundain i gyd. Roeddynt wedi dod o Gymru a meysydd glo eraill yn y gobaith o wneud ceiniog neu ddwy i gadw'u teuluoedd yn fyw. I gyrraedd y brifddinas roeddynt wedi cerdded, roeddynt wedi blino ac ar lwgu, ond cawsant eu bod yn gallu canu hyd yn oed â'u hysbryd wedi'i dorri. Er gwaethaf eu cred optimistaidd darganfuasant yn fuan nad oedd y strydoedd wedi'u palmantu ag aur.

Mae'r olygfa gyferbyn yn dangos eu helynt, a hefyd eu penderfyniad i aros yn fyw. Mae'r ysbryd hwn yn gynhenid mewn glöwr.

Roedd llawer o'r cwmni wedi ffarwelio'n drist â nhw yn ystod eu taith wrth gael cynnig gwaith ar y ffordd. Y cwestiwn a ofynnid wrth guro ar ddrysau'r ffatrïoedd mawr oedd: "Fedrwch chi chwarae ffwtbol?" "Pa safle?" Mae dyn yn cael ei atgoffa o'r cwestiwn flynyddoedd ynghynt "Allwch chi ganu?" Bryd hynny roedd gwaith yn y pwll; y rheolwr a'r ofermyn oedd pileri'r Capeli ac roedd gan bob addoldy ei gôr ei hun.

Yn ystod eu taith rhoddodd rhai pobl garedig esgidiau a dillad iddynt a thrin eu traed gwaedlyd, ac weithiau câi hyn ei ddilyn gan le i gysgu. Roedd yna lawer o gymwynasgarwch yn dal yn yr hen fyd yma.

Fe allwch chi ganu, ond pan ydych chi'n llythrennol yn canu am eich swper rydych chi'n cynhyrchu cân sy'n cael ei geni o anobaith. Dywedodd rhywun wrthyf fod rhai o'r cantorion mwyaf llwyddiannus wedi bod â deigryn yn eu llais.

Ar ôl diwrnod o fegera byddent yn cysgu'n arw ac yn anfon eu henillion prin adref lle roedd yr angen mwyaf. Roedd nifer o ffrindiau'r arlunydd ymhlith y cerddwyr, ond ers hynny maent wedi cerdded gyda'r fintai ddi-rif honno tua'r machlud.

Song of Desperation

This was typical of small groups of singers all over London. They had come from Wales and other coalfields in the hope of making a little money for the survival of their families. To reach the capital city they had walked, were tired and starving, but found they were able to sing even with a broken spirit. In spite of optimistic beliefs they soon discovered that the streets were not paved with gold.

The scene opposite shows their plight, and also their determination to stay alive. This spirit is inherent in a miner.

Many of the company during their journey had taken a sad farewell being offered work on the way. The question asked as they knocked at the doors of the large factories: "Can you play football?" "What position?" One is reminded of the question years earlier: "Can you sing?" Then there was work in the pit; the manager and overmen were the pillars of the Chapels and each place of worship had its choir.

During their journey some kind people gave them shoes and clothes and attended to their bleeding feet, and this was sometimes followed by a place to sleep. There was still much philanthropy in this old world.

You may sing, but when literally singing for your supper you produce a song born of desperation. I have been told that some of the most successful singers have been known to have 'a tear' in their voice.

After a day's begging they slept rough and sent home their small earnings where the need was greatest. Many of the artist's friends were among the marchers, but have since marched with that vast army into the sunset.

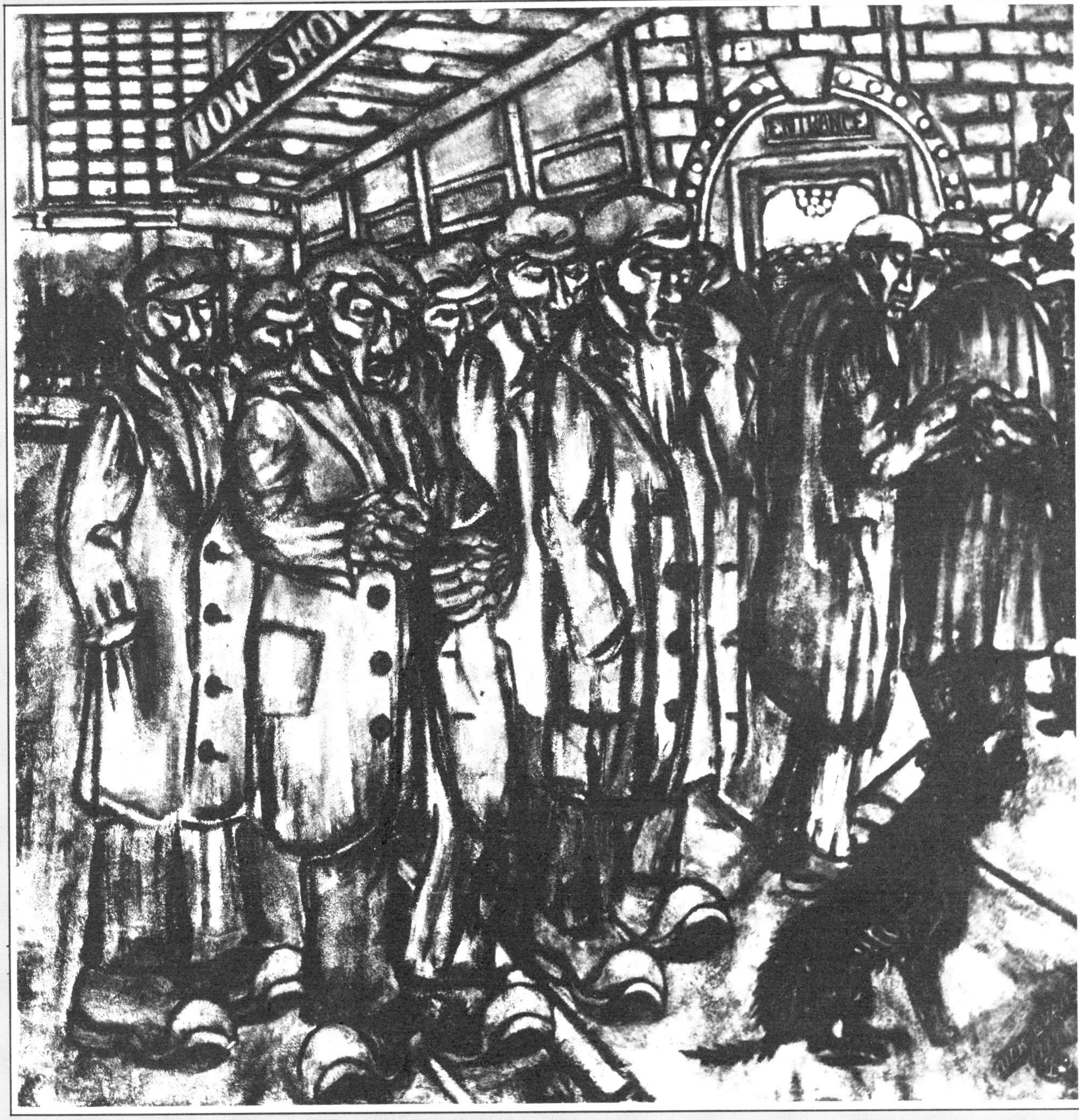
NOW SHOW
ENTRANCE

Llwch i'r Llwch

Dyma ddyddiau'r angladdau mawr. Byddai'r Capel cyfan yn mynd iddynt, a llawer rhagor hefyd. Roedd yna berthynas rhwng pobl â'i gilydd, roedd pawb fel petai'n perthyn i bawb arall. Dim syndod, dyna oedd dyddiau'r teuluoedd mawr.

Doedd dim ots i ba enwad roedd y marw wedi perthyn. Roedd yn rhaid iddynt ddangos eu parch. Y sylwadau oedd "Dyna angladd hyfryd", "blodau pert", ac ati. Roedd hi fel mynd i'r Cwrdde Mawr.

Fel arfer ceid dwy bregeth gan bregethwyr oedd yn enwog am bregethau angladdol, yn atgoffa rhywun o bregethu awyr agored John Wesley, ond os oedd y tywydd yn ddrwg câi'r gwasanaeth ei gwtogi.

Ceid canu yr holl ffordd i'r fynwent ac at ochr y bedd; byddai'r bryniau a'r cwm yn atseinio gyda'r caneuon mawl. Roedd llawer â dagrau yn eu llygaid, eto i gyd roeddynt yn hapus.

Ar un achlysur roedd yr arlunydd wedi mynd i'r dref 'am awr fach' a dychwelyd dair neu bedair awr yn ddiweddarach. "Ble'n y byd mawr fuoch chi?" oedd y cwestiwn. "Rwy wedi bod mewn angladd, roedden nhw'n claddu hwn a hwn". Roedd wedi gweld y dorf yn mynd heibio ac wedi ymuno â hi i ddangos ei barch.

Pan fyddai un angladd drosodd byddai'r cantorion yn aml yn ymuno ag un arall. Byddent weithiau'n cerdded milltiroedd yn cario'r corff. Byddent yn marcio lleoedd ar hyd y ffordd. Byddai dynion yn ymuno i gymryd eu tro i gario'r ymadawedig. Roedd pawb fel petaent yn barod iawn i gymryd rhan.

Ashes to Ashes

These were the days of big funerals. The whole Chapel turned out and many more besides. There was a kinship between the people, everyone seemed to belong to everyone else. No wonder, they were the days of large families.

It was irrelevant to which denomination the deceased had belonged. They had to show their respect. The comments were: "What a lovely funeral"; "beautiful flowers", etc. It was like going to 'Cwrdde Mawr', a big meeting in the open air.

There were usually two sermons by preachers who were renowned for this type of send off, reminiscent of the open air preaching of John Wesley, but if the weather was adverse the service was curtailed.

There was singing all the way to the cemetery and at the graveside; the hills and valley echoing with the songs of praise. Many had tears in their eyes, yet they were happy.

On one occasion the artist had gone to town 'for an hour' and returned three or four hours later. "Where on earth have you been?" was the question. "I have been to a funeral, they were burying so-and-so". He had seen the cortège pass and had joined it to express his respect.

When one funeral was over the singers would often join another. They would in some instances, walk for miles carrying the body. There were marking places along the route. Men would join in to take their turn at carrying the departed. Everyone seemed most willing to participate.

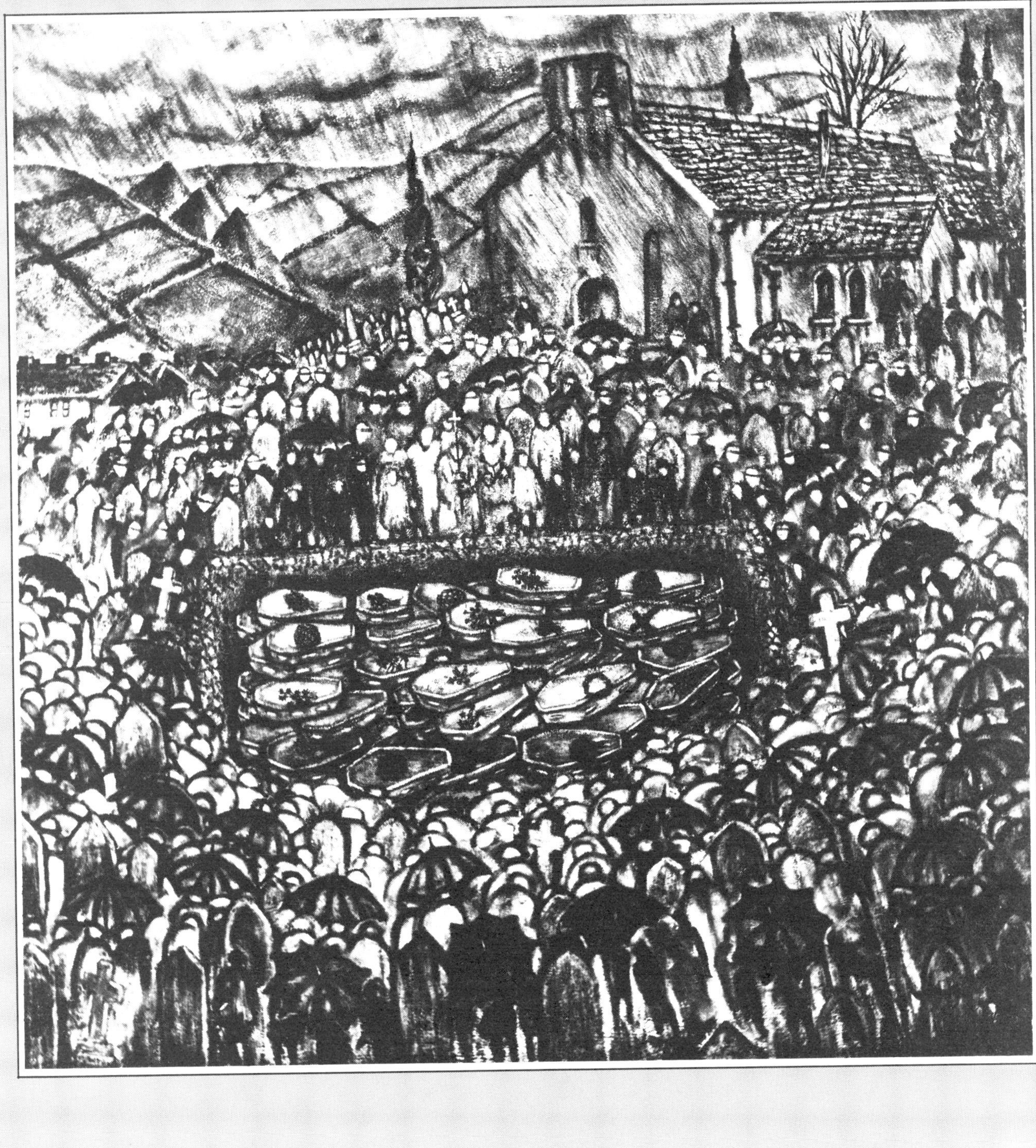

Yr Utgorn a Gân!

Dwy ddim am orffen y llyfr hwn o ddarluniau ar nodyn trist. Mae angladdau yn rhan anorfod o fywyd, ond dydyn nhw ddim mor derfynol ag y mae rhai'n ei feddwl.

Darlun o atgyfodiad y meirw yw hwn. Mae'r llun yn f'atgoffa i o beth o waith William Blake. Sylwch ar y torfeydd o angylion yng nghorneli uchaf y darlun.

Yn rhyfedd ac ofnadwy y gwnaed dyn—ysbryd, enaid a chorff, ac nid yw ei fodolaeth wedi'i chyfyngu i ryw 70 neu 80 mlynedd. Mae 'na barhad i fywyd. Rwy'n hoffi meddwl am gladdu fel plannu—plannu bylb sy'n edrych yn farw ond sy'n gyfoethog o botensial bywyd. Meddyliwch am atgyfodiad y Gwanwyn pan fo'r bylb yn blodeuo mewn bywyd newydd.

> "Wele, yr wyf yn dywedyd i chwi ddirgelwch: Ni hunwn ni oll, eithr ni a newidir oll mewn moment, ar drawiad llygad, wrth yr utgorn diwethaf: canys yr utgorn a gân, a'r meirw a gyfodir yn anllygredig, a ninnau a newidir."
>
> (1 Corinthiaid XV—51,52).

Bydd yr atgyfodiad hwn yn digwydd ar ailddyfodiad yr Arglwydd, sydd yn agos yn y dyddiau hyn. Mae'r arwyddion a roddwyd yn yr ysgrythurau yn cyfeirio tuag ato. Sylwch fod rhai o'r beddau yn y llun heb eu cyffwrdd na'u heffeithio gan yr atgyfodiad, gan mai gobaith Cristnogion yn unig ydyw.

Mae Paul yn sôn am hyn yn Philipiaid pennod 3, adnodau 10 ac 11 fel atgyfodiad y meirw, Crist yn dod am Ei eglwys cyn y milflwyddiant.

Changed from glory into glory,
Till in heaven we take our place;
Till we cast our crowns before Him
Lost in wonder, love, and praise. (Charles Wesley)

The Trumpet Shall Sound!

I am not inclined to end this picture book on a low note. Funerals are an inevitable part of life, but are not final as some believe.

This last illustration is of the resurrection of the dead. The picture reminds me of some of William Blake's work. Note the companies of angels in the top corners of the painting.

Man is fearfully and wonderfully made, spirit, soul and body, and his existence is not limited to a mere 70 or 80 years. There is a continuation of life. I like to think of burial as a planting—the planting of a dead-looking bulb rich with the potential of life. Just think of the resurrection of Spring when the bulb blossoms into newness of life.

> *Behold, I shew you a mystery; we shall not all sleep, but we shall all be changed,*
> *In a moment, in the twinkling of an eye, at the last trump; for the trumpet shall sound, and the dead shall be raised incorruptible, and we shall be changed.*
>
> *(1 Corinthians XV—51,52).*

This resurrection will take place at the second coming of the Lord, and is imminent in these days. The signs given in the scriptures point to it. Note from the picture that some of the graves are undisturbed and unaffected by this resurrection, it being the hope of the Christian only.

St Paul speaks of this in Philippians chapter 3, verses 10 and 11 as the out-resurrection, Christ coming for His church prior to the millenium.

Changed from glory into glory,
Till in heaven we take our place;
Till we cast our crowns before Him
Lost in wonder, love, and praise. *(Charles Wesley)*

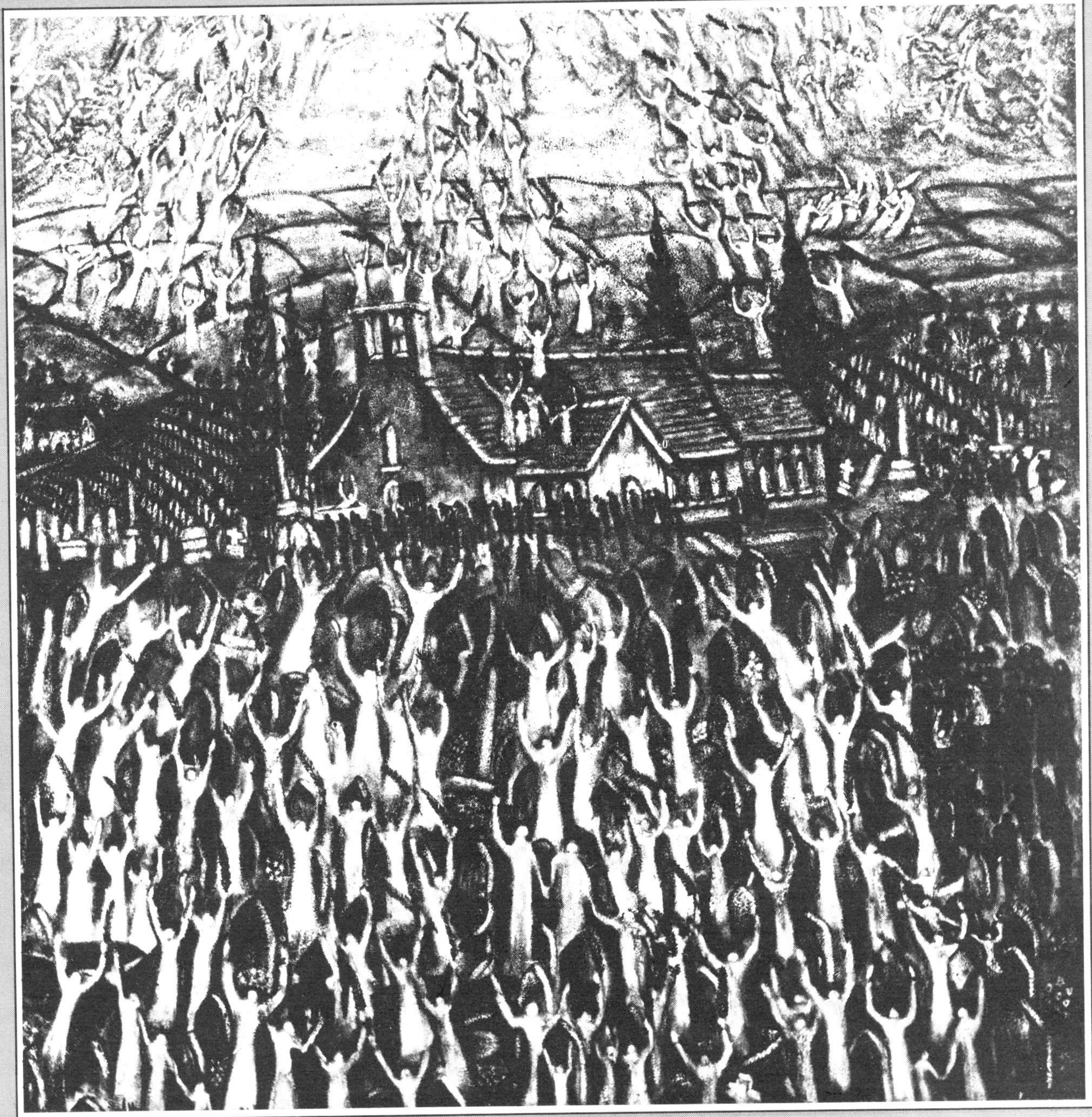

EXCERPTS FROM WRITINGS AND INTERVIEWS

KEITH TOWLER WRITING OF NICHOLAS EVANS

. . . The only artist who seems to have meant anything at all to him is Van Gogh. Superficially there is no relationship except for a Sunflower painting. It is very rich in colour, bright yellows and mellow browns on a green background, and a very lively picture, painted on canvas. The paint is quite thick and very textural. In his mining scenes the texture element is really strong, although the paint itself is not built out from the board in solid lumps. The technique of rubbing in paint gives the appearance of many textures, even though the resulting painting is quite smooth. His technique took him a long time to perfect. The idea of finger and rag came about because he simply could not afford brushes, but as he says, "If you stick at something long enough you will master your problem", and it is through trial and error that he has become, in my opinion, a great painter.

He calls himself "a pictorial historian of mining". He has studied mining history thoroughly and at one time he had built up a formidable collection of over two hundred items connected with the collieries including some miners' lamps, tram wheels and drills . . . his collection included lamps from South Africa and Belgium. His years of research on mining history and equipment have stood him in good stead, his paintings are crammed with information, miners are amazed at the details of drams, rails and tools. A visiting doctor marvelled at the accuracy of the anatomical details of the miners' heads and naked chests, and the way the men carry their silicosis-racked bodies.

It may seem to anyone who does not know Nick Evans, that he must be quite a sad, depressing figure, but this is not so. He is quick witted, a highly amusing and colourful man, not harsh, but kind. The colour and brightness of his Sunflowers are more akin to his character.

He is not, as many people believe, a primitive; he is an exceptionally skilled and gifted artist.

EXCERPT FROM AN ARTICLE BY GERDA ROPER

Despite his lack of art training, he does not paint in what could be traditionally described as a naïve way. Rather there is the black perversity of Goya, combined with the visionary qualities of Blake. Painted in monochrome black, and talking of the pits, he successfully evokes the feel of coal and its dusty and silky pervasiveness, but there are within the paintings, certain chords and rhythms that transmit, even while contemplating something as sad as a pit disaster, something of the fascination of the love/hate of a close involvement.

FROM AN INTERVIEW WITH PHILLIP GEORGE FOR ARCADE, 13th DECEMBER, 1980.

I would wish a meeting with Nicholas Evans on anybody. He is an utterly authentic person, without a false note in his voice. At a time when anger is unavoidable but is more often fashionable, he is a gentle visionary. He has been lauded by the art world and says that he is picking up its jargon, but his first references are to giving talks to the Girls' Grammar School, the Glynneath OAPs and the Rotary.

Some have called him a romantic because he paints miners in muscled pride, their faces, bodies and tools somehow embossed and burnished in the gloom. Well, such a view misses the bleakness and the cost which is also in the paintings, but he has the true ambivalence of miners in their attitude to the pit. He told me of how small boys would boast of their fathers and elder brothers, the "big hewers". He said they would play on top-pit, go into old levels with oil lamps to see coal—"we loved the look of coal".

When he recalls starting work, he rolls the names of the collieries round his tongue, like magic: "I was strong and I loved it". But at nineteen, his mother, who had been a pit girl, pressed him to leave the mines where his father and uncle had been killed, so he went to work on the Railway, and he didn't like it.

Critics have seen in the paintings an affinity with early Van Gogh, or the musculature of Blake, or the forceful stylisation of Mexican muralists. The comparisons are helpful, but Nicholas Evans paints from himself, burrows into his private images. The critics also struggle with phrases like "abstract yet realistic", and you can see why, because often, at first, you are only aware of shapes in sinewed tension, until the figures and the tools of the miners become clear, filling their workspace.

Much of his talk was religious, with that Biblical life that so often gives the archetypes of his figures and compositions, but also with a wide-eyed wonder at the world. I thought the ladder of being was only part of the Elizabethan world picture, until I heard him talk of what modern man has found, from the immensities of space to the forms under a microscope.

I taped his talking, and as it reached the end, he referred to a painting of the underground chapel at Fforestfach in Swansea, during the Revival. It's typical of his clear vision that he shows the overmen looking on, thinking that time was money; but even more typical is that he shows them with their caps off for God. His voice started to rise and lilt: "He subdues the flames, doesn't He? He makes the boisterous waves to obey Him, lulls them to sleep like a child upon its mother's breast". That's the authentic voice of a dreamer from a black Eden.

EXCERPTS FROM AN INTERVIEW WITH NICHOLAS EVANS BY BERNARD O'HIGGINS FOR ARTLOG (1979)

Bernard O'Higgins:
Did you have an art teacher?
Nicholas Evans:
We did not have an art teacher, as such (at school). It was assumed that one knew how to paint, as far as I remember. The teacher would walk behind the rows of children and commend some, and to other children she would say, "Well, you should do better".

Now I remember we were painting snowdrops and the boy next to

me painted thick stalks, but I painted the snowdrops, hardly touching the paper. I had sucked the top of my brush and barely touched the paper to do the snowdrops. I bent it back to show the weight of the flower on the frail stem; but the boy had done a thick stem, I remember that.

Then I remember when I was doing hips, rose hips, and I did not fill in the centres. The teacher asked me, "Why didn't you fill in the centres?" "Because it was white", I said, "It's shiny, miss", I said. We never had a black paint. It was green and red, so I dipped my brush into the inkwell and touched the end of the rose hip to produce a dark colour.

I recall painting on a particular St David's Day. I was supposed to copy a dragon which was on the wall, but I did the claws my way and I also did the body of the dragon my way. Well, I remember the teacher chastising me because I hadn't made an exact copy. But I was doing it my way. I always knew I could paint. I was like that for many years.

Bernard O'Higgins:

Have there been many opportunities in your life to visit Art galleries and exhibitions?

Nicholas Evans:

No, no. I never went. I don't seem to have had the time, although I felt somehow that it was for me—but in the future—then I would visit galleries. I want to visit the galleries now. I used to go to Cardiff Museum. I got to know the paintings there, but I felt that all that was a wider source of research and knowledge which would lie in the future. Now at this late stage I'm reaching out to know more and more of the art of painting, although I have been told not to get too involved or it could spoil my style.

Bernard O'Higgins:

During and after the General Strike of 1926 the miners did not turn communist. Can you shed some light on this and how strong a source is it for your paintings?

Nicholas Evans:

Well for me, I put it down to the religious influences of the Church. This helped to tame the rebelliousness of the people. The singing of the hymns, the preachers, the presence of godly men among the hotheads gave them hope. No-one benefits by going against the establishment bare headed, like a bull at a gate. My paintings are of those times. The lock-outs, groups of men holding meetings. Things like that I want to show. I would say they were wonderful days for the children of God. They felt the pinch but they knew it helped their character.

. . . Now Lowery said that it's hard work painting, but I don't see that. To me it's a joy. To me it has renewed my life. When I left the railways I was not well. I was a sick man. Now I seem to have found a new lease of life, a new purpose of being, and behind it all is my religion. Would it surprise you if I say that I pray before I paint? That when I'm painting I'm praying? I give it to God as an offering, as an act of worship, that's me, that's Nick Evans. I don't know how others behave, but when I paint a picture I paint it as an act of worship to God.

Bernard O'Higgins:

Bold, black drawing is one of the strongest elements in your paintings. How do you gauge this dramatic quality and are you critical of the results which you achieve?

Nicholas Evans:

Take the critic, now. No man ever became a great painter without first being a critic. These are my own observations. A painter must criticise his own work before it goes on view to the public. This statement and this fact may discourage people from ever taking up a brush. You can be too much of a critic, you must be kind to yourself as well. You must allow for improvement. To be creative you must be a critic. I know when one painting is better than another. I know when one figure is better than another. My mother was a pit girl and although the painting of her is in black and white it has a texture. It's smooth, not as rugged as the rest. Well all my days are not the same. My critical faculty is not as keen some days. I've seen a picture of mine hanging in a gallery and I've felt that I ought to touch it up again. I'd like to do this again, I'd like to have it back. It's because I have improved on yesterday, that's why it's wise for a painter to have two or three paintings on the go. Of course a lot has to do with your mood when you paint. You can't paint a happy painting if you are feeling sad, although I find that strange. I'm a happy man in myself yet all my paintings are sad. —Such is the paradox of life!

Bernard O'Higgins:

Do you draw prior to commencing a painting or do you draw straight on to the board without any preparatory drawing?

Nicholas Evans:

Straight on to the board. I've discarded charcoal or any other means. I draw straight on to the board, using my fingers. I start straight away without any drawing because, in looking at the board and having a picture in my mind, I seem to know where to place every character before I put it down. To me it's easy. It's so easy to me it's as if I'm cheating. To another man it's a struggle where to put the different figures. I see the figures there and I can do it right away without any drawing at all; but at the same time there should be drawing, I believe, because the basis of all good painting is strong drawing.

Bernard O'Higgins:

Your paintings are a dramatic narrative of the miner's life. In the end what role do you feel they will play in enlarging our concept of their lives?

Nicholas Evans:

I intend my pictures to arrest you. You can go to a picture gallery and pass pictures of lovely flowers, or a vase of daisies, or some trees. I'm hoping that when you come upon a painting I have done, you will stop. It's very sad if one spends hours painting and for that painting to be hung in a gallery and people pass it by.

We are living in a time when people are so insensitive to beauty, art and architecture that you have to cry out with a loud voice. That is what I am trying to do.

JOHN RUSSELL TAYLOR WRITING IN THE TIMES SEPTEMBER 26th, 1978

Discovery and rediscovery time around the London galleries. Of the discoveries, Nicholas Evans is the most extraordinary . . . you might suppose, another more or less talented, more or less interesting primitive. Not a bit of it . . . You are immediately conscious that here is a sophisticated painter, completely in control of his style and his subject matter. There is nothing hit or miss about these paintings. The paint is built up slowly, lovingly, in a way that sometimes bizarrely recalls the work of another eccentric outsider, Denton Welsh—the same sort of rusticated textures . . . And the compositions are often extraordinarily intricate and sustained over the whole sizable surface. In the London show, for instance, paintings like "Women Hauling the Sleigh" or "Collapse of the Roof" have the dynamic intensity of a coiled spring; forced like an early Rossetti drawing (another unlikely comparison)

within the constrictions of the frame, they yet have none of Rossetti's static quality—they are bursting to get out . . . but for the most part Evans seems to have sprung fully armed out of nowhere. He is difficult to account for and, now that he has arrived, impossible to ignore.

EXCERPT FROM THE ABERDARE LEADER *AUGUST 4th, 1983 BY JOAN REES*

More than 40 paintings by Trecynon artist, Nicholas Evans, have been on display to the public at the Penglais Art Centre, Aberystwyth.

His name was embossed in two foot high red letters on the walls of the Great Hall.

It was an ideal stage for his one-man exhibition, and excellent timing as hundreds of relatives and friends of new graduates congregated at the Great Hall for graduation ceremonies.

As I mingled with the crowd from all parts of Britain and abroad I listened intently to their admiration and criticism of the square yards of white primed masonry board smeared with blue-black paint to produce the unique sculpture-like finish to his mining and religious scenes.

I felt a great pride in the work of this man from my own valley and wanted to tell everyone 'I know this artist—he is from my home town'.

This man who has become world famous and recognised in his own lifetime only last week gave his precious time to visit the Cynon Valley Children's Art and Craft Exhibition at the Aberdare College of Further Education where he was perfectly at home giving an informal lecture on art to a dozen Boys' Comprehensive schoolboys.

I wanted to tell everyone that it is not only his art works that are unique but that the man himself is a wonderful character.

EXCERPT FROM THE LEADER, *SEPTEMBER 14th, 1978.*

Professor Lawrence Gowing, of the Slade School of Art, London, was speaking at the opening of the exhibition of work by Nicholas Evans, Harriet Street, Trecynon, Aberdare.

Some 27 of Mr Evans' oil paintings, mainly depicting miners at work underground, are on show until the end of the month at Oriel, the Welsh Arts Council gallery in Charles Street, Cardiff.

There is also a simultaneous exhibition in London.

Mr Evans, members of his family and friends were at the opening to hear Prof. Gowing pay a tremendous tribute to his work.

Also present were a number of art lovers and staff and members of the Welsh Arts Council.

Prof. Gowing said: "I think we all know we are present at an occasion which is extraordinary—one that happens perhaps very rarely, once a hundred years I would say.

"We get to know an artist in full production, in the full exercise of the talents he is gifted with and the whole revelation of his ability strikes us in a great flood, with dozens of pictures in two capital cities.

We are all astonished and grateful and thankful and submerged in the talents of a painter we did not know existed a few months ago".

Prof. Gowing said the paintings were a permanent contribution to art—"to modern art, to the art of our time and, I guess, to the art of all time".

He said he was accustomed to being cynical and sceptical, but this was the genuine article. "We should support Nicholas Evans in everything he wants to do and give him support to paint as many pictures as it is in him to paint."

One of the most remarkable things, he said, was that these were paintings about something. "We are suddenly privileged to see large quantities of pictures about something after years of looking at pictures about nothing," said Prof. Gowing. "We suddenly see pictures in two capital cities about something—sorrow, work, bereavement, courage, death and life" . . . "Every trade union in this country should own one of these pictures," he said, "because this kind of art gives the fullness of the realisation of the role of the working man".

Again, referring to the paintings Prof. Gowing said, "The room at the back (at Oriel) is one of the greatest, most monumental experiences a living artist has given us". He compared the work of Nicholas Evans to Breugel, Tintoretto and the Mexican school of painters.

PHILIP VANN WRITING IN ARTS REVIEW, *SEPTEMBER 1985, OF NICHOLAS EVANS' EXHIBITION AT BIG PIT MINING MUSEUM, BLAENAVON*

Inexcusably, the 1982 exhibition "Coal: British Mining in Art 1680-1980" excluded the works of arguably the finest contemporary painter of life underground. Nicholas Evans, who was born in 1907 in Aberdare, South Wales, began painting at the age of 68—creating, with blue-black and white paint manipulated by fingers and thumb on vast boards, pictures of complex primitive rhythm and grand, tragic effect. These evoke the sufferings and the dignity inherent in the lives of nineteenth and early twentieth century mining folk—men, women and even children.

Amazed awe at the creation of such noble works seemingly out of the blue (or, in this case, the blue-black) has been the reaction of many critics, curators and spectators, and rightly so, as this current show so tremendously demonstrates. Evans himself, a miner in early manhood, and afterwards a railway engine driver, is an inexplicable artistic phenomenon and a seer—a visionary of darkness visible.

When visitors to the Big Pit go underground, there is a moment when all light is temporarily extinguished. The result is pitch blackness—indescribably vivid and almost palpable. Evans' miners are themselves threatened with such extinction. Life in this claustrophobic, subterranean context, where disaster always looms, is charged with frightening clarity and, paradoxically, lucidity. The miner is utterly dependent on the resourcefulness of his 'butty'. There is no comradeship, miners tell us, comparable to that between men underground.

To regard the largest picture here, DIGNITY OF LABOUR (measuring 6 ft × 4 ft), is suddenly to stand above a deep, narrow tunnel. Thick black lines distinguish broad torsos, clenched muscles and sinews, sturdy knuckles, chests whose nipples are like eyes (there are no facial features visible), picks hewing. This is an ancient dance of men straining, celebrating, agonising together. Painting in monochrome, Evans has instinctively recreated the glittering blackness and dusty sweatiness of the pits. But this is no Social Realist work, despite its title. As a study of true mates, it has all the compositional compulsion of an Abstract Expressionist masterpiece.

THE BROKEN ROPE is what may be termed a Subrealist vision. Lamps, skullheads, soles of feet, hands, picks—all are horribly

jumbled up. "Trouble at Pit" is a playwright's cliché, but this is hell, no doubt about it.

A face by Evans is one that has been pinched, hardened and ravaged by grief. Ennobled too. His most extraordinary works include those which are composed of a sea of such faces—archetypes, big-nostrilled, high-cheekboned, eyes downcast. MEALTIME shows a mass of such men underground. They raise huge, bony hands to their mouths, as in supplication or prayer. One never realised before that agony and camaraderie, muscular mentality and the spiritual are so intimately enjoined.

EXCERPT FROM EAST ANGLIAN TIMES, *SEPTEMBER 26th, 1979*

At a London exhibition, his first in England, he was acclaimed by the Head of the Slade School of Art as a genius.

COMMENTS BY ALF CORLETT

Nicholas Evans is a preacher and a retired railwayman. One day it came to him much as it had come to Van Gogh, that he had to paint, and with a sound method of his own devising he set to work to celebrate a way of life he knew well, that of the Welsh miner. He found a style admirably suited to his subject. His figures are reduced to simple masses defined by heavy bounding lines which forcefully convey a sense of the contained and controlled effort of the collier working in a narrow seam. His self denial in the matter of colour reinforces the impression of his simple weighty forms. One could call his paintings "symphonies in black". He has made black the medium of his Welsh eloquence. Beginning with the absolute black of fresh-hewn coal, he scrapes, rubs, smudges, smears till he has wrested a thousand shades of meaning from that mysterious non-colour.

BARBARA WRIGHT IN ARTS REVIEW, *SEPTEMBER, 1978*

Lawrence Gowing says, in his profound catalogue introduction: "Evans is not a primitive; quite the reverse. He has exceptional, indeed unaccountable skills and a professional craftsmanship, which are entirely his own. The images that result are majestic and passionate". Professor Gowing has another marvellous phrase to describe Nicholas Evans, "a painter with a genius of his own". Though these paintings are apparently so restricted in subject—just grim and detailed information about the life of the mines, full of elements like miners' lamps, picks, shovels, timber, boots, part of their genius lies in the fact that they evoke harmonics of eternal myth and eternal reality. You can see Biblical stories in them, you can see centuries-old Mediterranean peasants bringing in the grape harvest. You can see Tutankhamen's priests. But all the time, unrealistically painted yet conveying an uncanny sense of reality, these anatomically exact and compositionally extraordinary works express one man's intense love and understanding of his fellow human beings.

EXHIBITIONS

One-man

Oriel, Welsh Arts Council, Cardiff	1978
Browse & Darby, London	1978
Sophia Gardens Pavilion, Cardiff	1979
Bury St Edmunds Art Gallery	1979
York University	1980
MacRobert Arts Centre, Stirling	1980
Herbert Art Gallery & Museum, Coventry	1981
University of Wales, Swansea	1981
Penglais Arts Centre, Aberystwyth University	1983
Old Hall, Cowbridge	1984
Big Pit, Blaenafon	1985

Shared

Royal Academy of Arts, London 1979,1980,1981, 1982,1983,1984,1985
Royal Academy of Arts, Conway 1980,1981,1982
Museum of Rechlingshausen, Germany 1979
National Gallery, Sophia, Bulgaria 1979
New English Art Club, Mall Galleries London 1980
National Museum of Wales, Cardiff 1980,1983
Glynn Vivian Gallery, Swansea 1981, 1986
National Eisteddfod of Wales, for 10 years
Local Exhibitions, Aberdare
Chapter Arts Gallery, Cardiff 1979,1984
Afan Argoed Mining Museum, Nr. Port Talbot
Old Canonry, Bangor
Turner House Gallery, Penarth
Regional Library, Haverfordwest
Doncaster Art Gallery
Parc Howard, Llanelli
Playhouse Gallery, Harlow
Bede Gallery, Jarrow-on-Tyne 1980,1985
Royal West of England Academy, Bristol 1980
Penglais Arts Centre, Aberystwyth 1981,1982,1983, 1985, 1986
Williamson Art Gallery, Birkenhead 1981
Maritime Museum, Cardiff 1982, 1986
B.P. Oil Headquarters, London 1981
Mostyn Art Gallery, Llandudno 1983,1985,1987
National Library of Wales, Aberystwyth 1983
Oriel Theatr Clwyd, Mold 1983
City of London Festival, Guild Hall 1983,1984
Newlyn Orion Galleries, Penzance 1984
Penwith Galleries, St Ives 1984
Plymouth City Museum & Art Gallery 1984
Arnolfini, Bristol 1984
Ulster Museum, Belfast 1984
Camden Arts Centre, London 1984
Royal Festival Hall, London 1984
Barbican, London 1984
Third Eye, Glasgow 1985
Art Centre, Arkwright Road, Hampstead 1985
Plas Glyn y Weddw Gallery, Llanbedrog 1985
Ceri Richards Gallery, Taliesin Art Centre, Swansea University 1985

TELEVISION AND RADIO

Television

1978	"Wales To-day".
Feb. 1979	BBC Film profile—"Indian Summer of Nicholas Evans" (Half hour programme—"Kane on Friday").
April, 1979	Re-screening of "Indian Summer of Nicholas Evans".
Nov. 1982	Re-screening of "Indian Summer of Nicholas Evans".
July, 1983	"It's Never Too Late" (BBC 1).
Feb. 2, 1986	"Celebration" (HTV Wales).

Radio

Feb. 1981	BBC (Wales) A.M. programme
April, 1981	BBC (Wales) A.M. programme
Jan. 1981	Featured in BBC (Wales) Radio broadcast "Articles".
Aug. 1981	Featured in BBC (Wales) Radio broadcast "Articles".
Dec. 1981	BBC Wales broadcast
March, 1982	A half hour profile on the life and work of Nicholas Evans, called "A Kind of Singing".
March, 1982	Repeat of the above on "Best of the week".
Jan. 2, 1983	"A Kind of Singing".
Jan. 5. 1983	"A Kind of Singing".
July 12, 1983	A.M. programme, BBC (Wales) Interview with Chris Stuart
July 18, 1983	BBC (Wales)
Oct. 5, 1985	BBC (Wales) Roy Noble's programme
Oct. 11, 1985	Pick of the week, BBC (Wales)
Oct. 13, 1985	Pick of the week, BBC (Wales)
Jan. 4, 1986	BBC (Wales) Interview with Roy Noble
Jan. 27, 1986	BBC (Wales) 45 min. Interview with Hywel Gwynfryn "How's Life?".
Jan. 31, 1986	"Best of Wales".
Feb. 2, 1986	"Best of Wales".

Nicholas Evans has designed covers for the following publications:

Arcade
Poetry Wales, 1983
Barn
Short Stories by Gwyn Thomas, 1984
A Few Selected Exits by Gwyn Thomas, 1985.

Has featured in Welsh Art book—*Cymru'r Cynfas*, 1983, ed. Hywel Harries.

NEWSPAPERS AND MAGAZINES

The Times
The Observer
Sunday Times
Sunday Times magazine
Coal News
Aberdare Leader
Daily Telegraph
The Guardian (London)
Western Mail
Swansea Evening Post
W. Wales Newspapers
South Wales Echo
East Anglian Daily Times
South Wales Guardian
Harlow Observer
Glasgow Herald
Gazette (Jarrow)
Leicester Mercury
Merthyr Express
Rhondda Fach Leader
York Newspaper
Liverpool Daily Post
Neath Guardian
Glamorgan Gazette
Arcade
Arts, York
Artlink
Riches of Grace
Art Log
Arts Review
Royal Academy publications
Art & Artists
Barn
National Eisteddfod booklets
Eastward
Radio Times
Who's Who in Art
The Northern Echo, Jarrow
Yours
Cowbridge GEM
Aspects
The Artist
Argus